独立之精神　自由之思想

"话"亦作"话",涵芬楼本及《牧斋遗事》本作"语",恐非。)雨交沣浦何曾湿,风认巫山别有香。初著染衣身体涩,乍抛稠发顶门凉。(寅恪案:此二句各本均同,唯涵芬楼本异。余详前论。)萦烟飞絮三眠柳,飐尽春来未断肠。"(寅恪案:《塔影园集》此句下有"时癸卯秋也"五字。)明年五月二十四日,(寅恪案:《塔影园集》无"二十四日"等字。)宗伯薨,族子钱曾等为君求金,(寅恪案:《塔影园集》"子"作"孙"。其实遵王乃牧斋之族曾孙也。《牧斋遗事》作"族人"亦通。"为君求金"《牧斋遗事》同。《塔影园集》作"求金于君"。是。)于六月二十八日自经死。(寅恪案:《塔影园集》无"于"字。《牧斋遗事》"于"作"以",可通。"八"作"七"误。)宗伯子曰孙爱及婿赵管为君讼冤,邑中士大夫谋为君治丧葬。(寅恪案:近影得沈阳市博物馆所收罗振玉旧藏《河东君过访半野堂小影》并云美《河东君传》,此句"谋"作"课",盖误。)宗伯门人顾苓曰:"呜呼!今而后宗伯语王黄门之言,为信而有征也。"宗伯讳谦益,字受之。学者称牧斋先生。晚年自号东涧遗老。甲辰七月七日书于真娘墓下。(寅恪案:《塔影园集》"赵管"作"赵某","黄门"作"给事","甲辰七月七日"作"甲申闰六月七日"。"申"自是"辰"字之误。"七月七日"或取陈鸿《长恨歌传》意,"闰六月七日"则取牧斋《前七夕合欢》诗意,皆可通也。"真娘"《塔影园集》作"贞娘"。至顾公燮《消夏闲记摘抄(下)》"柳如是"条,有:"甲辰七月七日东海徐宾为葬于贞娘墓下"等语,见前论"河东君崇祯十四年冬留苏州养疴"条,兹不赘。)

又,《虞阳说苑甲编·牧斋遗事》附载顾云美《河东君传》。其文与《华笑庼》本及《塔影园》本颇有异同,且《传》后附《注》

云:"顾云美《河东君传》墨迹,文字与此略异。"前已述及,差异之处或是云美原稿,盖此《传》乃顾氏极意经营之作,必累加修改。故今日流传之本未能一致,亦事理所当然。兹因参考便利,并节录此段文字特异者于后,读者可取相参校也。其文云:

> 乙酉五月之变,君劝宗伯死,奋身自沉水中,侍儿持之不得入。(中略。)是秋,宗伯北行,寻谢病归。丁亥三月,捕宗伯甚急,时君病,力疾挈一囊,从刀铓箭簇中,饘橐牧圉,昼夜不舍。事解归,三十设帨,宗伯和坡公御史台寄妻韵以美之,至云:"从行赴难有贤妻。"时封夫人陈氏尚无恙也。宗伯撰集《列朝诗》,君为勘定《闺秀》一册。戊子夏,宗伯复系白门,判年始归。庚寅冬,绛云不戒于火,延及半野堂,图书玩好,尽为煨烬。宗伯隐居芙蓉庄,抑郁无聊,日怀故旧,山川间阻。君则知子之来之,杂佩以赠之。知子之顺之,杂佩以问之。久之,不自得,生一女,既昏。癸卯秋,下发入道。(中略。)明年五月廿四日,宗伯薨,族人钱曾等为君求金,要挟蜂涌,以六月廿七日自经死。长子孙爱与所生女暨宗伯门下严熊为君讼冤,邑之士大夫王梦鼎、陈式等为君治丧葬。灵岩储和尚闻之曰:"善哉!愧宗伯矣。"(寅恪案:严熊事迹见光绪修《常昭合志稿》二六《严熯传》附父熊传。王梦鼎事迹见同书二五《王梦鼐传》附兄梦鼎传。陈式事迹见程嗣立《水南先生遗集》五《陈式传》。灵岩储和尚即理洪储,事迹见《小腆纪传》五九《方外门南岳和尚退翁传》。)呜呼!宗伯讳谦益,字受之,学者称牧斋先生,亦称虞山先生云。吴郡顾苓撰。

云美此《传》于弘光元年乙酉之前,即崇祯十七年甲申一岁间有关牧斋事,皆从阙如,固文章体例使然。但今日考河东君本末者,其主要事迹则不应概从删削也。兹约略论述之于下。

《初学集》末附《甲申元日(七律)》云:

> 又记崇祯十七年,千官万国共朝天。偷儿假息潢池里,幸子魂销槃水前。天策纷纷忧帝醉,(自注云:"贼入长安。")台阶两两见星联。衰残敢负苍生望,自理东山旧管弦。

寅恪案:《初学集》本迄于崇祯十六年癸未。既刻成之后,附补此诗于后者,其理由殆有三端。一因此集最后之十八、十九及二十上、下共四卷,为《东山诗集》,遂以七、八两句结束之。前已论及。二因第四句、第六句谓政敌周玉绳已死,代其位者,舍我其谁?谢安石东山再起,正是此时。特赋此诗,所以表见意旨所在也。三因集名《东山》,实取义于河东君《半野堂初赠诗》"东山葱岭莫辞从"之句。顾云美《塔影园集》一《东涧遗老钱公别传》云:

> 崇祯庚辰辛巳间,延儒再召,疑忌未消,公乃寄情声伎,稍以自污。近陈平之妇人,开马融之绛帐。赵德甫校雠金石,不离易安之堂,苏子瞻不合时宜,独出朝云之口。

夫河东君尝为崇祯初年宰相周道登之妾,以逸谮被逐,几至杀身,乃其一生憾事。牧斋为当时之苏子瞻,不合时宜,未跻相位。虽世人习知,然河东君知之独稔。况又曾自称杨朝,字朝云,尤与东坡妾钱塘王朝云之故事相符合。由是言之,牧斋赋此一诗于《初学集·东山诗集》之末,盖所以慰塞河东君平生欲作裴柔之"兴庆首行千命妇"之愿望(见《才调集》五及《元氏长庆集》二二《初除浙东妻有沮色因以四韵晓之(七律)》),且借以一快细君胸中恩仇之微意也。

又检顾公燮《消夏闲记选存》"钱牧斋"条略云:

乙酉,王师南下,钱率先投降。满拟入掌纶扉,不意授为礼侍。寻谢病归,诸生郊迎,讥之曰:"老大人许久未晤,到底不觉老。"(原注:"觉"与"阁"同音。)钱默然。一日谓诸生曰:"老夫之领,学前朝,取其宽;袖依时样,取其便。或笑曰:'可谓两朝领袖矣。'"

寅恪案:牧斋在明朝不得跻相位,降清复不得为"阁老",虽称"两朝领袖",终取笑于人,可哀也已。宽领、狭袖之语,甚得其实。他记载或有误倒领袖之宽狭者,如《牧斋遗事》"牧斋游虎丘,衣一小领大袖之服"条之类。盖由记者距离明末清初已远,懵于两朝衣服形式所致耳。顾公燮所记吴音"觉"与"阁"同读,殊有风趣。可参第四章论"乌个头发,白个肉"节。顾书所记钱柳两事,俱保存原语,诚是有价值之史料也。

牧斋于崇祯十七年甲申元日,虽附补一诗于《初学集》之末,以微见其东山再起之可能性,但此后诸诗概从删削,故几无痕迹可寻。检《有学集》七《高会堂诗集·赠云间顾观生秀才》(寅恪案:钱曾《注》本此题"间"误作"开","秀"字下脱"才"字)诗并序云:

崇祯甲申,皖督贵阳公(寅恪案:钱《注》本此序"贵阳"均作"桂阳")抗疏经画东南,请身任大江已北援剿军务,南参赞史公专理陪京兼制上游。特命余开府江浙,控扼海道。三方鼎立,连结策应,画疆分界,(寅恪案:钱《注》本"界"作"间"。)绰有成算。拜疏及国门,而三月十九之难作矣。(寅恪案:钱《注》本"十九"下有"日"字。)顾秀才观生实在贵阳幕下,与谋削稿。余游云间,许玙孚为余言,始知之。请与相见。扁舟将发,明灯相对,抚今追昔,慨然有作。读予诗者,当悯予孤生皓首,亦曾阑入局中,备残棋之一着,而贵阳宾主苦心筹国,楸枰已往。局势宛然,亦将为之俯仰太息,无令泯没于斯世也。丙申阳月八

> 日漏下三鼓,书于白龙潭之舟中。

> 东南建置画封疆,幕府推君借箸长。铃索空教传铁锁,泥丸谁与奠金汤。旌麾寂寞盈头雪,书记萧闲寸管霜。此夕明灯抚空局,朔风残漏两茫茫。

朱绪曾编《金陵诗征》四一"顾在观"条云:

> 在观,字观生,华亭人。居金陵,晚号东篱子。

此条下注云:

> 观生为杨文骢所引,入马士英幕。尝言阮大铖不可用,士英不从。大铖欲起钩党之狱,观生复使士英子銮泣谏,赖以稍止。南都亡,归守二顷,复以逋赋,遂弃产遁。居金陵衡阳寺以终。

寅恪案:今取牧斋此诗并序就涵芬楼《有学集》本与钱遵王《注》本相校,《注》本虽有讹脱,然"贵阳"二字,三处皆作"桂阳",必非传写偶误所致。盖"桂阳"实指马士英。牧斋殆因"桂""贵"古通,遂改"贵阳"作"桂阳",以讳饰其与瑶草之关系耶?观《有学集》三七《莲蕊居士传》中"乙酉之乱,桂阳相挟掖廷南奔"及"桂阳亦叹赏"等语,可为旁证。遵王在当日,自知其师之微意,故仍用"桂阳",而不改作"贵阳"。金鹤冲撰《钱牧斋先生年谱》于"崇祯十七年甲申"条亦作"桂阳",固沿用遵王《注》本原文,但未加说明,恐尚不了解牧斋当日之苦心也。又顾云美《东涧遗老钱公别传》云:

> 鸣镝铜马,骚动中外。江南士民,为桑土计者,欲叩阍援豫、楚例,请以公备御东南。上亦于甲申三月十一日赐环召公,而遇十九日之变。

寅恪案:钱曾《有学集诗注》四《绛云余烬集·哭稼轩留守相公

诗一百十韵用一千一百字(五言排律)》"甘陵录牒寝,元祐党碑镌"一联,牧斋自注云:

> 余与君以甲申三月初十日同日赐环,邸报遂失传。

即云美《传》语之所本。但云美作"十一日"与牧斋自注相差一日。检《国榷》一〇〇"崇祯十七年甲申三月〔十一日〕己亥"有:

> 复罪废诸臣冠带。

之记载。云美"赐环"之语,与此有关。寅恪初未解牧斋自注,何以与顾谈不合之故。后又检《明实录·怀宗实录》一七载:"三月己丑朔。"《明史》二四《庄烈帝本纪》载:"三月庚寅朔。"亦相差一日,始知牧斋自注乃依《明实录》所根据之材料计算也。余可参夏燮《明通鉴》九〇"崇祯十七年三月庚寅"条下考异。至云美不著"瑶草疏荐本末",岂欲为其师讳,而避免吕步舒之嫌疑耶?鄙意云美宅心忠厚,固极可嘉,殊不知牧斋此次之起废,由于瑶草之推荐,实为牧斋一生前后打成两橛之关键所在。若讳言此点,则于当日之情事,不可通解矣。检《明史》三〇八《奸臣传·马士英传》略云:

> 马士英,贵阳人,万历四十四年与怀宁阮大铖同中会试。又三年成进士,授南京户部主事。〔崇祯〕五年擢右佥都御史,巡抚宣府。坐遣戍,流寓南京。时大铖名挂逆案,失职久废,以避流贼至,与士英相结甚欢。大铖机敏猾贼,有才藻。颇招纳游侠,为谈兵说剑,觊以边才召。无锡顾杲,吴县杨廷枢,芜湖沈士柱,余姚黄宗羲,鄞县万泰等皆复社中名士,方聚讲南京,恶大铖甚,作《留都防乱揭》逐之。大铖惧,乃闭门谢客,独与士英深相结。周延儒内召,大铖辇金

柳如是别传

下

陈寅恪

著

人民文学出版社

第五章

复明运动

　　此章所欲论证者,较前诸章尤为困难。盖关于河东君之行事,自以牧斋之著作为主要资料,但牧斋诗文于此期内,多所避忌,故往往缺略,不易稽考。《牧斋外集》二五《题为黄子羽书诗册》(寅恪案:黄子羽名翼圣,太仓人。事迹见《有学集》三七《莲蕊居士传》)云:

　　余自甲申后,发誓不作诗文。间有应酬,都不削稿。戊子之秋,囚系白门,身为俘虏。闽人林叟茂之偻行相劳苦,执手慰存,继以涕泣。感叹之余,互有赠答。林叟为收拾残弃,楷书成册,题之曰《秋槐小稿》,盖取王右丞"落叶空宫"之句也。

　　斯则牧斋诡托之辞,非其实情也。至若同时诸人之记载,以门户恩怨之故,所言亦未可尽据以定是非。今就能见及之资料互相参校,求一最可能之真实,然殊不敢自信也。兹先移录顾云美《河东君传》关于此期者于下:

　　乙酉五月之变,君劝宗伯死,宗伯谢不能。君奋身欲沉池水中,持之不得入。(寅恪案:《塔影园集》—《河东君传》"沉"作"投"。)其奋身池上也,长洲明经沈明抡馆宗伯寓中见之,而劝宗伯死,则宗伯以语兵科都给事中宝丰王之晋,之晋语余者也。(寅恪案:《塔影园集·之晋上》有"给事"二字,似无此二字更佳。)是秋,宗伯北行,君留白下,宗伯寻谢病归。丁亥三月,捕宗伯亟,君絜一囊,从刀头剑铓中,牧围馈橐惟谨。事解,宗伯和苏子瞻《御史台寄妻韵》,赋诗以美之。(寅恪案:《塔影园集》"捕宗伯亟"作"宗伯有急征。""和"作"次","妻"作"子由"。)至云"从行赴难有贤妻"。时封夫人陈氏尚无恙也。(寅恪案:钱曾《注》本《有学集》—《秋槐诗集·和东坡西台诗韵六首》之一及《牧斋遗事》本"从行"皆作"从行"。但涵芬楼本作"徒行",《塔影园集》本作"徒步"。俱非。)宗伯选《列朝诗》,君为勘定《闺秀》一集。庚寅冬,绛云楼不戒于火,延及半野堂,向之图书玩好略尽矣。宗伯失职,眷怀故旧,山川间阻,君则知子之来之,杂佩以赠之,知子之顺之,杂佩以问之。有鸡鸣之风焉。(寅恪案:"闺秀"应作"香奁"。《塔影园集》"问之"作"报之"。误。)久之,不自得。生一女,既婚。癸卯秋,下发入道。(寅恪案:《塔影园集》无"生一女,既婚。癸卯秋"等八字。)宗伯赋诗云:"一剪金刀绣佛前,裹将红泪洒诸天。三条裁制莲花服,数亩诛锄稌稷田。朝日装铅眉正妩,高楼点黛额犹鲜。(寅恪案:钱曾注《有学集》一四及涵芬楼本《有学集》一三《东涧诗集(下)病榻消寒杂咏诗》"黛"作"粉",是。)横陈嚼蜡君能晓,已过三冬枯木禅。鹦鹉纱窗昼语长,(寅恪案:钱曾《注》本及涵芬楼本《有学集》并《塔影园集》及《牧斋遗事》本,"纱"均作"疏",较佳。)又教双燕话雕梁。(寅恪案:钱曾《注》本《有学集》

钱,要之维扬,求潵濯。延儒曰:"吾此行谬为东林所推,子名在逆案,可乎?"大铖沉吟久之,曰:"瑶草何如?"瑶草,士英别字也。延儒许之。十五年六月,凤阳总督高斗光以失五城逮治。礼部侍郎王锡衮荐士英才,延儒从中主之,遂起兵部右侍郎兼右佥都御史,总督庐、凤等处军务。

据此瑶草之起废,由于圆海,而牧斋之起废又由于瑶草。瑶草既难不与圆海发生关系,牧斋自更不能不直接与瑶草,间接与圆海断绝联系。世情人事,如铁锁连环,密相衔接,唯有恬淡勇敢之人,始能冲破解脱,未可以是希望于热中怯懦之牧斋也。苟明乎此,则牧斋既已是袁绍弦上之箭,岂能不作黄祖腹中之语乎?于是遂有云美《东涧遗老钱公别传》所谓"前此异同,藩棘一旦破除,非得已也"之语。噫!

《小腆纪年附考》八"顺治元年甲申十月"条(可参《国榷》一〇二"崇祯十七年八月丙子贡生朱统鑁诬奏姜曰广",夏完淳《续幸存录·南都大略》中"钱谦益请用杨维垣"条及南沙三余氏《南明野史(上)》"钱谦益心艳揆席"条等。)

丁巳(初三日),明钱谦益疏颂马士英功,雪逆案冤。谦益以定策异议自危,遂谄附马、阮以自解。士英欲起用蔡奕琛、杨维垣,恐物论不容,以谦益人望也,属荐之。谦益乃阿士英指,《疏》列四事,曰:严内治,定庙算,振纪纲,惜人才。其请定庙算也,有云:"先臣孙承宗言,以文统武,极是弊端。臣观三十年来,文臣出镇专征,鲜不覆败。其绰有成算,克奏肤功者,承宗之后,马士英一人耳。先帝以楚事付左良玉,而旧疆恢复,以闽事付郑芝龙,而岭海无虞,此专任武将之明效也。"其请惜人才也:"一曰资干济。今天下非才乏也,分门户,竞爱憎,修恩怨,即其胸中了然,如喑者之不能言,魇者之不能寐,有物以限之也。今人才当摧残剥落之秋,以真心爱惜,以公心搜访,庶可共济时艰。臣所知者,有英颖特达如蔡奕琛、冯元飏及某某者,谋国任事,急病攘夷之选也。有老成典型如唐世济、范凤翼、邹之麟及某某者,端委庙堂,疏秽镇浮之选也。有公望著闻者,词臣余煌、道臣陈洪谧之流也。有沦落可惜者,科臣陶宗道、杨兆升及某某之流也。二曰雪冤滞。钦定逆案诸臣,未免轩轾有心,上下在手。陛下既以导道无据,拔阮大铖而用之矣。若虞廷陛、杨维垣、虞大复、吴孔嘉、周昌晋,乞下部详察录用,许其自新,亦涣群破党之一端也。"又云:"蔡奕琛曾以复社抗疏攻臣,臣心知其误,固已释然置之矣。天下多事,将伯助予。中流遇风,吴越相济。果有嫌隙,固当先国家之急而后私仇,况臣本无仇于奕琛乎?臣亲见门户诸臣,植党营私,断送社稷,断送君父,何忍复师其故智。且他日独不思见先帝于九原乎?逆案之贾继春、阮大铖者,皆慷慨魁垒男子也。"《疏》数千言,烦猥不尽录。大旨在颂马士英功,雪逆案诸臣冤,而奕琛见中有"魁垒男子"语,则不喜,扬言于朝曰:"我自宜录用,何借某之荐牍诮我?"闻者笑之。

臣鼐曰,特书何?罪谦益之无耻也。谦益谬附东林,以为名高,既以患得患失之心,为倒行逆施之举,势利熏心,廉耻道丧,盖自汉唐以来,文人之晚节莫盖,无如谦益之甚者。纯庙斥毁其书,谓不足齿于人类。盖以为有文无行者戒哉!

《国榷》一〇三"崇祯十七年十月戊午(初四日)记南京协理詹事府礼部尚书钱谦益上言"条云:

谦益觊相位,日逢马、阮意游宴,闻者鄙之。

同书一〇四"弘光元年正月辛丑"条云:

南京吏部左侍郎蔡奕琛兼东阁大学士,直文渊阁。枚卜时,钱谦益、阮大铖、李沾等,各有奥援,而奕琛以诚意侯刘孔昭荐得之。大铖筑堡江上,闻之驰还,怒马士英,无及。

寅恪案:彝舟所引牧斋上《疏》原文较孺木为详,因全录之。至其痛诋牧斋之言,固是事实。但亦因清高宗欲毁灭牧斋文字,不使流传,徐氏著书时禁网已稍疏,然以特录钱氏原《疏》之故,仍不得不作自解之语,庶免违旨之嫌也。细绎牧斋此《疏》,措辞巧妙,内容固极可鄙,若就文章论,则殊令人欣赏不置。吾人今日读史,应注意其所言马士英、左良玉、郑芝龙一节,盖此三人乃当时之实力派。牧斋自崇祯晚年至清顺治末岁,约二十余年,前后欲依赖利用此三人以作政治活动,虽终无所成,然亦可借是窥见明清间政治军事关键之所在矣。孺木谓"谦益觊相位,日逢马、阮意游宴",此数语最能道出牧斋及河东君心事。但河东君仅得为汧国夫人之李娃而终不得作河东郡君之裴淑,其故虽如《东涧遗老别传》所言"东林以国本为终始,而公与东林为终始",然尚未穷溯其渊源,遂亦未尽通其本末也。

史惇《恸余杂记》"东林缘起"条云:

东林之局,始于神庙宠郑贵妃,有母爱子抱之意,而一二贤者,杯蛇弓影,形诸章奏,乃神庙不加严谴,望风者遂疑真有其事而竞起,欲因以为名高,且欲结知东宫,以为厚利。

寅恪案:少时读史见所述东林本末颇多,大抵与顾、史两氏之言无甚差异。故仅择录一二条,聊见梗概而已,不遑亦不必广征也。近岁偶检《明史》,始悟昔人所论,只从光宗与福王竞争皇位,即所谓"国本"开始,殊不足说明后来南都政局之演变,似有更上一层楼之必要,兹节录《明史》最有关之材料于下。《明史》一一四《后妃传·孝定李太后传》略云:

孝定李太后，神宗生母也，漷县人。侍穆宗于裕邸。隆庆元年三月封贵妃。〔神宗〕即位，上尊号曰慈圣皇太后。旧制天子立，尊皇后为皇太后。若有生母称太后者，则加徽号以别之。是时，太监冯保欲媚贵妃，因以并尊风大学士张居正下廷臣议。尊皇后〔陈氏〕曰仁圣皇太后，（寅恪案：陈氏乃穆宗为裕王时之继妃，隆庆元年册为皇后。实神宗之嫡母也。）贵妃曰慈圣皇太后，始无别矣。仁圣居慈庆宫，慈圣居慈宁宫。居正请太后视帝起居，乃徙居乾清宫。太后教帝颇严。帝事太后惟谨，而诸内臣奉太后旨者，往往挟持太过。帝尝在西城曲宴，被酒，令内侍歌新声，辞不能，取剑击之。左右劝解，乃戏割其发。翼日太后闻，传语居正具疏切谏，令为帝草《罪己御札》，又召帝长跪数其过。帝涕泣请改乃已。〔万历〕六年，帝大婚，太后将返慈宁宫，敕居正曰："吾不能视皇帝朝夕，先生亲受先帝付托，其朝夕纳诲，终先帝凭几之谊。"四十二年二月崩。后性严明，万历初政，委任张居正，综核名实，几于富强，后之力居多。光宗之未册立也，给事中姜应麟等疏请，被谪。太后闻之，弗善。一日帝入侍，太后问故。帝曰："彼都人子也。"太后大怒曰："尔亦都人子。"帝惶恐伏地不敢起。盖内廷呼宫人曰都人，太后亦由宫人进，故云。光宗由是得立。群臣请福王之藩，行有日矣，郑贵妃欲迟之明年，以祝太后诞为解。太后曰："吾潞王亦可来上寿乎？"贵妃乃不敢留福王。

同书同卷《孝靖王太后传》云：

孝靖王太后，光宗生母也。初为慈宁宫宫人。年长矣，帝过慈宁，私幸之，有身。故事宫中承宠，必有赏赉，文书房内侍记年月及所赐以为验。时帝讳之，故左右无言者。一日侍慈圣宴,语及之,帝不应。慈圣命取《内起居注》示帝,且好语曰:"吾老矣,犹未有孙,果男者,宗社福也。母以子贵,宁分差等耶?"〔万历〕十年四月封恭妃。八月光宗生,是为皇长子。既而郑贵妃生皇三子,进封皇贵妃,而恭妃不进封。二十九年册立皇长子为皇太子,仍不封如故。三十四年元孙生,加慈圣徽号,始进封皇贵妃。三十九年病革,光宗请旨得往省,宫门犹闭,抉钥而入。妃目眚,手光宗衣而泣曰:"儿长大如此,我死何恨?"遂薨。

同书一二〇《诸王传·潞简王翊镠传》略云:

潞简王翊镠穆宗第四子。隆庆二年生,生四岁而封。万历十七年之藩卫辉。初,翊镠以帝母弟居京邸,王店王庄遍畿内。比之藩,悉以还官,遂以内臣司之。皇店皇庄自此益侈。翊镠居藩,多请赡田食盐,无不应者。其后福藩遂缘为故事。景王〔载圳〕就藩时,赐予概裁省,楚地旷,多闲田。诏悉予之。景藩除,潞得景故籍田,多至四万顷,部臣无以难。至福王常洵之国,版籍更定,民力益绌,尺寸皆夺之民间,海内骚然。论者推原事始,颇以翊镠为口实云。翊镠好文。四十二年薨。四十六年常涝嗣。后贼蹂中州,常涝流寓于杭,顺治二年六月降于我大清。

同书同卷《福恭王常洵传》略云:

福恭王常洵,神宗第三子。初,王皇后无子,王妃生长子,是为光宗。常洵次之,母郑贵妃最幸,帝久不立太子,中外疑贵妃谋立己子,交章言其事,窜谪相踵,而言者不止,帝深厌苦之。〔万历〕二十九年始立光宗为太子,而封常洵福王。至四十二年始令就藩。〔崇祯〕十六年秋七月由崧袭封。明年三月,京师失守,由崧与潞王常涝,俱避贼至淮安。四月,凤阳总督马士英等迎由崧入南京。庚寅称监国。壬寅自立于南京,伪号弘光。由崧性暗弱,湛于酒色声伎,委任士英及士英党阮大铖。二人日以鬻官爵、报私憾为事。未几有王之明者,诈称庄烈帝太子,下之狱。又有妇童氏,自称由崧妃,亦下狱。于是中外哗然。明年三月,宁南侯左良玉举兵武昌,以救太子,诛士英为名,顺流东下。阮大铖、黄得功等帅师御之,而我大清兵以是年五月己丑渡江。辛卯夜,由崧走太平,盖趋得功军也。癸巳,由崧至芜湖。丙申,大兵至南京城北。文武官出降。丙午,执由崧至南京。九月甲寅,以归京师。

寅恪案:光宗生母王太后乃其祖母,即神宗生母李太后之宫人。李太后亦是宫人出身。光宗生母与福王常洵生母,虽俱非正嫡,但常洵之生母其出身远胜于光宗之生母。光宗所以得立为太子,纯由其祖母李太后之压力使然。李太后享年颇长,故光宗遂能维持其太子之地位,而不为福王所替代。潞王翊镠亦李太后所生,与光宗血亲最近。由是言之,东林者,李太后之党也。嗣潞王常㳆之亲祖母即李太后,此东林所以必需拥戴之以与福王由崧相抵抗。斯历史背景,恩怨系统,必致之情事也。至若常㳆之为人,或优于由崧。然生于深宫之中,长于妇人之手,其贤不肖,外人甚难察知。就昔时继承权论,自当以亲疏为标准。由崧之血统,与熹宗、思宗共出于神宗;常㳆之血统与熹宗、思宗共出于穆宗,故两者相较,常㳆之皇帝继承权较由崧疏远一级。据是言之,马、阮之拥立由崧实为合法。东林诸贤往往有认王之明为真太子慈烺者,殆亦知常㳆之继承权不及由崧之合法欤?至认童氏为真福王继妃者,盖欲借此转证弘光为假福王,似亦同一用心也。(参旧题娄东梅村野史《鹿樵纪闻(上)》"两太子"条及"两疑案"条所载:"野史曰:余闻大悲初称崇祯帝,又称齐王,继复称神宗子,因宫闱有隙,寄育民间,长而为僧。其言诡诞不足信,然知其决非妖僧也。童氏之为继妃,为司寝,为淮上私奔,亦未可定。然知其决非周王妃,与福王全无瓜葛也。余姚黄宗羲、桐城钱秉镫皆以福王为李伴读,非朱氏子也,而童氏乃真妃。故当时讥刺诗有:'隆准几曾生大耳,可哀犹自唱无愁。白门半载迷朱李,青史千年纪马牛。'说者又谓东林复社之事,深憾马、阮故造此谤,似矣。然观童氏之哭求一见而不可得,后之人犹不能无疑焉。")昔年尝见王船山之书痛诋曹子建,以为陈思王之诗文皆其门客所代作,殊不解何以发此怪论。后来细思之,朱明一代,宗藩固多贤者,其著述亦甚丰富,倘详悉检察稽考,其中当有非宗藩本人自撰而倩门客书佣代为者。姜斋指桑骂槐,殆由于此耶?然则常淓果优于由崧与否,犹待证实。东林爱憎之口,未必尽可信据。《有学集》八《长干塔光集·一年(七律)》云:

一年天子小朝廷,遗恨虚传覆典刑。岂有庭花歌后阁,也无杯酒劝长星。吹唇沸地狐群力,勵面呼风蜮鬼灵。(寅恪案:"蜮"钱曾《注》本作"羯",是。)奸佞不随京洛尽,尚流余毒螫丹青。

牧斋此诗所言固是偏袒弘光之辞,但亦应取与东林党人之记载,以由崧为天下之恶皆归焉者,参互比较,求一平允之论也。《华笑庼杂笔》一"黄梨洲先生批钱诗残本"条《一年诗》批云:

金陵一年,久将灭没,存此作诗史可也。

然则,梨洲以牧斋此律为诗史,则其意亦不尽以弘光为非,可以窥见矣。又关于阮大铖、王铎二人,就鄙见所及略述数语。圆海人品,史有定评,不待多论。往岁读《咏怀堂集》颇喜之,以为可与严惟中之《钤山》、王修微之《樾馆》两集,同是有明一代诗什之佼佼者,至所著诸剧本中,《燕子笺》《春灯谜》二曲尤推佳作。(寅恪案:张岱《石匮书后集》四八《阮大铖传》,引罗万象奏言:"大铖实未知兵,恐《燕子笺》《春灯谜》未见枕上之阴符而袖中之黄石也。"亦足证当日阮氏两剧本盛行,故万象据以为言。又夏燮《明通鉴附编》一《附记》一下"大清世祖章皇帝顺治元年十二月辛巳"条云:"阮大铖以乌丝阑写己所作《燕子笺》杂剧进之。岁将暮,兵报迭至。王一日在宫,愀然不乐。中官韩赞周请其故。王曰:'梨园殊少佳者。'赞周泣曰:'奴以陛下或思皇考先帝,乃作此想耶?'时宫中楹句有:'万事不如杯在手,一年几见月当头?'旁注:东阁大学士王铎奉敕书云。"亦可旁证圆海之戏剧,觉斯之书法俱为当时之绝艺也。)其痛陈错认之意,情辞可悯。此固文人文过饰非之伎俩,但东林少年似亦持之太急,杜绝其悔改自新之路,竟以"防乱"为言,遂酿成仇怨报复之举动,国事大局益不可收拾矣。夫天启乱政,应以朱由校、魏忠贤为魁首,集之不过趋势群小中之一人。揆以分别主附,轻重定罪之律,阮氏之罪当从末减。黄梨洲乃明清之际博雅通儒之巨擘,然囿于传统之教训,不敢作怨怼司马氏之王伟元,而斤斤计较,集矢于圆海,斯殆时代限人之一例欤?(寅恪检《明季稗史》本、夏完淳《续幸存录·南都杂志》中"阮圆海之意"条云:"圆海原有小人之才,且阿珰亦无实指,持论太苛,酿成奇祸,不可谓非君子之过。阮之阿珰,原为枉案。十七年田野,斤斤以十七年合算一疏,为杨左之通王安,呈秀之通忠贤,同为通内。遂犯君子之忌。若目以阿珰,乌能免其反击乎?"存古之论,颇为公允。至"十七年合算一疏"之"十"字应删去,盖写刻者涉上文"十七年田野"之语而衍也。)后来永历延平倾覆亡逝,太冲撰《明夷待访录》自命为殷箕子,虽不同于嵇延祖,但以清圣祖比周武王,岂不愧对"关中大儒"之李二曲耶?惜哉!

王觉斯者,明末清初之大艺术家。牧斋为王氏作墓志铭盛称其书法,而有关政治诸事多从省略,不仅为之讳,亦以王氏之所长实在于此故也(见《有学集》三〇《故宫保大学士孟津王公墓志铭》)。当崇祯十七年三月北京岌岌不可终日之时,钱、王二人同时起用,思宗之意似欲使之治国治军以振危亡之局,诚可叹可笑也。《清史稿》四《世祖本纪》云:

> 〔顺治二年五月〕丙申,多铎师至南京,故明福王朱由崧及大学士马士英遁走太平。忻城伯赵之龙、大学士王铎、礼部尚书钱谦益等三十一人以城迎降。

夫此文官班首王、钱二人,俱是当时艺术、文学大家。太平之世,固为润色鸿业之高才;但危亡之时,则舍迎降敌师外,恐别无见长之处。崇祯十七年三月二人之起用,可谓任非其材。弘光元年五月二人之迎降则得其所矣。兹有一事可注意者,即二人在明季俱负盛名,觉斯果位跻宰辅,牧斋终未列揆席,盖亦有特殊理由。《国榷》一〇一"崇祯十七年五月"条云:

> 癸巳,南京詹事兼翰林院侍读学士姜曰广,前礼部尚书兼翰林院学士王铎并为礼部尚书兼东阁大学士,直文渊阁。时,同推前礼部右侍郎陈子壮、少詹事黄道周、右庶子徐汧,而监国故与铎有旧。

同书同卷"崇祯十七年十月乙卯朔"条云:

> 王庸、王无党世授南京锦衣卫指挥佥事。俱大学士王铎子。以舟渡慈銮也。

据此觉斯之得为宰相,由于与由崧有旧。牧斋之不得为宰相,由于与东林即主立潞王常淓者有关。大悲之狱,牧斋亦被牵连(见《鹿樵纪闻(上)》"福王"条下、《国榷》一〇三"崇祯十七年甲申十二月丙寅"条、《小腆纪年附考》八"顺治元年甲申十二月己巳明下狂僧大悲于镇抚司"条及同书九"顺治二年乙酉二月癸未明僧大悲伏诛"条并夏完淳《续幸存录·南都大略》中"妖僧大悲"条等），故知李太后光宗之党与郑贵妃福王之党，其分野恩怨始终不变。牧斋之未跻宰辅乃佛教"中阴身错投母胎"，如《西游记》小说之猪八戒，即是其例。聋骏道人（见金氏《钱牧斋先生年谱》首）往往以老归空门自许，倘亦通解此妙谛耶？

第三章引《玉台画史》载黄媛介画扇题有"甲申夏日写于东山阁"之语，因论皆令作画之际似在崇祯十七年首夏，河东君将偕牧斋自常熟往南京翊戴弘光之时。兹更据《国榷》一〇一"崇祯十七年四月"条略云：

> 甲申（廿七日）史可法迎〔福王〕于邵伯镇。
> 丙戌（廿九日）福王至燕子矶。
> 丁亥（卅日）福王次龙江关。

"五月"条略云：

> 庚寅（初三日）福王监国。
> 壬寅（十五日）监国福王即皇帝位于武英殿。

"六月"条云：

> 壬戌（初六日）钱谦益为南京礼部尚书，兼翰林院侍读学士，协理詹事府。

同书卷首之三《部院上》"南京礼部尚书"栏载：

> 甲申昆山顾锡畴□□□□进士，五月任，署吏部。

《弘光实录钞》一"崇祯十七年甲申"条略云：

> 〔五月〕乙卯召陈子壮为礼部尚书。

〔六月〕辛酉起钱谦益协理詹事府事,礼部尚书。

〔六月〕丙子礼部尚书顾锡畴上言,刻期进取。

同书二"崇祯十七年甲申"条云:

〔九月〕甲辰起黄道周为礼部尚书,兼侍读学士,协理詹事府事。

同书三"弘光元年乙酉"条云:

〔二月〕己巳礼部尚书顾锡畴致仕,以钱谦益代之。

《明史》二五五《黄道周传》略云:

福王监国,用道周吏部左侍郎。道周不欲出,马士英讽之曰:"人望在公,公不起,欲从史可法拥立潞王耶?"乃不得已趋朝,拜礼部尚书,协理詹事府事。而朝政日非,大臣相继去国,识者知其将亡矣。明年三月遣祭告禹陵。甫竣事,南都亡。

综合推计之,则钱柳二人同由常熟赴南京之时间,当在甲申七月廿五日福王催其速赴南京任以后(见下引卧子《荐举人才疏》批语)。其所以赴任之理由,或与黄道周被迫之情势相同,亦未可知。考当时原任礼部尚书为顾锡畴,顾氏署吏部,至弘光元年乙酉二月致仕,牧斋乃补其原任实缺。所以不以石斋补顾氏原缺者,因漳浦求去之志已坚,借故出都,马、阮辈知之甚审,遂不以黄而以钱代顾。至牧斋是否在此以前独往南京,然后还家坐待新命,尚俟详检。据《明季稗史初编》一四夏允彝《幸存录》云:"钱谦益虽家居,往来江上,亦意在潞藩。"然则牧斋似曾至金陵,谋立潞王也。余见下所论。关于钱柳同往南京事,旧籍有涉及此时之记载,兹择引数条,略辨之于下。《鹿樵纪闻(上)》(参赵祖铭《国朝文献迈古录》二〇)略云:

> 先是钱谦益入都,其妾柳如是戎服控马,插装雉尾,作昭君出塞状。服妖也。

《明季稗史初编》一六夏完淳《续幸存录》"南都杂志"条(参《南明野史(上)》"起钱谦益陈子壮转黄道周各礼部尚书"条等)云:

> 钱谦益家妓为妻者柳隐,冠插雉羽,戎服骑入国门,如明妃出塞状。(寅恪案:昭君出塞之装束,可参一九五七年《戏剧报》第十期封面《尚小云汉明妃图》。)

《牧斋遗事》云:

> 弘光僭立,牧翁应召,柳夫人从之。道出丹阳,同车携手,或令柳策蹇驴,而己随其后。私语柳曰:"此一幅昭君出塞图也。"邑中遂传钱令柳扮昭君妆,炫煌道路。吁!众口固可畏也。

然则,钱柳自常熟至南京,道出丹阳时得意忘形,偶一作此游戏亦有可能,遂致众口讹传,仇人怨家借为诋诮之资。遗事之言,最为近情。其他如吴、夏诸书所记,殊不足信也。噫!当扬州危急之时,牧斋自请督师,河东君应可随行。然弘光不许牧斋作韩世忠,(见钱曾《有学集诗注》八《长干塔光集·鸡人(七律)》"刺闱痛惜飞章罢"句下自注云:"余力请援扬,上深然之。已而抗疏请自出督兵,蒙温旨慰留而罢。")故河东君虽愿作梁红玉而不能。洎南都倾覆之后,牧斋随例北迁,河东君亦可偕行,但终留江南。故河东君虽可作汉明妃而不愿,其未能作梁红玉诚是遗憾。但不愿为王昭君,殊堪钦服也。又检林时对《荷牐丛谈》三"鼎甲不足贵"条云:

> 吴伟业辛未会元榜眼,薄有才名,诗词佳甚。然与人言,如

梦语呓语，多不可了。余久知其迷心。鼎革后，投入土抚国宝幕，执贽为门生，受其题荐，复入词林。未有子，多携姬妾以往。满人诇知，以拜谒为名，直造内室，恣意宣淫，受辱不堪，告假而归。又以钱粮奏销一案，褫职，惭愤而死。所谓身名交败，非耶？

寅恪案：林氏之语过偏，未可尽信。然借此亦得窥见当建州入关之初，北京汉族士大夫受其凌辱之情况。河东君之独留南中，固由于心怀复楚报韩之志业，但其人聪明绝世，似亦悬知茧翁所述梅村困窘之状欤？

自崇祯十七年五月十五日至次年，即弘光元年五月十五日，此"一年天子小朝廷"之岁月，实河东君一生最荣显之时间也。牧斋《投笔集（上）后秋兴之三·八月初十日小舟夜渡惜别而作八首》之二"几曾银浦（"浦"似应作"汉"）共仙槎"句，盖惜河东君得意之时间甚短也。关于此时间涉及河东君者亦有数事，兹略述之于下。

计六奇《明季北略》二四《五朝大事总论》中《门户大略》"韩钱王邹才既相伯仲"条（参《南明野史（上）》"起钱谦益陈子壮转黄道周各礼部尚书"条等）云：

> 钱〔谦益〕声色自娱，末路失节，既投阮大铖而以其妾柳氏出为奉酒。阮赠以珠冠一顶，价值千金。钱令柳姬谢阮，且命移席近阮。其丑状令人欲呕。嗟乎！相鼠有体，钱胡独不之闻？

寅恪案：前引谈孺木之言谓"谦益觊相位，日逢马、阮意游宴，闻者鄙之"，牧斋与马、阮游宴，自是当然之事。颇疑钱、阮二人游宴尤密，盖两人皆是当日文学天才，气类相近故也。牧斋既与圆海游宴，河东君自多参预，此亦情势所必至。圆海乃当日编曲名

手,世所推服。《鹿樵纪闻(上)》"马阮始末"条云:

> 诸公故闻其有《春灯谜》《燕子笺》诸剧本,问能自度曲否?即起执板,顿足而唱,诸公多北人,不省吴音,则改唱弋阳腔,诸公于是点头称善曰:"阮君真才子。"

据此集之不仅能制曲,且能度曲。河东君之能度曲自不待言,前多论及,不必复赘。观《戊寅草》中诸词,颇有似曲者,如《西河柳》之类即是例证。然则牧斋招宴圆海筵上,柳、阮二人,必极弹丝吹竹之乐。但歌唱音乐牧斋乃门外汉,白香山《新乐府·杏为梁篇》云"心是主人身是客"一语,真可作南都礼部尚书官署中招宴阮氏之绮席写照矣。圆海珠冠之赠,实为表达赏音知己之意,于情于礼殊应如此,然牧斋此际则不免有向隅之叹也。

夫牧斋虽不善编剧度曲,然最擅长诗什。其与圆海游宴所赋篇章应亦不少,河东君想亦间有酬和阮氏之作。前引牧斋《题为黄子羽书诗册》云:"余自甲申后,发誓不作诗文。间有应酬,都不削稿。"所谓"文"者,即甲申十月丁巳日所上"严内治,定庙算,振纪纲,惜人才"四事《疏》之类。所谓"诗"者,即与圆海等所赋篇章之类。"间有应酬"一语,其"应酬"固是事实,而"间有"则恐不确耳。牧斋之删弃此时作品,虽可掩饰其丑行,但河东君之诗篇流传于天壤间者,转因是更减少一部分,殊可惜也。

在此时间内钱、柳二人除与马、阮游玩外,尚有招宴当日名士即河东君旧交一事,最堪注意。第三章论河东君与李待问之关系节,已引王沄《虞山柳枝词》第六首及自注并其他有关李氏事迹诸条。读者可取参阅,兹不重述。但存我在明南都时为中书舍人,前所引史料虽已言之,至其何时始离去南都则未能确知。检张岱《石匮书后集》三四《江南死义列传·李待问传》云:

> 李待问，南直华亭人，崇祯癸未进士。甲申北变，以归里不及难。弘光登极，待问之南都，授中书舍人。南都继陷，逃至松江。

是存我之离南都，乃在弘光元年五月十五日前后也。王胜时所述牧斋招宴存我，河东君遣婢送还玉篆一事，究在何时，尚待考证。又检宋尚木《含真堂集》六有《元宵同陈实庵太史集钱宗伯斋，张灯陈乐，观鱼龙之戏》云：

> 疏钟箭漏思冥冥，尽醉芳筵日暮情。葭谷渐回春乍暖，金吾不禁月偏明。星桥匝树连银汉，鹅管吹笙跨玉京。莫道上林夸角觚，大官俱得戏长鲸。

寅恪案：陈实庵太史者，《陈忠裕公全集》一七《湘真阁集·酬陈实庵翰林（七律）》附考证据《绍兴府志》疑实庵即陈美发。今检乾隆修《绍兴府志》三一《选举志二》"进士"栏"明崇祯元年戊辰科刘若宰"榜云：

> 陈美发，左赞善，上虞人。

考证所言，当即出此。又检光绪修《上虞县志》九《陈垌传》云：

> 子美发，字木生。幼奇颖，善属文。天启丁卯（七年）举人，戊辰（崇祯元年）进士，授翰林院庶吉士。辛未（四年）升检讨，分校礼闱，称得士，晋东宫日讲官。丁外艰，特恩赐祭，服阕赴都，转翰林谕德。时会推阁臣，廷议以非祖制，事寝。奉敕封藩。归里，卒，年三十九（康熙《志》）。美发与族父达生，族弟元暎，时称陈氏三凤。

但美发是否号实庵，未见明文，且《传》文所记甚简略，或有所忌讳，尚须详考。若果是实庵者，则与尚木为天启丁卯科举人同年也（参光绪修《华亭县志》一二《选举上》"举人表"）。或疑尚木诗题所谓"陈实庵太史",乃陈于鼎。其名号"鼎"与"实"有相关之意。其官职与太史又相符合,且陈卧子《兵垣奏议(上)荐举人才疏》有"庶吉士陈于鼎,英姿壮志"之语。故此说殊有可能。由是观之,卧子诗题下庄师洛之考证,未必确切。于鼎事迹见《小腆纪传》六三本传。其人即下引林时对《荷牐丛谈》三所谓"小王八"者,是也。尚木诗题中仅言弘光元年元夕与实庵同集牧斋斋中,然此夕既是张灯陈乐、观鱼龙之戏,如是盛会,所招之客绝不止陈、宋二人。让木不过举实庵以概其余。或者实庵亦有同赋此题之诗,遂语及之耳。让木此时与存我同为中书舍人(见下论),又同为松江籍,更俱是河东君旧友。揆以物以类聚之义,牧斋此夕颇有招宴存我之可能。问郎玉篆之送还,恐即在此夕。盖预宴者既甚多,依当日礼俗之限制,河东君若以女主人身份亲出陪客,且持此纪念品面交问郎,在河东君方面虽可不介意,在牧斋方面则难免有所顾忌,故遣双鬟代送耶?俟考。第三章论河东君居松江时最密切之友人为宋辕文、李存我、陈卧子。当钱柳南都得意之际,辕文在何许,尚无确证。据《陈思裕公全集》二六《三子诗选序》略云:

> 三子者何?李子雯、宋子徵舆及不佞子龙也。今天子起淮甸,都金陵,东南底定。予入备侍从,请急还里。宋子闲居,则梓三人之诗为一集,大率皆庚辰以后之作也。

并《云间三子新诗合稿》六辕文《野哭》题下自注云"五月初一日始闻三月十九事,越数日,始得南都新诏,臣民哭临,服除而作",及同书八《闻吴大将军率关宁兵以东西二虏大破李贼志喜二律》等(参《国榷》一○一"崇祯十七年甲申四月丁丑吴三桂大破贼于关内"条),可略见辕文此时踪迹,而其详则不得而知。(今《峭帆楼丛书・重校刻云间三子新诗合稿・王培孙植善序》,误以宋徵璧所撰陈子龙《平露堂集序》中"乙丙之际"为顺治二年乙酉,三年丙戌。其实宋《序》之"乙丙"乃指崇祯八年乙亥,九年丙子也。特附正之于此。)但河东君早与辕文绝交,假使此时在南都,亦必与钱柳不相往来无疑也。存我此际供职南都,河东君既已送还问郎玉篆,则昔日一段因缘亦于此了结。至于卧子则为河东君始终眷恋不忘之人,前述崇祯十七年甲申夏日黄媛介画扇,河东君题有卧子《满庭芳》词即是其证。故寅恪戏作一绝中有"一念十年抛未得"之语,实能道出河东君之心事也。今所欲论者,即卧子在南都之时间,是否亦曾与李存我、宋让木、陈实庵辈同被牧斋招宴等问题。兹择录卧子《自撰年谱》《兵垣奏议》《焚余草》及让木《含真堂集》并参以《国榷》等,综合考释之于下。

《陈忠裕全集·年谱(中)》"崇祯十七年甲申"条略云:

弘光帝监国南都,予补原官〔兵科给事中〕,随奉命巡视京营。予以国家倾覆之后,义不敢申前请〔辞兵科给事中〕。而又决江左事尚可为,决计赴召。

予遂以六月望后入都,而是时贵阳(指马士英)入辅,祥符(指史可法)出镇,国事稍变矣。贵阳一至,即荐怀宁(指阮大铖)当大用,众情大哗,攻者四起。

贵阳先君同籍也。遇予亦厚。其人倜傥不羁,久历封疆,于门户之学,非素所深研也。当困厄时,与怀宁为狎邪之交,相欢如父子,浸润其言,且曰:"苟富贵,无相忘。"及贵阳柄用,而怀宁挟其权智以御之,且责前盟。见攻之者多,则曰:"彼党人者,不杀我两人不止。"又造作蜚语以为主上之立,非诸君子意,故力攻拥戴定策之人,以孤人主之势。盖怀宁挟贵阳以为援,而贵阳挟主上以自解。予因正告贵阳曰:"怀宁之奸,海内莫不闻,而公之功亦天下所共推也。公于人无豪发之隙,奈何代人犯天下之怒乎?且公之冒不韪而保任者,以生平之言不可负也。公以素交而荐之,众以公义而持之,使公既信友又不害法,则众之益公者大矣。而公何怒为?今国家有累卵之危,束手坐视,而争此一人,异日责有所归矣。"贵阳曰:"逆案本不可翻也。止以怀宁一人才不可废耳。"予曰:"公既不能负怀宁,而独用之,则怀宁又何辞以拒同科之数百人而独登膴仕乎?一小人用,众小人进。必然之势。一逾短垣,虽公亦无如之何矣。且公为宰辅,苟能真心以求天下之才,何患无人?如怀宁者,何足数哉!"

予私念时事必不可为,而祖父俱在浅土,甚惧。请急归营窀穸之事,蒙恩允放。予在言路,不过五十日,章无虑三十余上,多触时之言。时人见嫉如仇。及予归,而政益异。木瓜盈路,小人成群,海内无智愚,皆知颠覆不远矣。

同书同卷"弘光元年乙酉"条云:

时群小愈张,诸君子多被弹射。予为此辈深忌,而未有以中。私念大母年益高多病,再出必重祸以为亲忧,陈情侍养,得遂宿志焉。

陈卧子先生《兵垣奏议(上)荐举人才疏》略云:

已补者,如钱谦益、黄道周、徐汧、吴伟业、杨廷麟等,皆一时人望,宜速令赴阙。庶吉士陈于鼎,英姿壮志,见累门阀,既以不阿乡衮,浮沈至今。困衡之士,荏苒足惜。当量才录用也。(寅恪案:林时对《荷牐丛谈》三"东林依草附木之徒"条云:"江南有老亡八小亡八之谣,老谓谦益嬖柳影,小则陈于鼎溺韵珠云。"茧庵之书语多偏激,未可尽信,但所记江南之谣,或是实录。噫!卧子为人中之龙,此时荐举二龟,岂神州陆沉之先兆乎?由今思之,可叹亦可笑也。)

此文后附批语略云:

> 崇祯十七年七月二十五日奉旨:人才宜乘时征用,说的是。钱谦益等速催来京到任。

同书下《请假葬亲疏》批语云:

> 崇祯十七年八月十一日奉旨:陈子龙准给假三个月,即来供职,不得迟延。该部知道。

《国榷》一〇二"崇祯十七年八月癸酉(十八日)南京兵科给事中陈子龙言中兴之主莫不身先士卒"条云:

> 子龙寻省葬。

同书一〇四"弘光元年二月丙寅(十三日)"条云:

> 许兵科给事中陈子龙终养。

同书一〇二"崇祯十七年六月壬戌(初六日)"条云:

> 钱谦益为南京礼部尚书兼翰林院侍读学士。

寅恪案:卧子以崇祯十七年甲申六月望后至南都,八月十八日准假还里葬亲。其在南都之时间不过五十日。牧斋是否在崇祯十七年七月廿五日以前曾一度独至南都预谋立君之事,今难确考。但牧斋于是年六月初六日已补授礼部尚书,至七月廿五日尚未至都就职,姗姗来迟,颇觉可怪。据《国榷》一〇二"崇祯十七年八月廿一日丙子宗贡生朱统𨰻又诬奏姜曰广陈必谦等"条略云:

> 丙子宗贡生朱统𨰻又诬奏姜曰广及陈必谦等。初,陈必谦北转,邑人钱谦益求复官未遂。今入京首诋之,结欢马士

英,同诸勋贵,专言定策,意逐高弘图、姜曰广代之,而谦益先入金陵,亦谋迎潞王,又心昧之矣。

夏彝仲《幸存录》云:

钱谦益虽家居,往来江上,亦意在潞藩。(此条上已引。)

谈迁《枣林杂俎仁集·逸典类》"异议"条云:

钱谦益侍郎触暑步至胶东(指高弘图)第中,汗渴解衣,连沃豆汤三四瓯。问所立,胶东曰:"福藩。"色不怿,即告别。胶东留之曰:"天子毋容抗也。"钱悟,仍坐定。遽令仆市乌帽,谓:"我虽削籍,尝经赦矣。"候驾江关,诸臣指异之。监国初,复官。八月入朝,阴附贵阳(指马士英),日同朱抚宁〔国弼〕,刘诚意〔孔昭〕,赵忻城〔之龙〕,张冢宰捷,阮司马大铖,联疏评异议者。胶东解相印,欲卜居虞山,谦益恐忤贵阳,却之,且不祖送。

可为牧斋在福王即位以前已先入南京之一旁证。然则牧斋先至南京预谋拥立潞王之后,始还常熟,坐待机会耶?兹姑不深究其迟滞不前之故,唯有一事可以决言者,即河东君之至南都,当与牧斋同行赴任。计其抵都之日,至早亦必在七月下旬之末,距卧子准假还家之时仅十余日。陈、钱交谊素笃,观卧子《自撰年谱》"崇祯十年丁丑"条略云:

会吴中奸民张汉儒讦奏钱牧斋、瞿稼轩以媚政府。有旨逮治。予与钱、瞿素称知己。钱、瞿至西郊,朝士未有与通者,予欲往见,仆夫曰:"校事者耳目多,请微服往。"予曰:"亲者无失其为亲,无伤也。"冠盖策马而去,周旋竟日,乃还。其后狱急,予颇为奔奏。(寅恪案:《蓼斋集》四二有《上牧斋年伯于狱中(五古)》一首,然则不独卧子即舒章亦与牧斋交谊甚笃也。)

及《陈忠裕全集》一一《湘真阁稿·东皋草堂歌序》云：

> 东皋草堂者，给谏瞿稼轩先生别墅也。丙子冬，奸民奉权贵意讦钱少宗伯及先生下狱，赖上明圣，越数月，而事得大白。我友吴骏公太史作《东皋草堂歌》以记之。时予方庐居，骏公以前歌见寄，因为属和，辞虽不工，而悲喜之情均矣。

然则钱、陈两人之旧日关系，既如卧子所自述，牧斋之赴南都就礼部尚书任，复经卧子之催促，故钱、陈此次两人同在金陵，虽为时甚短，揆以常情，必无不相见之理。倘卧子造访牧斋，或牧斋招宴卧子，不知河东君是否采取如对待李存我之方式以对待卧子，抑或如元微之《莺莺传》所载，莺莺适人后，张生求与相见，终不为出，赋诗谢绝。今日俱无从得悉。若河东君采取双文对待张生之方式以对待卧子者，则双文诗"弃置今何道，当时且自亲。还将旧时意，怜取眼前人"之"眼前人"，即卧子崇祯十四年辛巳所纳之沈氏。但不知此宜男之良家女(见卧子《年谱》后附王沄撰《三世苦节传》)，能及崇祯六年癸酉秋间白龙潭舟中，八年乙亥春间生生庵南楼中旧时"眼前人"百分之几耶？噫！吾人今日追思崔、张、杨、陈悲欢离合之往事，益信社会制度与个人情感之冲突，诚如卢梭、王国维之所言者矣。寅恪曾寄答朱少滨叟师辙绝句五首，不仅为杨玉环、李三郎、陈端生、范荧道，兼可为河东君、陈卧子道。兹附录之于下，以博读者一笑。

> 甲午春朱叟自杭州寄示观新排长生殿传奇诗因亦赋答绝句五首
>
> 近戏撰《论再生缘》一文，故诗语牵连及之也。
>
> 洪死杨生共一辰，美人才士各伤神。白头听曲东华史，(叟自号"东华旧史"。)唱到兴亡便掩巾。

沦落多时忽值钱,霓裳新谱圣湖边。文章声价关天意,搔首呼天欲问天。(用《再生缘》语。)

艳魄诗魂若可招,曲江波接浙江潮。玉环已远端生近,暝写南词破寂寥。

一抹红墙隔死生,卌年悲恨总难平。我今负得盲翁鼓,说尽人间未了情。

丰干饶舌笑从君,不似遵朱颂圣文。愿比麻姑长指爪,倘能搔著杜司勋。

又检《陈忠裕全集》一七《七律补遗·乙酉上元满城无灯》云:

江皋夜色遍烽屯,鼓吹声销万户春。幕府但闻严戍火,冶城不动踏歌尘。九枝琼树沉珠箔,半榻香风散锦茵。独有凄凉霜塞月,偏乘画角照杯频。

寅恪案:前论宋尚木弘光乙酉元夕集牧斋斋中《张灯陈乐观鱼龙之戏》诗,谓此夕盛会或有李待问在座之可能。尚木、存我、卧子三人同为河东君云间旧友,而陈、李与河东君之交谊时间尤为长久,倘读者取尚木、卧子两人同时异地所赋之诗以相对照,则是夕南宗伯署中(参前引《有学集》二〇《赠黄皆令序》)与松江城内普照寺西之宅内(见王沄《云间第宅志》"陈工部所闻给谏子龙宅"条),一热一冷之情景大有脂砚斋主(寅恪案:脂砚斋之别号疑用徐孝穆《玉台新咏序》"然脂暝写"之典,不知当世红学专家以为然否)评《红楼梦》"寿怡红群芳开夜宴"回中"芳官嚷热"一节之感慨。(见《脂砚斋重评石头记》庚辰四阅评过本六十三回)。唯脂砚斋主则人同时异,而颍川明逸(见王沄《续卧子年谱》"顺治二年乙酉八月"条后附案语)则时同人异,微有区别而已。至《续幸存录》于阮大铖有恕辞,论者或据以为几社与复社不同之点在此。今观卧子《自撰年谱》"崇祯十七年甲申"条涉及马士英之语,则知几社领袖如陈氏者,其对阮氏之态度实无异复社。或说之未当,不待详辨矣。

抑更有可论者,宋徵璧《含真堂集》六《予以病请假戏摘幽兰缄寄大樽》云:

> 采采缄题寄所思,水晶帘幕弄芳姿。朱弦乍奏幽兰曲,郢客长吟白雪词。君子名香心自赏,美人皋佩意何迟。岩阿寂寂堪招隐,不信东风有别离。

寅恪案:此诗之作成当在弘光元年二月丙寅即十三日,准卧子终养后不久之时间。盖尚木得知此讯,故赋诗寄卧子。观七、八两句及兰花开放季节可以证明。其缄封兰花,与崇祯六年癸酉寒日两人同在北京待会试时卧子卧病因缄封腊梅花一朵以表慰问之意者,正复相似(见《陈忠裕全集·陈李唱和集·寒日卧邸中让木忽缄腊梅花一朵相示(五古)》及本文第三章所论)。不过前时为卧子卧病旅邸,此时则为尚木以病请假,略为不同。宋氏往往缄封花朵寄慰友人,何其喜作此儿女子之戏,岂当日习俗如是耶?俟考。以常情论,卧子必有答宋氏之篇什。今检陈氏《诗集》未发见有类是之作。唯《陈忠裕全集》二〇《诗余》中有《念奴娇·春雪咏兰》一阕,虽未能确定其何时所赋,但必是与尚木寄诗时相距不久之作,故疑是因宋氏之诗有所感会而成。此阕甚佳,因移录之于下。其词云:

> 问天何意,到春深,千里龙山飞雪。解佩凌波人不见,漫说蕊珠宫阙。楚殿烟微,湘潭月冷,料得都攀折。嫣然幽谷,只愁又听啼鴂。　　当日九畹光风,数茎清露,纤手分花叶。曾在多情怀袖里,一缕同心千结。玉腕香销,云鬟雾掩,空赠金跳脱。洛滨江上,寻芳再望佳节。

又《含真堂集》六有《柬大樽(七律)》云：

> 时同侍从武英,陈曰:"所谓君随丞相后,吾住日华东。"予答曰:"不若婉娈昆山阴。"
>
> 何期束发便相亲,百尺楼边美卜邻。十载浮沉随木石,一时憔悴识君臣。东风苦雨愁啼鴂,南浦扁舟问采蘋。知有昆阴堪婉娈,可容觞咏倦游人。

寅恪案:此诗作成当在弘光元年春暮或即酬答卧子《念奴娇·春雪咏兰》词亦未可知。盖两人诗词中其语意可以互相证发也。检《陈忠裕全集》二六《宋尚木诗稿序》云：

> 予与尚木同里闬称无间,相倡酬者几二十年。自予治狱东土,而尚木往来旧都,盖四五祀不数见也。今上定鼎金陵,而两人皆以侍从朝夕立殿上,退则各入省治事,诸公相过从报问,忽忽日在桑榆间矣。予既废笔墨,而尚木亦未见所谓吟咏者。及予请急东归,明年尚木以奉使过里门,则出新诗数卷见示。

及嘉庆修《松江府志》五六《宋徵璧传》云：

> 宋徵璧,字尚木,华亭人,懋澄子。初,在几社中名存楠。崇祯十六年进士,授中书,充翰林院经筵展书官,奉差督催苏松四府柴薪银两,未复命,以国变归里。

颇疑尚木将往苏松四府督催柴薪银两时,先以此诗柬大樽,故第六句有"南浦扁舟问采蘋"之语。"南浦"指松江而言。第八句"可容觞咏倦游人"之"倦游",出《史记》一一七《司马相如传》"长卿故倦游"。裴骃《集解》引郭璞曰:"厌游宦也。"《汉书》五七《司马相如传》王先谦《补注》曰:"倦游谓游宦病免而归耳。言其曾为官也。"葵园即袭用景纯之解,而不著其名。尚木以长卿自比,谓将因奉使归里也。宋氏赋诗之时,当在弘光元年暮春。其至松江,以所作诗稿示卧子,属为之序,未及复命,而南都倾覆矣。尚木此诗所言,可与卧子所作《宋尚木诗稿序》所述两人同在南都供职时事相印证。故《尚木诗题序》所言,即崇祯十七年甲申六月望后至八月十一日间陈、宋两人之情况,读者不可误会,以为尚木赋此诗时之事也。《尚木诗题序》中引卧子之语,出《杜工部集》一〇《奉答岑参补阙见赠(五律)》第一联。盖是时尚木任中书舍人,卧子任兵科给事中,正与杜、岑当日情事符合。详见诸家杜诗《注》,不须赘述。尚木答语出《文选》二四陆士衡《赠从兄车骑(五古)》,其诗云:

孤兽思故薮,离鸟悲旧林。翩翩游宦子,辛苦谁为心。仿佛谷水阳,婉娈昆山阴。营魄怀兹土,精爽若飞沉。寤寐靡安豫,愿言思所钦。感彼归途艰,使我怨慕深。安得忘归草,言树背与衿。斯言岂虚作,思鸟有悲音。

尚木诗语意全从士衡此篇得来,故不避钞胥之嫌,特移录之,并以见几社名士之熟精选理及玩习盛唐诗什之一斑也。

当南都钱柳得意之际,河东君男性旧友如李存我、宋尚木二人确有相与往来之事迹,陈卧子是否亦有一见之机缘,尚待研考。其他男性故交,更不易详知矣。至女性朋辈,则据前引牧斋《赠黄皆令序》中"南宗伯署中闲园数亩,老梅盘挐,柰子花如雪屋。烽烟旁午,诀别仓皇"等语,知皆令自弘光元年正月至五月必在南都留宿礼部尚书署中,为河东君之女伴兼作牧斋之清客。或者钱柳崇祯十七年甲申秋季就南宗伯任时,皆令即已随行。若不然者,皆令仿效程孟阳至常熟伴牧斋度岁之成例,亦至南都伴河东君度岁。今以缺乏资料,无从详考。但有可注意之一事,即皆令留居钱柳家中,河东君璧还问郎玉篆之际,能否从青琐中窥见是夕筵上存我及牧斋并诸座客之面部表情如何耳。一笑！

明南都倾覆，牧斋迎降清兵，随例北迁。关于钱氏此时之记载颇多，有可信者，有不可信者。但其事既绝不涉及河东君，非本文主旨所在，若一一详加考辨，则不免喧宾夺主。故皆从省略。上引顾苓《河东君传》云：

> 乙酉五月之变，君劝宗伯死，宗伯谢不能。君奋身欲沉池水中，持之不得入。其奋身池上也，长洲明经沈明抡馆宗伯寓中见之，而劝宗伯死，则宗伯以语兵科都给事中宝丰王之晋，之晋语余者也。是秋，宗伯北行，君留白下。宗伯寻谢病归。

同治修《苏州府志》八八《沈明抡传》云：

> 沈明抡，字伯叙。精《春秋》，得安成闻喜之传，与同里徐汧、李模、郑敷教友善，从游甚众。崇祯癸酉以恩贡中顺天副榜。乙酉乱后，授徒自给。三十余年卒。

重刻雍正修《河南通志》五二《选举二》"明天启五年乙丑科余煌"榜载：

> 王之晋，宝丰人，给事中。

寅恪案：云美特记南都倾覆时河东君欲自沉，并劝宗伯死一事，备列人证，所以明其非阿私虚构，有类司马温公撰《涑水纪闻》之体，故吾人今日可以信其为实录也。复次，顾公燮《消夏闲记选存》"柳如是"条云：

> 宗伯暮年不得意，恨曰："要死，要死。"君叱曰："公不死于乙酉，而死于今日，不已晚乎？"柳君亦女中丈夫也哉！

《虞阳说苑本·牧斋遗事》云：

> 乙酉五月之变,柳夫人劝牧翁曰:"是宜取义全大节,以副盛名。"牧斋有难色。柳奋身欲沉池中,(原注:瞿本有"牧翁"二字。一本"牧翁"下有"抱"字。)持之不得入。是时长洲沈明抡馆于尚书家,亲见其事,归说如此。后牧斋偕柳游拂水山庄,见石涧流泉,澄洁可爱,牧斋欲濯足其中,而不胜前却,柳笑(原注:一本有"而戏语"三字)曰:"此沟渠水,岂秦淮河耶?"牧翁有恧容。

寅恪案:《消夏闲记》及《牧斋遗事》所记,与河东君及牧斋之性格,一诙谐勇敢,一迟疑怯懦,颇相符合。且秦淮河复在南都,虽略异顾氏所述,颇亦可信。至若《蘪芜纪闻》引《扫轨闲谈》云:

> 乙酉,王师东下,南都旋亡。柳如是劝宗伯死,宗伯佯应之。于是载酒尚湖,遍语亲知,谓将效屈子沉渊之高节。及日暮,旁皇凝睇西山风景,探手水中曰:"冷极奈何!"遂不死。

则尚湖、西山皆在常熟,当南都倾覆时,钱柳二人皆在白下,时间、地域实相冲突。此妄人耳食之谈,不待详辨。

关于牧斋北行,河东君独留白下,此时间发生之事故,殊有可言者,兹择录资料略论之于下。牧斋《投笔集(遵王笺注)上·后秋兴之三·八月初十日小舟夜渡惜别而作八首》之五云:

> 水击风抟山外山,前期语尽一杯间。五更噩梦飞金镜,千叠愁心锁玉关。人以苍蝇污白璧,天将市虎试朱颜。衣朱曳绮留都女,(寅恪案:《有学集》一○《红豆二集》"衣朱"作"衣珠",非是。盖传写者误以此诗第六句有"朱"字,故改作"珠"。不知昔人作今体诗不嫌重字。观钱柳诸作,即可证知也。)羞杀当年翟茀班。

寅恪案:牧斋此首乃总述其南都倾覆随例北迁,河东君独留白下时所发生之变故,并为之洗涤,且加以温慰也。遵王《注》牧斋此题第一首第八句"乐府偏能赋稾砧"引吴兢《乐府古题要解(下)》云:

> 稾砧今何在,稾砧砆也。问夫何处也。山上复有山,重山为出字,言夫不在也。何当大刀头,刀头有环,问夫何时还也。破镜飞上天,言月半当还也。

其实牧斋喜用此典,不限于第一首,即此首第一句"山外山",第三句"飞金镜"皆同一出处也。第二句"前期"遵王《注》云:"谢玄晖别范安成诗:生平少年日,分手易前期。"检《谢朓集》中无此诗,此诗乃沈约之作(见"汉魏百三名家集"《沈隐侯集》及丁福保《全梁诗·沈约诗》),遵王偶误记,以沈为谢耳。休文此诗全部语意与牧斋此句有关,遵王仅引两句,未能尽牧斋之所欲言。如牧斋之"语尽一杯"即休文之"勿言一樽",非引沈氏全诗则不得其解。兹移录之于下以见注诗之难也。沈约《别范安成》诗云:

> 生平少年日,分手易前期。及尔同衰暮,非复别离时。勿言一樽酒,明日难重持。梦中不识路,何以慰相思。

牧斋诗第三句,即古乐府"破镜飞上天"之典并寓乐昌公主破镜待重圆之意。遵王《注》引李白《答高山人》诗"太微廓金镜,端拱清遐裔"为释。"金镜"用字虽同,所指则非也。第四句合用《东坡集》一七《书王定国所藏烟江叠嶂图王晋卿画(七古)》"江上愁心千叠山,浮空积翠如云烟"句及《全唐诗》第三函李白五《子夜吴歌》中《秋歌》云:

> 长安一片月,万户捣衣声。秋风吹不尽,总是玉关情。何日

> 平胡虏,良人罢远征。

盖当钱柳分别正值秋季,(见顾苓《河东君传》"是秋宗伯北行"之语。又《有学集》一《秋槐集》第一题《咏同心兰四绝句》其四云:"花发秋心赛合欢,秋兰心好胜春兰。花前倒挂红鹦鹉,恰比西方共命看。"此题乃牧斋乙酉秋间北行时别河东君于南京时之作,可为旁证也。)"玉关"即李之"玉关情",且与李之"平胡虏"有关。遵王《注》太泛,非好学深思心知其意者也。第二联言河东君本无"昵好于南中"之事,即《离骚》"众女嫉余之蛾眉兮,谣诼谓余以善淫",并王逸《注》及洪兴祖《补注》之意。河东君精通《楚辞》《文选》,又曾在周道登家为念西群妾所谮,几至杀身。今观牧斋诗句,宽广温慰之情,深切如此,其受感动应非常人之比,抑更可知也。第七句"留都女"指河东君。第八句"翟茀班"指王觉斯辈之眷属。谓当日诸降臣之妻皆随夫北行,河东君独不肯偕牧斋至燕都。即此一端,足以愧杀诸命妇矣。

至于孙爱告杀河东君有关之郑某或陈某事如徐树丕《识小录》四"再记钱事"条云:

> 柳姬者与郑生奸,其子杀之。钱与子书云:"柳非郑不活,杀郑是杀柳也。父非柳不活,杀柳是杀父也。汝此举是杀父耳。"云云。真正犬豕犹然视息于天地间。再被□□,再以贿免,其家亦几破矣。己丑春自白门归,遂携柳复归拂水焉,且许以畜面首少年为乐,盖"柳非郑不活"一语,已明许之矣。

王沄《辋川诗钞》四《虞山柳枝词十四首》之十三云:

> 芙蓉庄上柳如绵,秋水盈盈隐画船。夜静秃鹙啼露冷,文鸳常逐野鸥眠。

《荷牐丛谈》三"东林中依草附木之徒"条云:

> 当谦益往北,柳氏与人通奸,子愤之,鸣官究惩。及归,怒骂其子,不容相见。谓国破君亡,士大夫尚不能全节,乃以不能守身责一女子耶?此言可谓平而恕矣。

《牧斋遗事·柳姬小传》(此传上文于第三章论河东君嘉定之游节已引)云:

> 间有远骋,以娱其志,旋殚诸狴犴不惜也。至北兵南下,民于金陵归款,姬蹀躞其间,聆觱篥之雄风,沐貔貅之壮烈。其于意气,多所发抒云。不再闰而民以缘事北行,姬昵好于南中,子孝廉公恧甚,谋瘗诸狱。民归而姬不自讳,丧以丧夫之礼。民为之服浣腧濡沫,重以厥子为弗克负荷矣。民虽里居,平日顾金钱,招权利,大为姬欢。微吟响答,不啻咽三台之瑞露,咀九畹之灵芝,公诸杀青,以扬厉其事,而姬亦兴益豪,情益荡,挥霍飙忽,泉涌云流。面首之乐,获所愿焉。

李清《三垣笔记(中)》云:

> 若钱宗伯谦益所纳妓柳隐,则一狎邪耳。闻谦益从上降北,隐留南都,与一私夫乱。谦益子鸣其私夫于官,杖杀之。谦益怒,屏其子不见。语人曰:"当此之时,士大夫尚不能坚节义,况一妇人乎?"闻者莫不掩口而笑。

《虞阳说苑乙编》虞山赵某撰《厓亭杂记》(参《牧斋遗事》附《赵水部杂记四则》之四)云:

> 钱受之谦益生一孙。生之夕,梦赤脚尼解空至其家。解空乃谦益妻陈氏平日所供养者。孙生八岁,甚聪慧。忽感时疫,云有许多无头无足人在此。又历历言人姓名。又云:

"不是我所作之孽。"谦益云:"皆我之事也。"于中一件为伊父孙爱南京所杀柳氏奸夫陈姓者,余事秘不得闻。其孙七日死。果报之不诬如是。

寅恪案:前论河东君嘉定之游节,引《柳姬小传》谓河东君轻鄙钱氏宗族姻戚。故告杀郑某或陈某,虽用孙爱之名义,然主持其事者当是陈夫人党遵王之流。至若孙爱,性本怯懦,又为瞿稼轩孙婿,其平日与河东君感情不恶,后来河东君与其女遗嘱有"我死之后,汝事兄嫂如事父母"之语可证。牧斋痛骂孙爱,亦明知其子不过为傀儡,骂傀儡即所以骂陈夫人党也。牧斋骂孙爱之原书,今不可见。依活埋庵道人所引,则深合希腊之逻辑。蒙叟精于内典,必通佛教因明之学,但于此不立圣言量,尤堪钦服。依《明州野史》茧翁所述,则一扫南宋以来贞节仅限于妇女一方面之谬说。自刘宋山阴公主后,无此合情合理之论。林氏乃极诋牧斋之人,然独许蒙叟此言为平恕,亦可见钱氏之论,实犁然有当于人心也。

关于牧斋顺治三年丙戌自燕京南还,有无名子虎丘石上题诗,涉及陈卧子及河东君一事。兹先移录原诗并庄师洛考证,复略取其他资料参校,存此一重公案,留待后贤抉择。谫陋如寅恪,固未敢多所妄言也。

《陈忠裕全集》一七《七律补遗·题虎丘石上》(谈迁《枣林杂俎和集·丛赘》"嘲钱牧斋"条云:《或题虎丘生公石上寄赠大宗伯钱牧斋盛京荣归之作》共载诗两首。前一首见下,后一首云:"钱公出处好胸襟,山斗才名天下闻。国破从新朝北阙,官高依旧老东林。"寅恪案:此首或非七绝,而是七律之上半,其下半为传者所遗忘耶?俟考)云:

入洛纷纷兴太浓,(谈书"兴太"作"意正"。董含《莼乡赘笔》一"诗讽"条及钮琇《觚賸》一《吴觚(上)》"虎丘题诗"条,"纷纷"俱作"纷纭"。)莼鲈此日又相逢。(诸本皆同。)黑头早已羞江总,(钮书同。"早已"谈书作"已自",董书作"已是"。)青史何曾用蔡邕。(谈书、董书俱同。钮书"用"作"借"。)昔去幸宽沉白马,(谈书、董书俱同。钮书"幸"作"尚"。)今归应愧卖卢龙。("归"董书同,谈书、钮书俱作"来"。《陈集》"愧"下注云:"一作悔。"谈书、董书、钮书俱作"悔"。)最怜攀折章台柳,(董书同。钮书"最"作"可","攀"作"折","折"作"尽"。谈书"章台"作"庭边"。)憔悴西风问阿侬。("憔悴西"谈书作"撩乱春",董书作"撩乱秋",钮书作"日暮东"。"问"谈书、董书俱同,钮书作"怨"。)

《陈集》此诗后附考证云:

〔董含〕《莼乡赘笔》〔一"诗讽"条〕,海虞钱蒙叟为一代文人,然其大节,或多可议。本朝罢官归,有无名氏题诗虎丘以诮之云云。钱见之,不怿者数日。(寅恪案:董含《三冈识略》一"诗讽"条内容全同,其实二者乃一书而异名耳。)

又附案语云:

此诗徐云将〔世祯〕、钮玉樵〔琇〕俱云是黄门作,但细玩诗意,语涉轻薄,绝不类黄门手笔,姑存之,以俟博雅审定。

寅恪案:此诗融会古典今典,辞语工切,意旨深长,殊非通常文士所能为。兹先证释其辞语,然后考辨其作者。但辞语之关于古典者,仅标其出处,不复详引原文。关于今典者,则略征旧籍涉及诗中所指者,以证实之。此诗既绾纽柳、钱、陈三人之离合,而此三人乃本文之中心人物。故依前论释卧子《满庭芳》词之例,校勘诸本文字异同,附注句下,以便抉择。若读者讥为过于烦琐,亦不敢逃罪也。《虎丘诗》第一句,其古典出《文选》二六陆士衡《赴洛诗二首》及《赴洛道中作二首》,并《晋书》五四《陆机传》及九二《张翰传》等。今典则明南都倾覆,弘光朝士如王觉斯、钱牧斋之流皆随例北迁。"兴太浓"三字,指他人或可,加之牧斋恐未必切当。观牧斋后来留燕京甚短,即托病南归可以推知也。

《虎丘诗》第二句,其古典亦出《晋书·张翰传》,世所习知。今典则《清史列传》七九《贰臣传·钱谦益传》云:

> 顺治二年五月,豫亲王多铎定江南,谦益迎降,寻至京候用。三年正月,命以礼部侍郎管秘书院事,充修明史副总裁。六月,以疾乞假,得旨,驰驿回籍,令巡抚视其疾瘥具奏。(可参民国二十六年五月廿九日《中央时事周报》第六卷第二十期黄秋岳濬《花随人圣庵摭忆》"论太后下嫁"条。寅恪案:清初入关,只认崇祯为正统,而以福王为偏藩,故汉人官衔皆以崇祯时为标准。黄氏所引证虽多,似未达此点。)

及《东华录》二云:

> 顺治三年六月甲辰,秘书院学士钱谦益乞回籍养病,许之,仍赐驰驿。

牧斋此次南归,清廷颇加优礼,既令巡抚视其疾瘥具奏,则还家时必经苏州见当日之巡抚。此时江宁巡抚为土国宝。牧斋留滞吴门,或偶游虎丘,亦极可能。检《牧斋外集》一载《赠土开府诞日(七律)三首》,诗颇不佳,或是门客代作。其第一首第六句"爱日催开雪后梅"、第二首第七句"为报悬弧春正永",可知国宝生日在春初。第三首第一句"两年节钺惠吾吴",据《清史稿》二〇七《疆臣年表五·各省巡抚》"江宁"栏云:

顺治二年乙酉。土国宝七月乙卯巡抚江宁。

三年丙戌。土国宝。

四年丁亥。土国宝二月丁酉降。三月己未周伯达巡抚江宁。刘今尹署。

五年戊子。周伯达闰四月甲寅卒。五月壬午土国宝巡抚江宁。

六年己丑。土国宝。

七年庚寅。土国宝。

八年辛卯。土国宝十月丙辰罢,十二月丁巳自缢。丁卯周国佐巡抚江宁。

乾隆修《江南通志》二〇五《职官志·文职门》云:

张文衡,通省按察使司,开平卫人,廪生,顺治四年任。

土国宝,通省按察使司,大同人,顺治四年任。

夏一鹗,通省按察使司,正蓝旗人,生员,顺治五年任。

牧斋诗既作于春初,其"两年"之语,若从顺治二年算起则有两可能。一为自二年七月至三年春初,二为自二年七月至四年春初。前者之时期,应是牧斋尚留北京寄赠此诗。后者之时期,即牧斋乞病还家不久所作。或牧斋过苏时赠诗预祝生日,亦有可能。观此诗题,既曰"赠",又曰"诞日",岂此诗具有贽见及上寿之两用欤?无论如何,牧斋此际必与土氏相往来,可以推知也。

《虎丘诗》第三句,其古典出《杜工部集》一〇《晚行口号》诗"远愧梁江总,还家尚黑头",并《陈书》二七及《南史》三六《江总传》。今典则略须考释,盖牧斋由北京还家,除应会试丁父忧不计外,前后共有四次。第一次在天启五年乙丑,以忤阉党还家,时年四十四。第二次在崇祯二年己巳,以阁讼终结归里,时年四十八。第三次在,崇祯十一年戊寅,因张汉儒诬告案昭雪被释放还,时年五十七。(寅恪案:潘景郑君辑《绛云楼题跋》引张大镛《自怡悦斋书画录》所载《祝枝山书格古论卷》一则。其文有"岁戊寅,漫游广陵"及"时三月既望,漏下二刻,剪烛为之记"等语。殊不知牧斋此时尚在北京刑部狱中,何能具分身法,忽游扬州耶?其为伪撰,不待详辨也。)第四次在顺治三年丙戌,降清北迁后,乞病回籍,时年六十五。即《虎丘题诗》之岁也(可参葛万里、金鹤冲所撰牧斋两《年谱》)。由是言之,《虎丘诗》此句所指,若释为第一次或第二次,则牧斋年未及五十,"黑头"句欠妥。若释为第三次或第四次,则"早已"二字亦不切。殆此诗作者,未详知牧斋四次还家之年龄所致耶?倘从董氏书所载,作"已是"固无语病,但以诗论,似不及作"早已"较有意趣,斯亦不必拘泥过甚也。

《虎丘诗》第四句,其古典出《后汉书·列传》五〇下《蔡邕传》。伯喈博学好辞章,正定六经文字,为一代儒宗,以忤阉宦,谪戍亡命。后为董卓识拔,以伤痛卓死之故,为王允收付廷尉治罪。请免死,续成汉史,终不见许,死于狱中。此与牧斋之"学贯天人",为"当代文章伯",早年已成《太祖实录辨证》五卷,以见恶于魏忠贤党罢官,后由马士英之推荐起用,前后情事约略相似,殊非泛用典故也。其今典则《国榷》一〇四载:"弘光元年乙酉二月壬申南京礼部尚书钱谦益求退居修国史,即家开局。不许"(可参李清《三垣笔记(下)》"钱宗伯谦益博览群书"条及上引曹溶《绛云楼书目题辞》等),及《清史列传》七九《贰臣传·钱谦益传》载:"顺治三年正月命以礼部侍郎管秘书院事,充修明史副总裁。"此为牧斋于明末清初两次欲修史,而未能成就之事实也。关于牧斋有志修史之材料颇多,如《有学集》一四《启祯野乘序》引黄石斋临死之言:"虞山尚在,国史犹未死也。"(可参同书四七《题程穆倩》卷"漳海毕命日,犹语所知,虞山不死,国史未死也"之语。)可见牧斋自负之一斑,其他不烦广征。

《虎丘诗》第五句,其古典出《新唐书》一四〇《裴遵传》附枢传。其今典则牧斋为明末清流,但幸免于上所论首三次之祸也。

《虎丘诗》第六句,其古典出《三国志·魏志》一一《田畴传》。其今典则指此次牧斋南还过苏州之事也。鄙意此句钮书"归"作"来",疑较近真。盖前引《东山酬和集》河东君《我闻室呈牧翁》诗有"此去柳花如梦里,向来烟月是愁端"一联。河东君为几社女社员,其早岁赋诗多受松江派之影响。此《虎丘诗》是否出自大樽,虽待考实,然观其辞句,如"昔去""今来"一联,必为云间几社流辈之作品似无可疑也。

《虎丘诗》第七、第八两句,其古典俱出《太平广记》四八五许尧佐《柳氏传》及孟棨《本事诗·情感类》"韩翊(翃)少负才名"条。其文云:

〔韩翃〕以良金置练囊中寄之,题诗曰:"章台柳,章台柳,往日依依今在否。纵使长条似旧垂,亦应攀折他人手。"柳复书,答诗曰:"杨柳枝,芳菲节,可恨年年赠离别。一叶随风忽报秋,纵使君来岂堪折。"

第七句用君平诗,第八句用柳氏诗。但钮书作"日暮东风怨阿侬",则竟认其出处为杜牧之《金谷园》诗(见《全唐诗》第八函杜牧六),此诗云:

繁华事散逐香尘,流水无情草自春。日暮东风怨啼鸟,落花犹似堕楼人。

不独此时牧斋无季伦被收之祸,河东君无绿珠堕楼之事,且樊川诗中"春"及"东风"更与《题虎丘石上》诗之季节不合。况

《虎丘诗》第二句用《张翰传》"翰因见秋风起,乃思吴中菰菜莼羹鲈鱼脍"之语,又相违反耶?七、八两句之今典,即前述牧斋随例北迁,河东君独留南都时,其仇人怨家以孙爱名义鸣其私夫郑某或陈某于官而杖杀之之事。此事当时必已遍传,故林茧庵谓江南有老王八之谣,作《虎丘诗》者因得举以相嘲也。解释《虎丘诗》之辞语既竟,请略考其作者。王昶、庄师洛编辑《陈忠裕公全集》,于此诗作者为何人,不敢决定。盖以其"语涉轻薄,绝不类黄门手笔"之故,似颇有理。兹就牧斋及卧子两人之行踪,即顺治三年丙戌秋间两人是否俱在苏州一点推之,然后可以解释王、庄两氏之疑问。前据《清史列传·牧斋传》及《东华录》"顺治三年六月甲辰"条,知牧斋顺治三年由北京返常熟,必经过苏州,稍有滞留。又综合钱曾《有学集诗注》一《秋槐集·丙戌七夕有怀》云:

> 阁道垣墙总罢休,天街无路限旄头。(寅恪案:康熙甲辰本"限旄头"作"接清秋",康熙乙丑本作"望楼头"俱非牧斋原文。盖此诗第一、第二两句,实用《史记·天官书》,遵王已详注之矣。)生憎银汉偏如旧,(寅恪案:"银汉"甲辰、乙丑两本,俱作"银漏",是。若作"银汉",则与下句"天河"二字语意重复,不可通。盖"银漏"二字,出王勃《乾元殿颂》"银漏与三辰合运"之典,见蒋清翊《王子安集注》一四。牧斋诗意谓己身此时尚留北京朝参也。)横放天河隔女牛。(寅恪案:范锴《华笑庼杂笔》一"黄梨洲先生批钱诗残本"条云:"牧翁丙戌七夕有怀,意中不过怀柳氏,而首二句寄意甚远。"今推梨洲之意,所以深赏此诗者,盖太冲夙精天算之学,而此诗首二句用星宿之典,以指南都倾覆、建州入关之事,甚为切合之故。黄、钱二人关系密切,所言自较金鹤冲附会之说为可信也。详见金氏《钱牧斋先生年谱》"丙

戌隆武二年"条。)

及此题后,即接以《丙戌初秋燕市别惠〔世扬〕房〔可壮〕二老(甲辰、乙丑两本,无"丙戌初秋"四字)(七律)》两诗推之,可知牧斋于顺治三年夏以病乞归,其离北京之时间至早亦在是年七月初旬以后。到达苏州时,当在八月间。若少有滞留,则九月间尚在吴门。此牧斋踪迹之可考见者也。据《陈忠裕公全集》王胜时补撰《年谱(下)》"顺治三年丙戌"条附录中载,王沄《宋辕文选唐五言古诗跋》略云:"丙戌秋师游虎丘,遇吴门朱云子论诗。师归〔富林〕语予。"(寅恪案:云子名隗,长洲人。事迹见同治修《苏州府志》八八本传。《东山酬和集》二选录其《次韵牧斋前七夕诗四首》,颇为不少。鄙意诸诗不甚佳,故第四章未论述之。)此卧子踪迹之可考见者也。然则钱、陈二人,确有于顺治三年丙戌秋间同在苏州之事,而卧子又于此时曾游虎丘,故《题虎丘石上》诗,其作者之为卧子实有可能。复玩诗中辞语,乃属于几社一派。几社高才如李舒章,是时正在北京。宋辕文方干进新朝,其非李、宋所作,不待多论。由是言之,《虎丘诗》纵非卧子本身所作,恐亦是王胜时辈所为而经卧子修改,遂成如此之佳什欤?(寅恪案:王沄《辋川诗钞》六《虞山柳枝词十四首》之九云:"梦到华胥异昔时,觉来犹幸夕阳迟。虎丘石上无名氏,便是虞山有道碑。"自注云:"丙戌钱罢官南归,有无名氏题诗虎丘石上,载诗话中。"可供参证。)鄙陋之见,未敢自信。今日博识君子当有胜解更出王、庄之上者,尚希有以赐教也。

又顾云美《东涧遗老钱公别传》略云:

〔弘光元年〕五月初十辛卯夜,上出狩。北军挟之去。(寅恪案:"之"字指牧斋。)以前资浮沉数月,自免归。送公归者,起兵山东被获,因得公手书,并逮公。锒铛三匝,至北乃解归。

寅恪案:送牧斋归者之姓名,顾氏未明言。近邓之诚先生《清诗纪事初编》三"钱谦益"条云:

〔顺治〕三年正月,授秘书院学士兼礼部侍郎,《明史》副总裁。六月以疾归。是时,法令严,朝官无敢谒假者,谦益竟驰驿回籍。归遂牵连淄川谢升案,锒铛北上。传言行贿三十万金,得幸免。贿虽无征,后来谦益与人书,屡言匮乏,贫富先后顿异,未为无因矣。

今检《清史列传》七九《谢升传》(参《清史稿》二四四《金之俊传》附谢升传)云:

〔顺治〕二年正月,升以疾剧,乞假。命太医诊视。二月卒。

据此,谢升病逝时牧斋尚在南京,任弘光帝之礼部尚书。顺治三年牧斋归家后被逮北行,非由谢升所牵累明矣。

又检《国朝耆献类征初编》四六三载田雯撰《谢陛墓志铭》略云:

公姓谢氏,讳陛,字紫宸,号丹枫。系出江西赣县。明洪武间,十世祖官小旗戍籍德州右卫。甲申李自成陷京师,置贼党,防御使阎杰,州牧吴征文来德,公流涕曰:"主亡天下乱,仇可复也。"与州人李嗣晟谋诛之。李云:"当告诸荐绅先生。"公曰:"荐绅先生难言之,彼虑事熟,丐万全也。"狐疑败矣。公仗剑往,众踊其后,遇卢御史世潅云:"于思曷维其来?"公弗顾。征文坐听事堂,遥望于思,走逾半垣,拔角脱距,遂磔裂之。并执杰诛焉。众目眩良久,欲散归。公曰:"贼踞京师,散将安往?"遂帅众而北,所在收兵,与江表连和,杀贼雪耻。会世祖章皇帝入关,乃上所收印绶。当国

> 者欲官之,不受,归。公自此隐矣。知州某,征文甥也。诛征文时,匿僧舍免。后成进士,来知州事,思得公而甘心焉。诬以私藏兵器。卒无以害。公优游里闬垂十年,与年七十以上者十人,结为稀社。

《小腆纪传》四六《义师》一《凌駉传》(参《小腆纪年附考》五"顺治元年四月明贡生马元骒生员谢陛"及"明兵部职方司主事凌駉"等条)略云:

> 凌駉,字龙翰,歙县人。崇祯癸未进士。以主事赞画督师李建泰军。建泰降贼,駉复临清、济宁。传檄山东,远近响应。于是土寨来归者甚众,与德州谢陛遥相应。

又附《马元骒谢陛传》略云:

> 马元骒,德州贡生。谢陛,诸生也。奉〔宗室〕帅鏦权称济王,移告远近,杀伪官。兖、青、登、莱诸州皆坚壁自守。陛即南中讹传以为故相谢升者也。

道光修《济南府志》五二《人物》八《卢世㴶传》略云:

> 卢世㴶,字德水。天启乙丑进士,授户部主事。乞侍养归,服阕,补礼部改御史。移疾趣归。甲申之变,世㴶与其乡人擒斩伪牧,倡义讨贼。大清兵下山左,以原官征,病不行。

《碑传集》一三六田雯撰《卢先生世㴶传》略云:

> 卢世㴶,字德水,一字紫房,晚称南村病叟。涞水人。明初徙德州左卫。〔天启五年乙丑〕登进士第,除户部主事。未几省母归。复强起,补礼部,改监察御史。竟移疾去。甲申已后,每抠衣循发,歌注无聊。扫除墓地,有沉渊荷锸之意。本朝拜原官,征诣京师,以病废辞。癸巳卒于家,年六十六。

牧斋《初学集》一〇六《读杜小笺上》略云：

> 今年夏,(寅恪案:"今年"指崇祯六年癸酉。)德州卢户部德水,刻《杜诗胥钞》,属陈司业无盟寄予,俾为其叙。

同书——《桑林诗集》(原注:"起崇祯十年丁丑三月,尽闰四月。")《小序》略云：

> 丁丑春尽,赴急征。渡淮而北。

同书同卷复载有《将抵德州遣问卢德水》《德水送芍药》《东壁楼怀德水》《次韵酬德水见赠》等题,并附卢世㴶《上牧斋先生》诗。寅恪案:徐鼒谓凌駉"传檄山东。与德州谢陛遥相应",又谓"陛即南中讹传以为故相谢升"。可知邓之诚先生谓牧斋"牵连淄川谢升案"之"谢升",乃谢陛之误。《德州府志》谓"世㴶与其乡人擒斩伪牧,倡义讨贼"之"乡人",当即指谢陛、马元骙等,盖与《谢陛墓志铭》所言同为一事。惟田雯撰《卢先生世㴶传》(见《碑传集》一三六《文学(上之上)》)恐有所避讳,不明言之耳。复据上引资料,谢陛、卢世㴶二人又皆不受清廷之官职者,自与抗清复明之运动有关也。又,牧斋于崇祯十年丁丑因张汉儒之诘控被逮北上,道经山东与卢德水频繁赋诗唱和。以没口居士与南村病叟如是交谊,则其于顺治三年丙戌辞官南下,再经山东亦应有酬和之篇什及来往之书札。由此推之,牧斋于顺治三年丙戌七夕后,自北京归家被逮北行,必为谢陛、卢世㴶等之牵累,更无疑义。谢氏既被诬以私藏兵器,但不久事白,则牧斋之得免祸,亦事理所当然,而顾云美所谓"送公归者"乃指卢氏,抑又可知矣。

吾国文学作品中,往往有三生之说。钱柳之因缘,其合于三生之说,自无待论。但鄙意钱柳之因缘,更别有三死之说焉。所谓三死者,第一死为明南都倾覆,河东君劝牧斋死,而牧斋不能死。第二死为牧斋遭黄毓祺案,几濒于死,而河东君使之脱死。第三死为牧斋既病死,而河东君不久即从之而死是也。此三死中,第一死前已论述之,兹仅言第二死。寅恪草此稿有两困难问题。一为惠香公案,第四章曾考辨之矣。一为黄毓祺之狱,即所谓第二死。今稍详述此案发生年月之问题,并略陈牧斋所以得脱第二死之假设,以俟读者之教正。

顾苓《河东君传》云:

丁亥三月,捕宗伯函,君挈一囊,从刀头剑铓中,牧围馕橐惟谨。事解,宗伯和苏子瞻御史台寄妻韵,赋诗美之,至云:"从行赴难有贤妻。"时封夫人陈氏尚无恙也。(此节前已引。)

寅恪案:牧斋为黄毓祺案所牵涉,被逮至金陵。其年月问题,依云美此《传》之记载,与牧斋所自言者符合。实则顾氏即据牧斋原诗之序,非别有独立不同之资料。故此《传》此节,亦可视为牧斋本人自述之复写,其价值不大也。今就所见官私两方资料,初不易定其是非,辨其真伪。后详检此案文件,终获得一最有力之证据,始恍然知清代官书未必尽可信赖。但因述及此案诸书中,颇多与官书相合,故亦择录数条,以便与牧斋己身及其友朋并他人之记载互相参校也。

《清世祖章·皇帝实录》三八略云:

顺治五年戊子夏四月丙寅朔。辛卯,凤阳巡抚陈之龙奏:"自金逆〔声桓〕之叛,沿海一带,与舟山之寇,止隔一水,故密差中军各将稽察奸细,擒到伪总督黄毓祺并家人袁五,搜获铜铸伪关防一颗,反诗一本,供出江北窝党薛继周等,江南王觉生、钱谦益、许念元等,见在密咨拿缉。"疏入,得旨:"黄毓祺著正法,其江北窝贼薛继周等,江南逆贼王觉生、钱谦益、许念元等,著马国柱严饬该管官访拿。袁五著一并究拟。"

蒋良祺撰《东华录》六云:

〔顺治五年四月,〕凤阳巡抚陈之龙疏奏擒伪总督黄毓祺并家人袁五,搜获铜印一颗,反诗一本。供出江北窝党薛继周等,江南王觉生、钱谦益、许见元等。现在密咨拿缉。得旨,黄毓祺著即正法,其薛继周、王觉生等着严饬该管地方官访拿。袁五一并究拟具奏。

《清史列传》七九《贰臣传(乙)陈之龙传》云:

〔顺治〕五年,奏擒奸人黄毓祺于通州法宝寺。获伪印及悖逆诗词。原任礼部侍郎钱谦益,曾留毓祺宿,且许助资招兵。诏马国柱严鞫。毓祺死于狱。谦益辨明得释。时,江西镇将金声桓叛,攻陷无为州巢县等处。巡抚潘朝选劾之龙不能御寇,纵兵淫掠。得旨降二级调用。

同书八〇《逆臣传·金声桓传》略云:

〔顺治〕五年正月,声桓与〔王得仁〕合谋,纠众据南昌叛。诡云明唐王未死,分牒授职,书隆武四年。遣人四出约期举兵。广东提督李成栋叛应之。

同书同卷《李成栋传》略云:

〔顺治〕五年正月,江西叛镇金声桓遗书招成栋。成栋遂拥众反,纳款由榔,迎之入广东。于是广东郡邑皆从叛。

清《御批历代通鉴辑览》一一九附《明桂王二》略云:

顺治五年春正月,总兵金声桓叛,以江西附于桂王由榔。
是月二十五日闭城门,部勒全营,围〔巡按御史董〕学成官署,杀之。并及副使成大业。执巡抚章于天于江中,迎故明在籍大学士姜曰广入城,以资号召。遣人奉表由榔。由榔封声桓昌国公,得仁新喻侯。得仁统兵陷九江,扬言将窥江宁。

同书同卷略云:

〔顺治五年〕夏四月,提督李成栋叛,以广东附于桂王由榔。是月十一日黎明,成栋令其兵集教场,声言索饷,欲为变。成栋请〔总督佟〕养甲出城抚辑。养甲至,众兵呼噪,劫之以叛。遂传檄各属,遣使附于由榔。

《清史稿》四《世祖本纪一》略云:

顺治五年二月二日甲戌,金声桓、王得仁以南昌叛。

《清史列传》七九《贰臣传(乙)钱谦益传》云:

〔顺治〕五年四月,凤阳巡抚陈之龙擒江阴黄毓祺于通州法宝寺,搜出伪总督印及悖逆诗词,以谦益曾留黄毓祺宿其家,且许助资招兵入奏。(寅恪案:《小腆纪传》四六《黄毓祺传》云"〔毓祺〕将起义,遣江阴徐玒致书钱谦益,提银五千,用巡抚印钤之。谦益知其事必败,却之,持空函返。玒之友人徽州江纯一,谓玒返必挟重资,发之可得厚利,诣营告变"等语,可供参考。)诏总督马国柱逮讯。谦益至江宁诉辩,前此供职内院,邀沐恩荣,图报不遑,况年已七十,奄奄余息,动履藉人扶掖,岂有他念。哀吁问官乞开脱。会首告谦益从逆之盛名儒逃匿不赴质,毓祺病死狱中,乃以谦益与毓祺素不相识定谳。马国柱因疏言:"谦益以内院大臣归老山林。子侄三人新列科目,必不丧心负恩。"于是得释归。(寅恪案:王元钟编《国朝虞阳科名录》一《进士门》

"顺治四年丁亥科"略云:"钱祖寿二甲第五名,字福先,号三峰,时俊孙。唐朝鼎二甲第十四名,字禹九,号黍谷。本姓钱。钱裔僖三甲第九十四名,字嗣希,时俊子。"同书二《举人门》"顺治三年丙戌科"略云:"钱裔僖见进士。钱召西翰,庠名祖彭。裔肃子。钱孙爱孺贻,改名上安。谦益子。"国柱所谓"子侄三人"子自是孙爱。侄则当指裔僖祖寿。其实裔僖乃侄孙,祖寿、祖彭乃侄曾孙。唐朝鼎即与迫死河东君案有关之"族贵"钱朝鼎,此时尚未复姓,更应不列于此也。又《清史列传》九《黄梧传》载"梧"条列剿灭郑氏五策,其四曰:"锄五商,以绝接济。成功于山海两路各设五大商,为之行财射利。梧在海上素所熟识,近且潜住郡城,为其子弟营谋乡举邑庠,为护身之符。其实阴通禁货,漏泄虚实,贻害莫大。应奏请敕下督抚严提正罪,庶内宄清而接济之根可拔矣。"黄氏所言之情况,虽时间较晚,但亦可供参证。)

同书同卷《土国宝传》略云:

〔顺治〕二年,随豫亲王多铎定江宁。王令同侍郎李率泰招抚苏州松江诸郡,遂奏授江宁巡抚。〔以〕擅杀〔苏州诸生王伯时及文震孟之子文乘〕下所司察议,坐降调。四年八月,命以布政衔管江南按察司事。五年五月,仍授江宁巡抚。八年十月,巡按御史秦世祯疏劾国宝〔贪赃〕。疏上,命革国宝等职,下总督马国柱同世祯讯鞫。国宝将就逮,畏罪自经死。鞫证皆实,追赃入官。

《清史稿》四《世祖本纪一》略云:

顺治四年七月戊午改马国柱为江南江西河南总督。

同书一二二《职官志三·外官门》略云：

> 顺治元年，置江南巡抚，驻苏州，辖江宁、苏州、松江、常州、镇江五府。十八年，江南分省，更名苏州巡抚。
>
> 〔顺治〕十八年，江南分省，右布政使徙苏州，左仍驻江宁。顺治三年增置江宁按察使一人。〔雍正〕八年，江苏按察使徙苏州。（原注："江宁隶此。"）

同书二〇三《疆臣年表一》"顺治四年丁亥江南江西河南"栏云：

> 马国柱七月戊午总督江南江西河南。

同书同表"顺治四年丁亥宣大山西"栏云：

> 马国柱七月戊午调。（寅恪案：叶绍袁《启祯记闻录》七《芸窗杂录》云："旧巡抚土公左迁按察使。〔丁亥〕十二月中已履任。江宁洪内院亦奉旨回京。代之者马公名国柱。洪系明朝甲科，马固一白丁也。"可供参考。）申朝纪总督宣大山西。

同书同表"顺治十一年甲午江南江西"栏云：

> 马国柱九月丁未休。十月马鸣佩总督江南江西。

黄宗羲《海外恸哭记》"监国鲁三年戊子闰三月（即顺治五年戊子四月）江西虏帅金声桓反正"条（可参梨洲《行朝录》四《鲁王监国》及同书五《永历纪年》有关各条）云：

> 金声桓者，故楚帅左良玉之部将也。良玉死，良玉之子梦庚降虏。虏俾声桓仍统其军。大学士黄道周督郑鸿逵、郑彩二军出杉关。声桓故曾役于道周，乃阳为送款，而使别将张天禄袭之。道周被执，由是得镇江西。上取闽，虏调各省之兵，复陷其地。声桓之力居多。虏抚以声桓降将，故轻之。

从之取贿不得。声桓私居尝改旧服,于是虏抚上变,言声桓谋反。声桓使人窜之中途,得其书,乃置酒召虏抚,以书示之。虏抚失色,遂斩之。奉永历帝正朔,受爵豫国公。江西郡县皆从。当是时,南都震动,以为声桓旦夕且下。虏官豫拟降附,而虏之守赣州者不从声桓。声桓欲攻之,守赣州者曰:"吾不动以待汝。汝得南都,则吾以赣下。"乃为声桓之谋者,以宁庶人〔宸濠〕之败,急于顺流,故使新建〔伯王阳明〕得制其后。今门庭之寇未除,而勤远略,是追庶人之偾车者也。声桓遂急攻赣。赣守愈坚,各省之援虏大集,围声桓困之。数月食尽。部曲斩声桓,降于虏。

查继佐《鲁春秋·监国纪》略云:

〔永历二年〕戊子(监国三年),监国跸鹭门。北总镇金声桓回向,为明守南昌。北总镇李成栋回向,为明守广东。

声桓与养子王得功北反自称辅明将军,桂王封豫国公,封成栋惠国公。

〔永历三年〕己丑(监国四年)春正月,监国由鹭门诣沙埕。南昌败。豫国公金声桓、建武侯王得仁、大学士尚书姜曰广死之。诸郡县咸不守。

金豫国回向,曰广欲捷取九江,扼安庆,窥南都。声桓不听。至是败,间投井死。

惠国成栋以桂命提东粤师应声桓,协攻赣。适声桓解赣围两日矣。势单,败走信丰,溺水死。

祝芸堂纯嘏编《孤忠后录》略云:

顺治四年丁亥,黄毓祺起兵海上,谋复常州。

正月,毓祺纠合师徒,自舟山进发。常熟钱谦益命其妻艳妓柳如是至海上犒师,适飓风大作,海艘多飘没。毓祺溺于海,赖勇士石政负之,始得登岸。约常郡五县同日起兵恢复事既不就,而志不少衰。逃名潜窜。至淮,索居僧舍。一日僧应薛从周家礼忏,周闻知祺,延而馆之。祺有部曲张纯一、张士俊二人,向所亲信。二人从武弁战名儒(寅恪案:《清史列传·贰臣传·钱谦益传》之"盛名儒",疑即此人。)转输实无所措,谋于名儒,将以祺为奇货。名儒故与薛有隙,得此为一网打尽计。于是首者首,捕者捕,祸起仓卒矣。(寅恪案:《续甬上诗》八〇《谢三宾小传》云:"牧斋以黄介祉事上变,而反遭囚繋。"柴德赓君已辨其非。甚是。见《辅仁学志》第十二卷第一第二合期《〈鲒埼亭集〉谢三宾考》。)

顺治五年戊子下黄毓祺于海陵狱。

是年春,执毓祺见廉使夏一鹗。四月,下海陵狱。一鹗为常州府时,治徐趋之狱,尝垂涎于祺而欲未遂。后,心艳武进杨廷鉴之富,欲借此为株连,祺不应,索笔供云:"身犹旧国孤臣,彼实新朝佐命。(寅恪案:"彼"指钱牧斋。)各为一事,马牛其风。"一鹗大怒,酷肆拷掠,诘以若欲何为?曰:"求一死耳。"七日,遂囚于广陵狱。

六年己丑,黄毓祺死于金陵狱。

三月,移金陵狱。将刑,门人告之期。祺作绝命诗,被衲衣,趺坐而逝。

钱肃润辑《南忠记》"贡士黄公"条云:

黄毓祺,字介子,江阴人。倡义城守。城破,决围出。潜匿村落间。俟满兵稍去,复行召募。于丙戌冬十一月集兵,期一夕袭取江阴、武进、无锡三城,不克。毓祺往扬州,设绛帐于诸富商家。戊子被执于泰州,置犴狴,咏歌不辍。人共钦之。己丑三月十八日,忽见范蠡、曹参、吴汉、李世勣四人召之去,含笑而逝。有绝命词云:"人闻忠孝本寻常,墙壁为心铁石肠。拟向虚空攀日月,曾于梦幻历冰霜。檐头百里青音吼,狮子千寻白乳长。示幻不妨为厉鬼,云期风马昼飞扬。"毓祺死,亲知无有见者。赖常熟门人邓大临起西为之蠲金埋葬于狱中。旨下,命戮其尸。

寅恪案:综合清代官书之记载,牧斋因黄毓祺案被逮至南京,应在顺治五年戊子四月,(寅恪案:此年明历三月大,闰三月小,四月大,五月小。清历三月大,四月小,闰四月大,五月小。故清历四月即明历闰三月。见陈氏《二十史朔闰表》及郑氏《近世中西史日表》。)决无疑义。此点与牧斋本身之记载谓在顺治四年丁亥三月者,显相冲突。兹先一检清代官书所记是否合理。依陈之龙《疏》谓自金声桓叛清后,遣将稽查沿海一带,遂擒获黄毓祺。然则黄之被擒,在金之叛清以后。牧斋之被逮,又在黄被擒之后。今清代官书记金氏之叛,至早在顺治五年戊子正月。清廷命马国柱严饬该管官访拿黄氏党羽,遂逮牧斋至南京。清代官书复载马国柱于顺治四年丁亥七月由宣大山西总督调任江南江西河南总督,故黄案发生必在马氏调任之后方有可能。牧斋自述其被逮,在顺治四年丁亥三月。此际马氏尚未到新任所,清廷谕旨岂得有"该管"之语。足证清代官书所记事实,其年月衔接吻合无可非议也。又明自南都倾覆后,其借以抗清之根据地有二。一为西南腹地奥区,一为东南滨海边隅。金声桓叛清,声言将取南都。李成栋复以广东归明,当时江浙闽粤、大陆岛屿皆受影响。观上引黄梨洲之《海外恸哭记》及《行朝录》并查东山之《鲁春秋》等,可见一斑。故黄、查两氏所述年月,实可间接证明清代官书记载之合理。至祝芸堂之书,乃专述黄介子事迹者,其所载年月皆与清代官书符会。惟言牧斋命河东君至海上犒黄毓祺师一事,未知有何依据。俟考。钱础日特记黄半城之死日(毓祺此号见赵曦明《江上孤忠录》注),较他书为详。且祝、赵两氏皆黄氏乡人,其书记述清兵残暴明士忠节之事,故应与余姚海宁之著述视同一例也。

夫清代官书年月之记载无可非议,已如上述,似应视为定论。但鄙意实录之编纂,累经改易,编者综合资料,排比先后,表面观之,虽如天衣之无缝,然未必实与当时事件发生之次序一一吻合。昔年检编明清内阁大库档案残本,曾见实录原稿,往往多所增删变换,遂知实录之年月先后亦间有问题。兹见罗振玉《史料丛刊初编·洪文襄公〔承畴顺治四年丁亥七月初十日〕呈报吴胜兆叛案揭帖》内引"苏松常镇四府提督吴胜兆状招"云:

顺治四年三月,内有戴之俊前向胜兆吓称苏州拿了钱谦益,说他谋反。随后就有十二个人来拿提督。你今官已没了,拿到京里,有甚好处?我今替你开个后门,莫如通了海外,教他一面进兵,这里收拾人马,万一有人来拿,你已有准备。胜兆又不合回称我今力单,怎么出海?戴之俊回云,有一原任兵科陈子龙,他与海贼黄斌卿极厚,央他写书一封,内大意云,胜兆在敝府做官极好。今有事相通,难形纸笔,可将胜兆先封为伯,后俟功成,再加升赏。其余不便尽言。来将尽吐其详等语。

亨九此《揭》乃当时原文,最有价值。足证牧斋实于顺治四年丁亥三月晦日在常熟被逮。清代编辑《世祖实录》,何以不用洪氏原文而移置此案于次年?岂因马国柱顺治四年三月尚未到南京任所之故耶?抑或未曾见及洪氏奏《揭》原文所致耶?今虽未能断定其错误之由,然就牧斋在常熟被逮之年月一点论之,自应依牧斋己身之记载,而不当据清代实录也。

关于牧斋本身及其友人之记载,则牧斋因黄毓祺案被逮,谓在顺治四年丁亥三月。明清之历,固有不同。但以干支记年,如"丁亥""戊子"两者,必不致差误。牧斋于此案发生之年月,其集中诗文屡言之,不须广征。兹仅择数端于下。至其所以能免死之故,则暂不涉及也。

《有学集》一《秋槐诗集·和东坡西台诗韵六首序》云:

丁亥三月晦日,晨兴礼佛,忽被急征。银铛拖曳,命在漏刻。河东夫人沉疴卧蓐,蹶然而起,冒死从行。誓上书代死,否则从死。慷慨首涂,无刺刺可怜之语。余亦赖以自壮焉。狱急时,次东坡御史台寄妻诗,以当决别。狱中遏纸笔,临风暗诵,饮泣而已。生还之后,寻绎遗忘,尚存六章。值君三十设帨之辰,长筵初启,引满放歌,以博如皋之一笑,并以传视同声,求属和焉。

同书一三《东涧诗集(下)病榻消寒杂咏四十六首》之十六云:

缧绁重围四泱旬,仆僮并命付灰尘。三人缠索同三木,六足钩牵有六身。伏鼠盘头遗宿溺,饥蝇攒口嗽余津。频年风雨鸡鸣候,循省颠毛荷鬼神。(自注:"记丁亥羁囚事。")

同书二五《梁母吴太夫人寿序》略云:

梁母吴太夫人者,太子太保吏部尚书少保真定梁公〔乾吉梦龙〕之子妇,今备兵使者慎可〔维枢〕之母,而少宰〔葵石清远〕司马〔玉立清标〕之祖母从祖母也。丁亥之岁,余坐饮章急征,妇河东氏匍匐从行。狱急,寄于梁氏。太夫人命慎可卜雕陵庄以居。慎可杜夫人酒脯粗粝,劳问络绎。太夫人戒车出飨,先期使姆致命,请以姑姊妹之礼见。宾三辞,不得命,翼日,太夫人盛服将事,正席执爵再拜,杜夫人以下皆拜,宾答拜践席。杜夫人以下以次拜,太夫人介妇以降复以次拜,乃就位。凡进食进肴,太夫人亲馈,宾执食兴辞然后坐,沃洗卒觯礼如初。太夫人八十高矣,自初筵逮执烛,强力无怠容。少宰诸夫人,踧踖相杜夫人,执事无傞言,无偕立,贯鱼舒雁,肃拜而后退。余闻妇言,奉手拱立,惜未得身为辉胞,于是乎观礼焉。又十年丁酉,太夫人寿九十,设帨之辰,铺几筵,考钟鼓,庭实玉帛仪物,当应古太飨。然其献酬酢酬,三终百拜,礼成乐备,于往者之宾筵,固可概见也。

谢象三三宾《一笑堂集》三《丁亥冬被诬在狱,时钱座师亦自刑部回,以四诗寄示,率尔和之四首》云:

阴风飒飒雨凄凄,谁道天高听果低。渔猎难堪官似虎,桁杨易缚肋如鸡。已无收骨文山子,尚有崩城杞子妻。所仗平生忠信在,任教巧舌易东西。

狴狴城深白日凄,肯从狱吏放头低。任渠市上言成虎,已付鬻中命若鸡。辨谤虽存张子舌,赂官难鬻老莱妻。不知孤寡今何在,定是分飞东与西。

岁行尽矣气方凄,衰齿无多日已低。嚇呀梦中闻过雁,悲凉旧事听荒鸡。囹圄不入惭萧傅,缧绁无辜愧冶妻。久矣吾生欠一死,不须题墓作征西。

贪夫威福过霜凄,素可为苍高作低。已苦笼人如缚虎,仍闻席卷不留鸡。网罗并及伤兄弟,颠沛无端累妾妻。知有上天无待诉,种松也有向东西。

寅恪案:牧斋自谓因黄案被逮在丁亥岁。若疑其年老健忘,则《和东坡诗》第四首自注云:"余与二仆共梏拳者四十日。"《序言》:"生还之后,值君三十悬帨之辰。"盖牧斋逮至南京下狱,历四十日,然后出狱,尚被管制,即所谓"颂系",亦即谢象三所谓"自刑部回"者是也。考河东君与牧斋于茸城结缡,时年二十四,此年为崇祯十四年辛巳,故顺治四年丁亥适为三十岁。又《梁维枢母寿序》中有"丁亥之岁,余坐飞章急征。又十年丁酉,太夫人寿九十"之语。至其垂死时赋《病榻消寒杂咏》更有《记丁亥羁囚事》一首,与《追忆庚辰冬半野堂文宴旧事》一首,乃一生最苦最乐之两事,始终不能忘怀者。查伊璜《鲁春秋·监国》"元年丙戌二月"载:"晋谢三宾东阁大学士。"象三降清后,被逮下狱,当与此事有关。然得一宰相之虚衔,聊胜其老座师屡次干求而不得者多矣。据其诗题,可证牧斋实以丁亥岁下南京狱。象三于崇祯十五年壬午,年五十,牧斋为作寿序(见《初学集》三六)。则丁亥岁,年五十五,而牧斋年六十六。老座师纵因老而健忘,老门生少于其师十一岁,必不应误记也。象三之诗虽远不逮牧斋,但以曾有争娶河东君之事故和"妻"字韵句,颇可令人发笑,因全录四首原文,以资谈助。

又,顾云美《东涧遗老钱公别传》云:

戊子五(三?)月为人牵引,有江宁之逮。颂系逾年,复解。

考牧斋自云以丁亥三月晦,被急征至南京下狱,历四十日始出狱,仍被管制。至己丑春,始得释还常熟。故云美之误,自不待言。此点与其所撰《河东君传》云"庚辰冬,扁舟过访,同为西湖之游"及"癸卯秋,下发入道"同为误载。岂因师事牧斋稍晚,于其师之经历未甚详确所致耶?至其所撰《河东君传》云:"丁亥三月,捕宗伯亟。"则显与《东涧遗老钱公别传》冲突。当是所撰《河东君传》乃依据牧斋《和东坡诗序》遂有此语,而不悟其钱柳两《传》自相抵触。甚矣!著书记事之难如此。

总而言之,今既得洪承畴之原《揭》,可以断定清代所撰官书,终不如牧斋本身及其友人记述之为信史。由是推论,清初此数年间之记载,恐尚有问题,但以本文范围之限制,不能一一详究也。关于牧斋所以得免死于黄毓祺案一事,今日颇难确考。但必有人向当时清廷显贵如洪承畴、马国柱或其他满汉将帅等为之解说,则无疑义。据上引牧斋所作《梁维枢母寿序》,言其被逮至南京时,河东君寄寓慎可之家。由是言之,慎可乃救免牧斋之一人,可以推知也。

检《梅村家藏稿》四二《佥宪梁公西韩先生墓志铭》略云:

真定少宰梁公讳清远,排缵其尊人佥宪西韩先生行事来告。按状,公讳维枢,字慎可,别号西韩生,真定人。其先徙自蔚州,七世至太宰贞敏公(指梦龙)始大。贞敏第四子封中书,澹明公讳志,以元配吴夫人生公。皇清定鼎,即〔工部主事〕旧官录用。奔澹明公丧归,而孝养吴夫人者八年。用疏荐复出,补营缮郎。〔顺治十三年丙申五月己未〕乾清宫告成,得文绮名马之赐。升山东按察司佥事,整饬武德兵备。会入贺,遂乞养。后五年而卒于家,享年七十有四。公生于〔万历十年〕丁亥八月之二十九日,卒于〔康熙元年〕壬寅十月之六日。元配王氏,继王氏,再继杜氏。少宰贵,于典得加恩二母,元配王,赠恭人,而杜虵封亦如之。有六子,长少宰也。又先业在雕桥庄,有古柏四十围。赵忠毅〔南星〕尝过而憩焉。岁月不居,身名晼晚,每摩挲其下,彷徨叹息不能去。余投老荒江六年,衰病坎壈,倍于畴昔。公家英嗣皆以公故辱知余。余得栖迟闾里,苟视先人之饭含者,夫犹公赐也。

则慎可丁父忧,虽未能确定为何时,但至迟亦必在顺治四年七月马国柱任江南江西河南总督以前。慎可殆以宾僚资格,参预洪氏或马氏军府。考梁、洪俱为万历四十三年乙卯举人,有乡试同年之谊(见光绪修《畿辅通志》三九及同治修《福建通志》一五六《选举表》"举人栏"等)。在旧日科举制度下之社会风习,两人之间纵无其他原因,即此一端,慎可亦能与亨九发生关系,遂可随之南下为人幕之客,寄寓江宁。至其雕陵庄,当由梁氏真定先业之雕桥庄得名。(可参赵南星《味檗斋文集》八《雕桥庄记》略云"吾郡梁太宰〔梦龙〕有雕桥庄,在郡西十五里。梁公往矣,公孙慎可读书其中,自号西韩生"等语,及《吴诗集览》六上《雕桥庄歌序》并注。)盖慎可侨居金陵,因取庄子《山木篇》"雕陵"之语,合用古典今典,以名其南京之寓庐也。慎可离南京北返之年月,今颇不易知。但必在顺治六年己丑冬季以后。(可参下论。)

检《牧斋尺牍(中)致□□□》云:

> 往年寄孥雕陵,荷贤乔梓道谊之爱。家人妇子,仰赖鸿慈。云树风烟,每纡雁素。惟尊太翁老世兄,邮筒不绝,翰墨相商。时询鲤庭,遥瞻鸾掖。寸心缱绻,未尝不往来函丈也。不肖某,草木残年,菰芦朽质。业已拨弃世事,归向空门。而宿业未亡,虚名为祟。谣诼间发,指画无端。所赖台翁暨司马公爱惜孤踪,保全善类,庶令箕风罢煽,毕口削芒。此则元气所关,海内瞻仰。不肖潦倒桑榆,无能报称,唯有向绣佛斋前,长明灯下,稽首斋心,祝延介福而已。犬子计偕,尚叩铃阁。黄口童稚,深望如天之覆。其为铭勒,何可名言。临楮不胜驰企。

寅恪案:此札乃致梁清远者,"司马公"指清标言。考,清标自顺治十三年丙申四月至康熙五年丙午九月任兵部尚书。孙爱中式顺治三年丙戌乡试。牧斋此函即付孙爱赴北京应会试时,面交清远者。孙爱应会试当不止一次，但此次必不在顺治十三年四月清标任兵部尚书以后，康熙元年壬寅十月维枢逝世以前。此六年间清廷共举行会试三次。依牧斋"谣诼间发"之语，则疑是顺治十六年己亥秋牧斋预闻郑成功舟师入长江之役以后，亦即孙爱赴北京应十八年春闱时也。然则牧斋作此札时，距黄毓祺案已逾十年，尚欲梁氏父子兄弟始终维护保全，如前此之所为，今日吾人殊不易知郑氏失败，牧斋所以能免于牵累之故。或者梁氏兄弟仍有间接协助之力耶？

寅恪复检《牧斋尺牍（上）致镇台〔化凤〕书三通》之一云：

内子念尊夫人厚爱，寝食不忘。此中邮筒不乏，即容尚候万福。

此札言慎可家事颇详，自是致维枢者。编辑误列，不待详辨。至牧斋与梁化凤之关系，俟后论之，兹暂不涉及。

又，第三章引钱肇鳌《质直谈耳》，谓河东君在周道登家为群妾所谮几至杀身，赖周母之力得免于死。观牧斋《梁母吴太夫人寿序》可证河东君与慎可母之关系，与应付周旋念西母者正复相同。河东君善博老妇人之欢心一至于此。噫！天下之"老祖宗"固不少，而"凤丫头"岂能多得者哉？牧斋之免祸，非偶然也。

前论牧斋所以得脱黄毓祺案牵累之故，疑与梁维枢有关。惜今尚未发见确证，故难决言。检赵宗建《旧山楼书目》，载有：

柳如是家信稿（原注："十六通。自写。"）一本。
牧斋甲申年日记一本。
又乙酉年日记一本。
又记豫王下江南事迹一本。
又被累下狱时与柳如是信底稿（原注："内有诗草底稿。"）

一本。

等数种。若非伪托而又尚存天壤间者,则实为最佳史料。唯未曾亲睹,不能判其然否,殊深怅恨也。但有一点可以断定者,即牧斋之脱祸,由于人情而不由于金钱。今所见载记,如叶绍袁《启祯记闻录》七附《芸窗杂录记》"顺治四年丁亥事"略云:

> 海虞钱牧斋名谦益,中万历庚戌探花,官至少宗伯,历泰昌、天启、崇祯、弘光五朝矣。乙酉岁,北兵入南都,率先归附,代为招抚江南,自谓清朝大功臣也。然臣节有亏,人自心鄙之。虽召至燕京,任为内院,未几即令驰驿归,盖外之也。四月朔,忽缇骑至苏猝逮云。
> 钱牧斋有妾柳氏,宠嬖非常。人意其或以颜貌,或以技能擅长耳。乃丁亥牧老被逮,柳氏即束装挈重贿北上,先入燕京,行赂于权要,曲为斡旋。然后钱老徐到,竟得释放,生还里门。始知此妇人有才智,故缓急有赖,庶几女流之侠,又不当以闺阃细谨律之矣。

及计六奇《明季南略》九"黄毓祺起兵行塘"条附记云:

> 〔黄毓祺〕将起义,遣徐摩往常熟钱谦益处提银五千,用巡抚印。摩又与徽州江某善。江嗜赌而贪利,素与大清兵往还。知毓祺事,谓摩返必挟重资,发之可得厚利。及至常熟,钱谦益心知事不密,必败,遂却之。摩持空函还,江某诣营告变,遂执毓祺及薛生一门,(寅恪案:"薛生"指薛继周之第四子。)解于南京部院,悉杀之。钱谦益以答书左袒得免。然已用赂三十万矣。

之类,皆未明当日事实所致。叶氏之书大抵依时日先后排列,但"钱牧斋有妾柳氏"条,乃闻牧斋脱祸以后,因补记于"海虞钱牧斋名谦益"条相近处,盖以同述一事故也。所可注意者,其记牧斋被逮至苏,在丁亥四月朔,与洪亨九原《揭》所引吴胜兆供词及牧斋自记丁亥三月晦日在家忽被急征者相合。常熟距苏州甚近,叶氏于四月朔闻讯遂笔录之耳。天寥与牧斋之关系迥非谢象三之比,然其记牧斋被逮事,亦在顺治四年丁亥,殊有参考之价值。至于所言河东君挈重贿北上先入燕京、牧斋徐到一节,乃得之辗转传闻,可不置辩。叶氏言"重贿",计氏言"用贿三十万",皆未悉牧斋当日经济情况者之揣测。兹略征载记,以证牧斋此时实不能付出如此巨大数量之金钱,而河东君之能利用人情,足使牧斋脱祸,其才智尤不可及也。关于牧斋经济情况之记载,虽颇不少,但一人一家之贫富,亦有改变,故与黄毓祺案发生之时间相距前后久远者,可不征引。前论河东君患病经江德璋治愈,牧斋以玉杯赠江为谢,因述及顺治二年乙酉清兵破明南都,牧斋奉献豫亲王多铎之礼物独薄一事,据此得知牧斋当时经济情况实非丰裕。盖值斯求合苟免之际,若家有财货而不献纳,非独己身不应出此,亦恐他人未必能容许也。南都迎降之年,下距黄毓祺案发生之岁,时间甚近,故牧斋必无重资厚贿以脱祸之理。今存《牧斋尺牍》,其中诉穷告贷之书札不少,大抵距黄案时间颇远,以非切当之资料,不多引。唯《与毛子晋四十六通》,其第三十九通云:

> 狱事牵连,实为家兄所困。顷曾专信相闻,而反倩笔于下走者,老颠倔强,耻以残生为乞丐耳。未审亦能悉此意否也?归期不远,嘉平初,定可握手。仲冬四日。

检《有学集》一七《赖古堂文选序》云"己丑之春予释南囚归里",可证牧斋于顺治六年己丑春间被释归常熟。此札末署"仲冬四日",即顺治五年戊子十一月初四日。"嘉平初,定可握手"

者,谓戊子年十二月初可还家与子晋相见。牧斋作此札,尚在黄案未了结之时。然则叶、计两氏所言之非信史,更可见矣。

又,叶、计两氏所以有此记载,盖据当时不明牧斋经济情况者之传说。牧斋虽不以富名,但家藏珍本书籍,平时服用,亦非甚俭薄,然则其何术以致此耶?

明末苏松常镇之士大夫多置田产,以供其生活之费用。清室因郑成功舟师入长江之役,江南士大夫多响应者,发起奏销案以资镇压。观孟心史森《明清史论著集刊(下)奏销案》一文,可概见也。复检《牧斋尺牍(中)与□□□》云:

> 双白来,得手教,谆谆如面谈。更辱垂念,家门骨肉道义,情见乎词,可胜感佩。近日一二枭獍,蜚语计穷,谓寒家户田欠几万金,将有不测之祸。又托言出自县令之言,簧鼓远近。试一问之,户有许多田,田有许多粮。若欲欠盈万之额,须先还我逾万之田而后可。小人嚼舌,不顾事理,一至于此。此言必有闻于左右者,亦付之一笑可也。海晏河清,杜门高枕,却苦脚气缠绵,步履艰涩。此天公妒其安闲,以小疾相折抵也。

寅恪案:此札虽不知致谁者,但据"家门骨肉"之语,知其人为牧斋同族。"双白"者,指王廷璧,见《明诗综》八〇上等。牧斋之免于奏销案之牵累,当别有其他原因,然其田产无论有无,纵或有之,亦微不足道,观此札可以证知。牧斋既不依田产收入为生,则其家计所赖,唯有卖文一途。《河东君殉家难事实·孝女揭》略云:

> 我母柳氏,系本朝秘书院学士我父牧斋公之侧室。吾父归田之后,卖文为活。茕茕女子,蓄积几何。

此虽指牧斋于顺治三年丙戌秋由北京还常熟以后事,但黄案之发生即在此年之后。此数年间,牧斋遭际困顿,自不能置田产。由是言之,牧斋丙戌后之家计,亦与其前此者无异,皆恃卖文维持。赵管妻之语,固指丙戌以后,实可兼概丙戌以前也。今所见资料,足资证明此点者殊多,不须广引。考牧斋为王弇州后文坛最负盛名之人(见黄梨洲《思旧录》"钱谦益"条),李北海"干谒走其门,碑版照四裔"(见《杜工部集》七《八哀诗》之五及《旧唐书》一九〇中《文苑传·李邕传》),韩昌黎谀墓之金(见《新唐书》七六《韩愈传》附刘叉传)。其故事可举以相比也。复检《牧斋尺牍(中)与王兆吉五通》,其第五通云:

> 生平有二债,一文债,一钱债。钱尚有一二老苍头理直,至文债,则一生自作之孽也。承委《南轩世祠记》,因一冬文字宿逋未清,俟逼除时,当不复云祝相公不在家也。一笑!

同书同卷《与遵王三十通》,其第五通云:

> 岁行尽矣,有两穷为苦。手穷欠钱债多,腹穷欠文债多。手穷尚可延挨,东涂西抹,腹穷不可撑补,为之奈何?甫老寿文,前与其使者以望日为期,正是祝相公又不在家时候也。一笑!

牧斋所谓"苍头",当即指钱斗辈而言,俟后论述,暂不之及。兹以两札所言,颇饶妙趣,并足以实写其生活状况,故附录之。《东坡集》一三《次韵孔毅父久旱已而甚雨三首》之一云:"我生无田食破砚,尔来砚枯磨不出。"受之之语,殆从苏句得来欤?

关于牧斋与介子是否如马国柱所谓"素不相识"之问题,兹检《牧斋尺牍(中)与木陈和尚(寅恪案:木陈即道忞)二通》,其第二通云:

《密云尊者塔铭》,十五年前,已诺江上黄介子之请矣。重以尊命,何敢固辞。第以此等文字,关系人天眼目,岂可取次命笔。年来粗涉教乘,近代语录,都未省记。须以三冬岁余,细加检点,然后可下笔具稿。谨与晓上座面订,以明年浴佛日为期,尔时或得围绕猊座,觌面商榷。庶可于法门稍道一线,亦可以慰吾亡友于寂光中也。

其第一通略云:

丧乱残生,学殖荒落,恭承嘉命,令补造《密云老人塔铭》,以偿十五年旧逋。每一下笔,辄为战掉。次后著语,颇为老人施十重步障。窃自谓心平如地,口平如水,任彼百舌澜翻,千喙剥啄,亦可以譬诸一吷,付之一笑。

及《有学集》三六《天童密云禅师悟公塔铭》略云:

崇祯十四年辛巳,上以天步未夷,物多疵厉,命国戚田弘遇,捧御香,祈福补陀大士还,赍紫衣赐天童悟和尚。弘遇斋祓将事,请悟和尚升座说法,祝延圣寿。还朝具奏,上大嘉悦,俞其请。诏所司议修成祖文皇帝所建南京大报恩寺,命悟为住持,领其事。弘遇衔命敦趣,以老病固辞。逾年而示寂。又二年甲申,国有大故,龙驭上宾。越十有五年戊戌(即顺治十五年),嗣法弟子道忞具行状、年谱,申请谦益,俾为塔士之铭。师讳圆悟,号密云,嘉靖戊寅岁,生常州宜兴,姓蒋氏。示微疾,趺坐频申而逝,崇祯十五年壬午七月七日也。世寿七十七,僧夏四十四。明年癸未,弟子建塔天童,迎全身窆幼智庵之右陇。师剃度弟子三百余人。王臣国士,参请皈依者,又不胜数。偕忞公二通辈结集语录书问,标揭眼目者,江阴黄毓祺介子也。师既殁,介子裁书介天童上座某属余为塔铭。遭世变,不果作,而介子殉义以死,又十年矣。余为此文,郑重载笔,平心直书,誓不敢党枯仇朽,欺诬法门,用以副忞公之请,且慰介子于九原也。

则牧斋与介子为旧友,此三文乃是铁证。马国柱奏谓钱、黄素不相识,公牍文字自来多非事实,即此可见。牧斋作《密云塔铭》时,在郑延平将率舟师入长江之前夕。岂牧斋预料国姓此举可以成功,遂亦反其往日畏葸之态度,而昌言不讳其与介子之关系耶?又《圆悟塔铭》涉及田弘遇补陀进香事,颇饶兴趣,读者可取前述江南名姝被劫及避祸事参阅也。

抑更有可论者,黄梨洲《南雷文定后集》二《邓起西墓志铭》略云:

> 君名大临,字起西,别号丹邱,常熟人。起西幼孤,稍长即能力学,从游于江阴黄介子毓祺。岁乙酉,江阴城守不下,介子与其门人起兵竹塘应之。起西募兵于崇明。事败,介子亡命淮南,以官印印所往来书,为人告变,捕入金陵狱。起西职纳橐饘。狱急,介子以其所著《小游仙诗图》中草授起西,坐脱而去。当事戮其尸。起西号泣守丧锋刃之中,赎其首联之于颈,棺殓送归,有汉杨匡之风。起西师死之后,遍走江湖,欲得奇才剑客而友之,卒无所遇,遂侘傺而死。闻者伤之。甲辰,余至虞山,起西以精舍馆我。款对数人,张雪崖、顾石宾皆其道侣也。随访熊鱼山于乌目,访李肤公于赤岸,皆起西导之。(寅恪案:可参梨洲《思旧录》"李孙之"及"熊开元"条。)比余返棹,起西送至城西杨忠烈祠下,涕零如雨。余舟中遥望,不可为怀。然不意其从此不再见也。

夫起西为常熟人,又是牧斋旧友黄介子之高弟。牧斋垂死时,梨洲至虞山视牧斋疾,即寓起西家(见后引梨洲《思旧录》"钱谦益"条)。则起西自与牧斋不能无关涉,可以推知。首告之盛名儒逃不赴质,恐是河东君间接所指使。殆取崇祯时告讦牧斋之张汉儒故事以恐吓之也。至介子之能在狱中从容自尽,疑亦与河东君之策略有关,因借此可以死无对证,免致牵累牧斋。其以介子病死为言者,则可不追究监守之狱吏耳。黄案得如此了结,河东君之才智绝伦,诚足令人惊服。所可注意者,牧斋不付五千金与徐摩,遂因此脱祸。鄙意牧斋当时实亦同情于介子之举动,但其不付款者,盖由家素不丰无以筹办巨额也。故就此点观之,亦可证知牧斋经济之情况矣。

关于牧斋狱中寄河东君诗,第三章论卧子《长相思(七古)》,已引王应奎《柳南随笔》涉及牧斋此诗序"弟"与"妻"之问题,可不复赘。唯牧斋此诗,虽有遵王之注,然亦未能尽窥其师之微旨。故重录此诗序,并六首全文,分别笺释之。其他典故,读者自当更取遵王原注并观也。

《有学集》一《秋槐诗·和东坡西台诗韵六首》,其《序》云:

> 丁亥三月晦日,晨兴礼佛,忽被急征。银铛拖曳,命在漏刻。河东夫人沉疴卧蓐,蹶然而起,冒死从行,誓上书代死,否则从死。慷慨首涂,无剌剌可怜之语。余亦赖以自壮焉。狱急时,次东坡御史台寄妻诗,以当诀别。狱中遏纸笔,临风暗诵,饮泣而已。生还之后,寻绎遗忘,尚存六章,值君三十设帨之辰,长筵初启,引满放歌,以博如皋之一笑。并以传视同声,求属和焉。

寅恪案:娄东无名氏《研堂见闻杂录》云:"牧斋就逮时,〔柳夫人〕能戎装变服,挟一骑护之。"某氏所记河东君事,多杂采他书,实无价值。其言河东君戎装挟一骑护牧斋则绝无根据,不过牵混河东君作"昭君出塞装"之传说而来耳。此事前已辨之矣。至"无剌剌可怜之语"乃用韩退之《送殷侑员外使回鹘序》中:

今人适数百里,出门惘惘,有离别可怜之色。持被入直三省,丁宁顾婢子语,刺刺不能休。

之文(见《五百家注昌黎先生集》二一)。遵王《注》中未及,特标出之,以便读者,并足见牧斋之文,无一字无来处也。又"余亦赖以自壮焉"之语,与第一首诗"恸哭临江无壮子"句,亦有相互关系。余见下论。

抑有可附论者,即关于河东君生年月日之问题。当牧斋顺治四年丁亥赋此六诗时,河东君应如牧斋之言,确为三十岁。此点并据康熙三年甲辰河东君示其女赵管妻遗嘱所言"我来汝家二十五年"(参第四章论《寒夕文宴》诗节),及顾苓《河东君传》所载"定情之夕,在辛巳六月七日,君年二十四矣"等资料,推计符合。或谓牧斋于丁亥三月晦日在常熟被急征,至南京下狱,历四十日出狱,即牧斋此题序所谓"生还"。若依此计算,其出狱当在五月间。然则河东君之生辰应在五月矣。鄙意牧斋所谓"生还之后,值君三十设帨之辰",其时限虽不能距五月太远,但亦难决其必在五月,是以或说亦未谛也。至牧斋序文所以引"贾大夫"之烂熟典故者(详见第四章论牧斋《庚辰冬日同如是泛舟再赠》诗"争得三年才一笑"句所引),固借此明著其对河东君救护之恩情,更别具不便告人之深旨。盖明南都倾覆,在乙酉五月。自乙酉五月至丁亥五月,亦可视为三年。在此三年间,河东君"不言不笑",所以表示其不忘故国旧都之哀痛。遵王《注》已引《左氏传》以释此古典,然恐未必通晓其师微意所在。故不可据牧斋之饰辞,以定河东君之生辰实在五月也。唯有可笑者,第四章论牧斋《〔庚辰〕冬日同如是泛舟有赠》诗引江熙《扫轨闲谈》,谓牧斋"黑而髯,貌似钟馗",可知牧斋有贾大夫之恶。至牧斋之才,在河东君心目中,除"邺下逸才,江左罕俪"之陈卧子外,"南宫主人"尚有可取之处(见河东君《与汪然明尺牍》第二十五通及第三十通)。宜其能博如皋之一笑也。

牧斋《和东坡诗》第一首云:

> 朔气阴森夏亦凄,穹庐四盖觉天低。青春望断催归鸟,黑狱声沉报晓鸡。恸哭临江无壮子,徒行赴难有贤妻。重围不禁还乡梦,却过淮东又浙西。

寅恪案:第一句"朔气"盖谓建州本在北方。"夏亦凄"者,言其残酷也。韩退之《赠刘师服》诗云:"夏半阴气始,淅然云景秋。蝉声入客耳,惊起不可留。"(见《五百家注昌黎先生集》五。)牧斋以丁亥三月晦日在常熟被急征,至南京下狱时当在四月初旬,历四十日出狱已在五月。五月为仲夏,与韩诗"夏半"之语适切。或云牧斋下狱在夏季,似与韩诗"云景秋"之"秋"不合。鄙意骆宾王《在狱咏蝉》诗"西陆蝉声唱"句(见《全唐诗》第二函骆宾王三),虽是秋季所作,但诗题有"狱中"之语,牧斋遂因韩诗"蝉声入客耳"句联想及之。观牧斋此诗第四句"声沉"之语,与骆氏此诗"风多响易沉"句相应合,可以证知。不必拘执韩、骆诗中"云景秋"及"西陆"之辞为疑也。第二句遵王《注》本作"穹庐",并引《史记·匈奴传》以释之,甚是。盖牧斋用"穹庐"之辞,以指建州为胡虏。其作"穹苍"者,乃后来所讳改也。第三句遵王《注》引韩退之《游城南》诗中《赠同游(五绝)》释之。亦是。但《五百家注昌黎先生集》九此诗注略云:

> 洪云,催归子规也。补注,〔黄耷?〕《复斋漫录》:予尝读《顾渚山茶记》云,顾渚山中有鸟如鹧鸪而色苍,每至正月作声曰:春起也。三四月云:春去也。采茶人呼为"唤春鸟"。(参《太平广记》四六三引《顾渚山记》"报春鸟"条。)

牧斋丁亥四月正在金陵狱中,故以青春望断"不如归去"为言,其意更出韩诗外矣。第四句言建州之统治中国,如双王之主宰泥犁,即所谓"暗无天日"者。关于第二联之解释,甚有问题。《柳南随笔》一(参《东皋杂钞》三及《牧斋遗事》"牧翁仕本朝"条)云:

> 某宗伯于丁亥岁以事被急征,河东夫人实从。公子孙爱年少,莫展一筹,瑟缩而已。翁于金陵狱中和东坡御史台寄妻诗,有"恸哭临江无孝子,徒行赴难有贤妻"之句,盖纪实也。孙爱见此诗,恐为人口实,百计托翁所知,请改孝子二字。今本刻"壮子",实系更定云。

寅恪案:东溆所记,谓此联上句之"壮子"本作"孝子"。以孙爱之无能,初视之,亦颇近理。细绎之,则殊不然。盖牧斋诗本为和东坡狱中之作,故其所用辞语典故亦必与东坡有关。考"壮"字通义为"长大",专义则为《小戴记·曲礼》"三十曰壮"。检《东坡后集》一三《到昌化军谢表》云:"子孙恸哭于江边,已为死别。"表中"子孙"之"子",指东坡长子迈。"子孙"之"孙",指迈之子箪符及幼子过之子籥。迈生于嘉祐四年己亥,至绍圣四年丁丑,东坡谪琼州时,年三十九。故迈兼通义及专义之"壮"。东坡留迈及诸孙等于惠州,独与幼子过渡海至琼州。过生于熙宁五年壬子,至绍圣四年丁丑,年二十六。既非长子,年又未三十,不得为"壮"也(详见王文诰《苏文忠公诗编注集成总案》一"嘉祐四年己亥"、同书八"熙宁五年壬子"、同书四○"绍圣三年丙子及四年丁丑"等条)。又检《东坡集》二九《黄州上文潞公书》(参叶梦得《避暑录话》四"苏子瞻元丰间赴诏狱与其长子迈俱行"条)云:

> 轼始就逮赴狱,有一子稍长,徒步相随。其余守舍皆妇女幼稚。

东坡元丰二年己未就逮时,迈年二十一,虽为长子,但非

"三十曰壮"之"壮子"。《初学集》七四《先太淑人述》云：

> 谦益狂愚悻直，再触网罗，苇笥之籍，同文之狱，流传汹惧，一日数惊。太淑人强引义命自安，然其抚心饮泪，唯恐壮子受刑僇，固未忍以告人也。

牧斋所谓"再触网罗"者，指天启五年乙丑年四十四及崇祯元年戊辰年四十七两次之事（详见葛万里及金鹤冲所撰《牧斋年谱》）。文中"壮子"之"壮"，乃兼通义及专义。盖牧斋"三世单传"，其时又年过三十故也。当顺治四年丁亥牧斋被急征时，孙爱年十九，既未过三十，又非居长之子（见《初学集》九《崇祯诗集五·反东坡洗儿诗己巳九月九日》及同书七四《亡儿寿耇圹志》），自不得以苏迈为比。由是言之，第二联上句全用东坡及其长子伯达之典故，绝无可疑。至第二联下句，则用《全唐诗》第二函崔颢《赠王威古（五古）》"报国行赴难，古来皆共然"及东坡《上文潞公书》"徒步随行"，并笺注《陶渊明集》八《与子俨等疏》中"余尝感孺仲贤妻之言"等典故。综合上下两句言之，牧斋实自伤己身不仅不能如东坡有长壮之子徒步随行江边痛哭，惟恃孺仲贤妻之河东君，与共患难耳（参《有学集》二《秋槐诗支集·己丑元日试笔二首》之二"孺仲贤妻涕泪余"句）。夫孙爱固为"生儿不象贤"之刘禅（见《全唐诗》第六函刘禹锡四《蜀先主庙》），但绝非忤逆不孝之子。浅人未晓牧斋之作此诗，贯穿融合东坡全集而成，妄造物语，可鄙可笑也。或谓此联上句牧斋最初之稿，原不如此。《汉书》三〇《艺文志·歌诗类》载《临江王节士歌诗四篇》（参同书五三《景十三王传·临江闵王荣传》），《分类补注李太白诗》四《临江王节士歌》云：

> 洞庭白波木叶稀，燕鸿始入吴云飞。吴云飞，吴云寒，燕鸿苦。风号沙宿潇湘浦，节士悲秋泪如雨。白日当天心照之，

可以事明主。壮士愤,雄风生。安得倚天剑,跨海斩长鲸。

牧斋殆取此意,"壮子"本作"壮士"。后来以辞旨过显,触犯忌讳,遂改用东坡故实,易"壮士"为"壮子"欤?或说似亦有理,姑附录之,以备一解。第七八两句,与东坡原诗自注"狱中闻湖杭民为余作解厄斋经月,所以有此句也"有关,可不待论。但牧斋"淮东"二字,暗指明凤阳祖陵而言。《明史》四〇《地理志》"凤阳府。凤阳县。"下注略云:"北滨淮。西南有皇陵。"又宋有淮东路,元有淮东道。故牧斋用"淮东"之辞,以示不忘明室祖宗之意。"浙西"二字,自是袭用苏诗"浙江西"之成语,然亦暗指此时尚为明守之浙江沿海岛屿,如舟山群岛等。此等岛屿,固在浙江之东,若就残明为主之观点言,则浙江省乃在其西。张名振之封爵以"定西"为号者,疑即取义于此。牧斋诡辞以寓意,表面和苏韵,使人不觉其微旨所在。总之此两句谓不独思家而已,更怀念故国也。或谓牧斋己身曾任浙江乡试主考,合古典今典为一辞,甚为巧妙。牧斋《寄示谢象三》此题,亦以谢氏乃其典试浙江时所取士之故。此或说似亦可通。并录之,以备别解。

第二首云:

阴官窀室昼含凄,风色萧骚白日低。天上底须论玉兔,人间何物是金鸡。肝肠进裂题襟友,血泪模糊织锦妻。却指恒云望家室,滹沱河北太行西。

寅恪案:第一句及第二句亦俱谓建州统治之黑暗。牧斋第一首已及此意,今又重申言之者,所以抒其深恨。第一句"窀室"遵王《注》引《史记·吴太伯世家》为释,字面固合,恐犹未尽。鄙意牧斋殆用《汉书》五四《苏建传》附武传"单于愈欲降之,乃幽武置大窖中"之意,实欲以子卿自比。第三句遵王《注》引李孝逸事为释,似可通。但寅恪则疑牧斋之意谓"月有阴晴圆缺"(可参第三章论卧子《长相思》诗节述及东坡《丙辰中秋作兼怀子由》词),明室今虽暂衰,终有复兴之望。与第四章所引黄皆令《谢别柳河东夫人·眼儿媚》词"月儿残了又重明。后会岂如今"同一微旨也。第五句"题襟友"当指梁维枢。据前引有关慎可资料,则牧斋自可以此目之也。第七八两句谓河东君寄居慎可南京之雕陵庄。考北魏之恒州,唐改云州,北周移云州于常山乃滹沱河北、太行山西,梁氏著籍之真定,亦即雕桥庄所在之地。真定固在滹沱河之北。"太行西"谓真定雕桥庄之西方为太行山。牧斋作此倒装句法者,所以步苏诗"西"字之原韵。读者不必拘泥地望之不合也。又疑"恒云"二字,虽是地名,恐与程松圆所赋《缊云诗》之"缊云"有连。盖"恒""缊"同韵,两音相近,或有双关之意。若果如此,岂牧斋于狱中困苦之时,犹故作狡狯耶?一笑!

第三首云:

纣绝阴天鬼亦凄,波吒声沸柝铃低。不闻西市曾牵犬,浪说东城再斗鸡。并命何当同石友,呼囚谁与报章妻。可怜长夜归俄顷,坐待悠悠白日西。

寅恪案:此首全篇意旨谓己身不久当死也。第一二两句,亦指当日囚禁之苦,比于地狱。其用《真诰·阐幽微篇》及《酉阳杂俎前集》二《玉格门》"六天"条"纣绝阴宫"之辞,恐非偶然。盖暗寓建州之酷虐,与桀纣同也。第三句自是用《史记》八七《李斯传》。岂欲与第四句用陈鸿祖《东城老父传》及东城原诗"城东不斗少年鸡"句,"东城"及"城东"之"东"为对文,遂于《李斯传》"腰斩咸阳市"之"市"上,加一"西"字,并著一"不"字,以反李斯"顾谓其中子曰,吾欲与若复牵黄犬,出上蔡东门,逐狡兔,岂可得耶"之原语,以免与《史记》之文冲突欤?遵王《注》虽引太史公书,然略去"东门"之"东"字,殆亦觉其师此句颇有疑问耶?俟考。但据徐松唐《两京城坊考》四"独柳"条云:

> 刑人之所。按西市刑人,唐初即然。贞观二十年斩张亮、程公颖于西市。(寅恪案:此条见《旧唐书》九四《张亮传》及《资治通鉴》九八《唐纪·太宗纪》"贞观二十年二月己丑"条。)《旧〔唐〕书》〔一〇〕《肃宗纪》、〔同书一六九〕《王涯传》又言"子城西南隅独柳树"。盖西市在宫城之西南。子城谓宫城。(寅恪案:此条可参《资治通鉴》二二〇《唐纪·肃宗纪》"至德二载十二月"条所云:"壬申斩达奚珣等十八人于城西独柳树下。"及胡《注》引刘昫之语曰:"独柳树在长安子城西南隅。"又"独柳"并可参《旧唐书》一五《宪宗纪下》"元和十二年十一月"条及同书一四五《吴少阳传》附吴元济传。)

可知牧斋"西市"一语,并非无出处也。第五句遵王《注》引《晋书》五五《潘岳传》为释,自是不误。"石友"之义,可参《文选》二〇潘安仁《金谷集》作诗"投分寄石友",及同书二三阮嗣宗《咏怀十七首》之二"如何金石交"等句李善《注》。鄙意安仁原诗"石友"之石,兼有"金石"之"石"及"石崇"之"石"两意。若就"石崇"之"石"言,则"石"为专有名词。故钱诗第六句"章妻"之"章"亦是专有名词。当牧斋就逮之际,河东君誓欲"从死",即"并命"之意。噫!河东君此时虽未"并命",然后来果以身殉。此句亦可谓与安仁、季伦《金谷》之篇,同为诗谶者矣。又考河东君只生一女,即赵微仲管之妻,作此诗时犹未出生,牧斋不过因东坡原诗"身后牛衣愧老妻"之句,并感河东君尚无子女,遂联想及之。但河东君本末,既与"章妻"不同,牧斋又非

"素刚"之人,赵管妻恐未能承继其母特性,如仲卿女之比。然则此典故虽似适切,后来情事演变,终与仲卿及其家属之结局有异,斯殆牧斋在狱中赋诗时所不能预料者也。第七、八两句用《文选》一六江文通《恨赋》"及夫中散下狱,神气激扬"及"郁青霞之奇意,入修夜之不旸"之意。盖以嵇康自比。但叔夜之"青霞奇意"牧斋或可有之,至"神气激扬"则应属于河东君,牧斋必不如是。唯此题第五首第二句"骨消皮削首频低"及第六首第二句"神魂刺促语言低"等语,乃牧斋当时自作之真实写照耳。

第四首云:

> 三人贯索语酸凄,主犯灾星仆运低。溲溺关通真并命,影形绊縶似连鸡。梦回虎穴频呼母,话到牛衣更念妻。尚说故山花信好,红阑桥在画楼西。(自注:"余与二仆共桎梏者四十日。")

寅恪案:第七八两句指拂水山庄八景之"月堤烟柳"及"酒楼花信"二景而言。可参《初学集》一七《移居诗集·九日宴集含晖阁醉歌》一首"登高望远不出户,连山小阁临莽苍"及"白云女墙作山带,红阑桥水含湖光"等句,并前论牧斋《春游二首》中所引《月堤烟柳》诗"红阑桥外月如钩"及《酒楼花信》诗"横笛朱栏莫放吹"等有关资料,兹不赘释。

第五首云:

> 六月霜凝信憯凄,骨消皮削首频低。云林永绕离罗雉,砧几相怜待割鸡。堕落劫尘悲宿业,皈依法喜愧山妻。西方西市原同观,悬鼓分明落日西。

寅恪案:前第四首第七八两句,乃谓拂水山庄。此首第七、八两句,则指绛云楼也。牧斋《绛云楼上梁诗八首》之六第七、八两句云"夕阳楼外归心处,县鼓西山观落晖"("观"字下自注:

"去")可证。至第七句"西市"一辞,可参第三首第三句"不闻西市曾牵犬"之解释,可不赘论。又,"〔黄毓祺〕将刑,门人告之期。祺作绝命诗,被衲衣,趺坐而逝。"(见前引《孤忠后录》。)真所谓西方、西市等量齐观者。牧斋此句应是预为介子咏。至己身之怯懦,则非其伦也。

第六首云:

> 梏拲扶将狱气凄,神魂刺促语言低。心长尚似拖肠鼠,发短浑如秃帻鸡。后事从他携手客,残骸付与画眉妻。可怜三十年来梦,长白山东辽水西。

寅恪案:第三句遵王引《搜神记》为释,乃仅释古典。其今典则"发短"一辞,谓己身已剃发降清也。史惇《恸余杂记》"钱牧斋"条(可参谈孺木迁《北游录纪闻(下)》"辨法"条)云:

> 清朝入北都,孙之獬上疏云:"臣妻放脚独先。"事已可揶揄。豫王下江南,下令剃头,众皆汹汹。钱牧斋忽曰:"头皮痒甚。"遽起。人犹谓其篦头也。须臾,则髡辫而入矣。

又《有学集》四九《题邵得鲁迷涂集》(参《牧斋尺牍·与常熟乡绅书》所云"诸公以剃发责我,以臣服诮我,仆俯仰惭愧,更复何言"等语)云:

> 邵得鲁以不早剃发,械击僇辱,濒死而不悔。其诗清和婉丽,怨而不怒,可以观、可以兴矣。得鲁家世皈依云栖,精研内典。今且以佛法相商,优波离为佛剃发作五百童子剃头师,从佛出家,得阿罗汉果。孙陀罗难陀不肯剃发,握拳语剃者:"汝何敢持刀,临阎浮王顶?"阿难抱持,强为剃发,亦得阿罗汉果。得鲁即不剃发,未便如阿难陀(寅恪案:"阿"字疑衍)取次作转轮圣王。何以护惜数茎发,如此郑重?

彼狺狺剃发,刀锯相加,安知非多生善知识,顺则为优波离之于五百释子,逆则如阿难之于难陀,而咨叹(寅恪案:此"叹"字疑当作"嗟")慨叹,迄于今,似未能释然者耶?我辈多生流浪,如演若达多晨朝引镜,失头狂走。头之不知,发于何有?毕竟此数茎发,剃与未剃,此二相俱不可得。当知演若昔日失头,头未曾失。得鲁今日剃发,发未曾剃。晨朝引镜时,试思吾言,当为哑然一笑也。

夫辫发及剃发之事,乃关涉古今中外政治文化交通史之问题,兹不欲多论,唯附录史惇所记牧斋"剃发"条及牧斋自作剃发解嘲文于此,以资谈助。其他清初此类载记颇多,不遑征引也。夫牧斋既迫于多铎之兵威而降清,自不能不剃发,但必不敢如孙之獬之例,迫使河东君放脚,致辜负良工濮仲谦之苦心巧手也。呵呵!第五句"携手客"指梁慎可等。《毛诗·邶风》"北风其凉,雨雪其雰。惠而好我,携手同行。"《小序》云:"北风刺虐也。"牧斋盖取经语,以著建州北族酷虐之意也。第七八两句之解释即牧斋于崇祯十四年辛巳所赋《秋夕燕誉堂话旧事有感》诗"东庑游魂三十年"句之意。已详第一章及第四章所论,可不复赘。

综观此六诗中第二首七、八两句,关涉梁慎可,第六首七、八两句关涉后金,辞语较第一首七、八两句,尤为明显,自不宜广为传播。前引谢象三和牧斋狱中诗题,仅言"以四诗寄示",则牧斋《诗序》之"传视同声,求属和"之诗,实保留两首。岂即今《有学集》此题之第二、第六两首欤?至《江左三大家诗钞》顾有孝、赵沄所选《牧斋诗钞(下)》,亦选此题六首中之二、三、五、六共四首。恐顾、赵所选,未必与牧斋当日"传视同声,求属和"者相同也。俟考。

前引《有学集》一七《赖古堂文选序》云:"己丑之春余释南

囚归里。"故可依牧斋自言之时间,以推定《有学集》二《秋槐支集·勾曲逆旅戏为相士题扇(七律)》以前,多是在南京所作。其中固亦有时间可疑排列错乱者,今日殊难一一考定,但《勾曲逆旅》诗第一句"赤日红尘道路穷"之语,当非早春气节。前引《南忠记》谓黄毓祺于己丑三月十八日死于南京狱中,盖此年三月介子既死,案已终结,牧斋遂得被释还家矣。至牧斋在南京出狱以后,颂系之时究寓何处,则未能确知。检《牧斋外集》二五《题曹能始寿林茂之六十序》末署:"戊子秋尽,钱谦益撰于秦淮颂系之所。"牧斋所以特著"秦淮"二字者,当是指南京之河房而言。牧斋当时所居之河房,非余怀《板桥杂记(上)雅游门》"秦淮灯船之盛"条所述同类之河房,乃吴应箕《留都见闻录(下)河房门》所述"近水关有丁郎中河房"条之河房,亦即《有学集》一《秋槐诗集·题丁家河房亭子》题下自注"在青溪笛步之间"者。此类河房为南京较佳之馆舍。牧斋以颂系之身,尚得如此优待,当由丁继之、梁慎可等之友谊所致,亦可谓不幸中之大幸。今以意揣之,牧斋于丁亥四月初被逮至南京下狱,河东君即寄寓梁慎可之雕陵庄,及五月中牧斋出狱,尚被看管,自不便居于雕陵庄,故改寓青溪笛步间之丁家河房(并可参《有学集》六《秋槐诗别集·丙申春就医秦淮寓丁家水阁》诗等),俾与河东君同寓,而河东君三十生辰之庆祝,恐即在此处。复检龚芝麓鼎孳《定山堂诗集》二〇《和钱牧斋先生韵为丁继之题秦淮水阁》云:

开元白发镜中新,朱雀花寒梦后春。妆阁自题偕隐处,踏歌曾作太平人。乌啼杨柳仍芳树,鸥阋风波有定身。骠骑武安门第改,一帘烟月未全贫。

似可为钱柳二人同寓丁家河房之一旁证。至赵管妻出生地,固难确定,但疑不在秦淮之河房,而在苏州之拙政园。检《有学

集·秋槐诗集·次韵林茂之戊子中秋白门寓舍待月之作》云:

> 空阶荇藻影沉浮,管领清光两白头。条戒山河原一点,平分时序也中秋。风前偏照千家泪,笛里横吹万国愁。无那金阊今夜月,云鬟香雾更悠悠。

寅恪案:第二句"两白头"之语,指己身及茂之,而末两句用《杜工部集》九《望月》诗,指河东君此夕独在苏州。由是言之,赵管妻生于拙政园之可能性甚大也。又检《元氏长庆集抄本·牧斋跋语》云:

> 乱后,余在燕都,于城南废殿得《元集》残本,向所阙误,一一完好。暇日援笔改正,豁然如瞖之去目,霍然如瘃之失体。微之之集残阙四百余年,而一旦复元,宝玉大弓其犹有归鲁之征乎?著雍困敦之岁,皋月廿七日,东吴蒙叟识于临顿之寓舍。(寅恪案:此文末数语,暗寓明室复兴之意。牧斋此际有此感想,自无足怪也。)

并曹溶《绛云楼书目题词》云:

> 余以后进事宗伯,而宗伯绝款曲。丙戌同客长安,丁亥戊子同僦居吴苑,时时过予。

及《倦叟再识》略云:

> 昔予游长安,宗伯闲日必来。丁亥予挈家寓阊门,宗伯先在拙政园。

可知牧斋于顺治四、五两年,因黄案牵累来往于南京、苏州之间,其在苏州,寓拙政园。拙政园主人为陈之遴。其时彦升尚未得罪,虽官北京,固可谓韩君平所谓"吴郡陆机为地主"之"地主"。又林时对《荷牐丛谈》三"鼎甲不足贵"条略云:

吴伟业鼎革后,投入土国宝幕,执贽为门生,受其题荐,复入词林。

梅村既与国宝有连,吴、陈二人复是儿女亲家。牧斋以罪人而得寓拙政园,恐与骏公不能无关。至牧斋所以至苏州之故,殆因黄案亦在江苏巡抚职权范围之内,而土国宝此时正任苏抚也(见上论牧斋赠土国宝诗所引《清史稿·疆臣年表》"江苏巡抚"栏)。或谓清代江苏按察使驻苏州,牧斋以就审讯之故至苏。则不知江苏按察使移驻苏州,乃雍正八年以后之事。顺治四、五年江苏按察使仍驻江宁(见《清史稿》一二二《职官志三》等)。故或说未谛。又牧斋称拙政园为"临顿里之寓舍"者,乃综合古典今典,殊非偶然。《嘉庆一统志》七八《苏州府二·津梁门》云:

临顿桥在长洲县治东北。吴地记:有步鹭石碑,见存临顿桥。《续图经》:临顿,吴时馆名。陆龟蒙尝居其旁。

及《全唐诗》第九函皮日休五《临顿(原注:里名)为吴中偏胜之地,陆鲁望居之,不出郛郭,旷若郊墅,余每相访,欵然惜去,因成五言十首,奉题屋壁》云:

(诗略。)

同书同函陆龟蒙五《问吴宫辞(并序)》云:

甫里之乡曰吴宫,在长洲苑东南五十里,非夫差所幸之别馆耶?披图籍,不见其说。询故老,不得其地。其名存,其迹灭。怅然兴怀古之思,作问吴宫辞云。

彼吴之官兮,江之郁涯。复道盘兮,当高且斜。波摇疏兮,雾蒙箔。菡萏国兮,鸳鸯家。鸾之箫兮,蛟之瑟。骈筇参差兮,界丝密。宴曲房兮,上初日。月落星稀兮,歌酣未毕。

越山丛丛兮,越溪疾。美人雄剑兮,相先后出。火姑苏兮,沼长洲。此宫之丽人兮,留乎不留。霜氛重兮,孤榜晓。远树扶苏兮,愁烟悄眇。欲摅愁烟兮,问故基。又恐愁烟兮,推白鸟。

龚明之《中吴纪闻》二"五柳堂"条云:

五柳堂者,胡公通直〔稷言〕所作也。其宅乃陆鲁望旧址,所谓临顿里者是也。

同书三"甫里"条云:

甫里在长洲县东南五十里,乃江湖散人陆龟蒙字鲁望躬耕之地。

盖河东君本有"美人"之称,牧斋作诗往往以西施相比。如前引《有美诗》"输面一金钱",《元日杂题(长句)八首》之八"春日春人比若耶"等,皆是其例。临顿既是吴时馆名,如"馆娃宫"之类,亦当与西施有关。陆鲁望辞中"美人""曲房"之语,适与前论《半塘雪诗》引徐健庵之记相合。此钱柳一重公案,颇为名园生色,唯世之论拙政园掌故者多未之及,遂标出之以供谈助云尔。

牧斋因黄案牵累,于顺治三、四年曾寓苏州,但检《有学集》此时期内诸诗,尚有发见确为寓苏时之作,唯其中有一题关涉河东君及其女赵管妻者,此题颇有寄居拙政园时所赋之可能,故特录之并略加笺释于下。

《有学集》二《秋槐诗支集·己丑元日试笔二首》,其一云:

春王正月史仍书,上日依然芳草初。白发南冠聊复尔,青阳左个竟何如。三杯竹叶朝歌后,一枕槐根午梦余。传语白门杨柳色,桃花春水是吾庐。

寅恪案:第一句谓此年为监国鲁四年正月辛酉朔,永历三年正月庚申朔(见黄宗羲《行朝录》及金鹤冲《牧斋年谱》)。明室之正朔犹存也。第四句谓究不知永历帝之小朝廷是何情况也。第七句谓己身今在苏州,故"传语白门"。观此题下一题为《次韵答盛集陶新春见怀之作》有"金陵见说饶新咏,佳丽常怀小谢篇"之句,可证也。又陈田《明诗纪事》辛签三一所录《盛集陶斯唐怀林茂之》诗有"旧栽柳色曾无恙"句,及杨子勤钟羲《雪桥诗话》一"黄俞邰〔虞稷〕《赠林茂之》诗"条引那子《新柳篇》有"渐许藏乌向白门,白门紫塞那堪比"等句。然则牧斋"白门杨柳色"之语,即指茂之而言耶?第八句谓己身此时所居之地,可比于避秦之桃花源及玄真子"桃花流水"之浮家泛宅也。

其二云:

> 频烦襆被卷残书,顾影颓然又岁初。自笑羁囚牢户熟,人怜留滞贾胡如。渊明弱女咿嚘候,孺仲贤妻涕泪余。为问乌衣新燕子,衔泥何日到寒庐。

寅恪案:此首前四句疑可与前引《牧斋尺牍·与毛子晋四十六通》之三十九所言"狱事牵连,实为家兄所困,羁栖半载,采诗之役,所得不赀。归期不远,嘉平初,定可握手。仲冬四日"等语相参证。盖牧斋本以为顺治五年戊子十二月能被释还常熟度岁。岂意狱事仍未终结,至六年己丑元旦犹在苏州也。第五句指赵管妻。《河东君殉家难事实》康熙三年甲辰七月《孝女揭》云:"母归我父九载,方生氏。"及康熙三年甲辰六月廿八日《柳夫人遗嘱》云:"我来汝家二十五年,从不曾受人之气。"盖河东君及其女皆以河东君之适牧斋,实在崇祯十三年庚辰十二月一日,"我闻室"落成与牧斋同居时算起。牧斋垂死犹念念不忘"半野堂"寒夕文宴者,即由此夕乃其"洞房花烛夜"之故。然则赵管妻出生乃在顺治五年戊子。(寅恪案:《蘼芜纪闻(上)》载《盛湖杂录》"柳如是绝命书"条,案语云:"小姐柳出,以顺治戊子生。辛丑赘婿赵管,年仅十四,遇变之年为甲辰,才十七岁。故书中有年纪幼小之语。"可供参证。)至在何月何日,则不可考。但己丑元旦,正是"咿嚘"之候也。第六句指河东君,自不待言。牧斋此一年皆用渊明典故,亦可与前一首末句暗寓《桃花源记》之意相参也。第七句疑指梁慎可。梁氏乃明之旧家,清之"新燕"也。第八句谓慎可何日可将己身被释还家之好音来告也。

又,关于赵管妻事,《牧斋诗文集》中言及虽不甚多,但检《有学集》二《秋槐支集》载牧斋《庚寅人日示内二首》及河东君《依韵奉和二首》皆涉此女。庚寅岁首,与牧斋因黄案得释还家之时间相距至近。故附录钱柳两人之诗于论黄案节中,并略加笺释。牧斋诗之典故,有遵王《注》,读者自可参阅。河东君诗其第二首下半,前虽已征引,但未综合阐述,兹并录全文,以便观览。

牧斋诗,其一云:

梦华乐事满春城,今日凄凉故国情。花燔旧枝空帖燕,柳燔新火不藏莺。银幡头上冲愁阵,柏叶尊前放酒兵。凭仗闺中刀尺好,剪裁春色报先庚。

其二云:

灵辰不共劫灰沉,人日人情泥故林。黄口弄音娇语涩,绿窗停梵佛香深。图花却喜同心蒂,学鸟应师共命禽。梦向南枝每西笑,与君行坐数沉吟。

寅恪案:牧斋此两诗南枝越鸟之思、东京梦华之感,溢于言表,不独其用典措辞之佳妙也。诗题"示内"二字,殊非偶然,盖河东

君于牧斋为同梦之侣、同情之人,故能深知其意。观河东君和章,可以证知。《元氏长庆集》一二《乐天东南行诗一百韵序》云:

通之人莫知言诗者,唯妻淑在旁知状。

夫河东郡君裴淑能诗(裴氏封河东郡君,见白氏《文集》六一《唐故武昌军节度使元公墓志铭》),且能通微之之意。然其所能通者,与河东君柳是之于牧斋,殊有天渊之别。又河东君两诗后,即附以其《赠黄若芷大家四绝句》。黄若芷即黄媛介,前论《绛云楼上梁诗》已言及之。皆令有《答谢柳河东夫人·眼儿媚》词云"月儿残了又重明,后会岂如今",前亦已征引。皆令赋此词,与河东君和牧斋诗,两者时间相距甚近。然则牧斋赋诗之微意,不独河东君知之,即河东君之密友如皆令者亦知之。当日钱柳之思想行动,于此亦可窥见矣。

河东君和诗,其一云:

春风习习转江城,人日于人倍有情。帖胜似能欺舞燕,粉花真欲坐流莺。银幡囚载忻多福,金剪依收喜罢兵。新月半轮灯乍穗,为君酹酒祝长庚。

寅恪案:此首第二联上句,与牧斋诗第二首第三句俱指赵管妻而言。王应奎《柳南续笔》三"太湖渔户"条云:

渔户以船为家,古所称浮家泛宅者是也。而吾友吴友篁著《太湖渔风》载:渔家日住湖中,自无不肌粗面黑,间有生女莹白者,名曰白囡,以志其异。渔人户口册中两见之。

《明实录·神宗实录》二〇七(寅恪案:此次科场案《明实录》记载甚详,不能尽录,惟摘其与本文主旨最有关者。其余述及此案之载籍颇不少,可参沈德符《万历野获编》一六《科场门》

"举人再覆试"条、陈建《皇明从信录》三六"万历十七年己丑文肃奏章及杂记"等条、《国榷》七五"万历十七年己丑正月二月"及同书七六"万历二十年壬辰五月"有关各条、《明通鉴》六九"万历十七年己丑二月"有关各条。陈田《明诗纪事》庚签一〇《黄洪宪小传》及《上疏后长安友人相讯感赋》诗并光绪修《嘉兴府志》五二秀水县《黄洪宪传》等)"万历十七年己丑正月"条略云:

〔庚午〕(廿二日),礼部主客司郎中高桂言,万历十六年顺天乡试蒙旨以右庶子黄洪宪等往。其中式举人第四名郑国望,稿止五篇。第十一名李鸿,股中有一囡字。询之吴人,土音以生女为囡。《孟义书经》结尾文义难通。第二十三名屠大壮,大率不通。他若二十一名茅一桂,二十二名潘之惺,二十八名任家相,三十二名李昇,七十名张敏塘,(《万历野获编》及《国榷》"敏"俱作"毓"。)即字句之疵,不必过求。然亦啧有烦言,且朱卷遗匿,辩验无自,不知本房作何评骘,主考曾否商订。主事〔于〕孔兼业已批送该科,科臣竟无言以摘发之。职业云何? 方今会试之期,多士云集,若不大加惩创,何以新观听? 伏乞敕下九卿会同科道官,将顺天府取中试卷,逐一简阅,要见原卷见在多少? 有无情弊,据实上请,以候处分。其有迹涉可疑及文理纰缪者,通行议处,明著为例,以严将来之防。自故相之子先后并进,一时大臣之子,遂无有见信于天下者。今辅臣王锡爵之子,素号多才。岂其不能致身青云之上? 而人之疑信相半,亦乞并将榜首王衡与茅一桂等,一同覆试,庶大臣之心迹益明矣。得旨,草稿不全,事在外帘。朱卷混失,事在场后。字句讹疵,或一时造次。有无弊端,该部科一并查明来说,不必覆试。自后科场照旧规严加防范,毋滋纷纷议论,有伤国体。

〔辛未〕(廿三日),大学士申时行、王锡爵以高桂论科场事,词连锡爵子衡,时行婿李鸿。各上疏自明,且求放归。上俱慰留之。

〔癸酉〕(廿五日),大学士申时行等言,两京各省解到试卷,发部科看详。今礼科部司官不纠摘南京各省,而独摘顺天不通,摘三场,而止摘字句,殆有深意,必待会官覆试,而后有无真伪,耳目难掩。上命礼部会同都察院及科道官当堂覆试,看阅具奏。锦衣卫还差官与高桂一同巡视。

同书二〇八"万历十七年己丑二月"条略云:

〔戊寅〕(初一日),礼部会同都察院及科道等官覆试举人王衡等。试毕阅卷,〔于〕慎行次序分二等。王衡等七人平通,屠大壮一人亦通。疏入,得旨,文理俱通,都准会试。次日,慎行同礼科上疏言:"诸生覆试,无甚相悬,中式未必有弊,字句虽有疵讹,然瑕瑜不掩。"得旨,高桂轻率论奏,夺两月俸。(《国榷》"两"作"五"。)

丙申(十九日),礼部仪制司主事于孔兼言,臣奉本部礼委磨勘顺天中式朱墨卷内李鸿卷,首篇有不典之字,屠大壮卷,三场多难解之辞,即时呈本堂复批,送礼科听其覆阅。

同书二四八"万历二十年壬辰五月"条略云:

辛未(十二日),礼部题参举人王兆河等七名,到部已齐,请于朝堂覆试,以服人心。从之。

丁亥(廿八日),礼部衙门侍郎韩世能等,同原参官工部主事周如纶,御史綦才于午门覆试被参幸中式举人王兆河等六名(寅恪案:六名者,据《万历野获编》,知除屠大壮不赴试外,有郑国望、李鸿、张敏塘并山西举人王兆河、江西举人陈以德、山东举人杨尔陶,共为六人也。其所以覆试王、陈、杨三人者,盖由上引申时行奏谓"不摘南京各省,而独摘顺天"之语。)公同弥封详品。文理平通四卷,文理亦通二卷,进呈裁夺。上命将卷传与九卿科道翰林院各掌印官详关(阅?)奏闻。内被参举人屠大壮奏:"闻母丧,乞回守制。"礼部覆:"请同众覆试。"大壮径行,临期不到。上谓大壮违旨规避,革退为民。仍行巡抚按御史查勘丁忧有无,具奏。

《柳南随笔》三云:

明万历戊子,顺天举人李鸿卷中有一囝字,为吏部郎中高桂所参。鸿系申相国时行婿,吴人呼为快活李大郎。及以文中用囝字被论,又称为李阿囝。囝者,吴人呼女之辞。然李所用囝字,实囡字之误耳。

囝字之人文者,恐尚不止此,更待详检。河东君赋诗,用"侬"字以对"囝"字,同为吴语,甚是工巧。可与顾逋翁用闽语"囝"字赋诗,先后比美(见《全唐诗》第四函顾况一《囝一章》)。但其密友离隐才女"苦相吟赏"之余,是否念及其家八股名手葵阳翁,(寅恪案:姜绍书《无声诗史》五云:"黄媛介,字皆令。嘉禾黄葵阳先生族女也。"葵阳即黄洪宪之号。)竟因门生长洲阁老之快婿快活李大郎八股中有一"囝"字,遭受无妄之灾耶?至《曲海提要》六"还魂记"条"黄洪宪为〔万历十六年〕戊子北闱主试官取中七人被劾"节载:

又有屠大壮者,有富名。文字中有一"囝"字。

其以李鸿为屠大壮,证之《明实录》及《柳南随笔》,其误显然。唯"文理亦通"之屠大壮,自不能称为才子。但因母丧不赴万历壬辰之覆试,亦可称为孝子。终以平息众议,以免牵涉宰辅之故而被革黜,竟成赎罪之羔羊,殊可怜也。李鸿之籍贯,据同治修《苏州府志》六〇《选举二·进士》"万历二十三年乙未"栏载：

长洲。李鸿。有传。

同书六一《选举三·举人》"万历十六年戊子"栏"长洲"载：

李鸿。顺天中式。昆山人。见进士。

同书八七《人物》一四《李鸿传》云：

李鸿，字宗仪。万历乙未进士。授上饶知县。

则长洲、昆山，县名虽有不同，然皆属苏州府，同是吴语区域。其用此"不典之字"，为掇科射策之文，原无足怪。唯作此大胆之举动，乃在河东君赋诗前六十余年，真可谓先知先觉者。又此科试题尚未考知。宗仪试卷用此"囡"字，经于孔兼磨勘，照旧通过。可见亦非极不妥适。由是推测，李氏文中所以用此"囡"字之故，疑其试题为《论语·季氏篇》"夫人自称曰小童"。果尔，则八股笑话史中复添一重公案矣。更有可注意者，此"黄口""白囡"之赵管妻，竟能承继其母之"白个肉"，而不遗传其父之"乌个肉"，可谓大幸（详见第四章论牧斋《冬日同如是泛舟有赠》诗，引顾公燮《消夏闲记选存》"柳如是"条）。夫此一"囡"字，虽与河东君、赵管妻及黄皆令直接间接有关，自不得不稍详引资料，以供论证。但刺刺不休，盈篇累牍，至于此极，读者当以为怪。鄙意吾国政治史中，党派之争，其表面往往止牵涉一二细碎之末节，若究其内容，则目标别有所在。汝默"殆有深意"之语，殊堪玩味。（汤显祖《玉茗堂集》一六《论辅臣科臣疏》、《明通鉴》六九"万历十七年己丑十二月己丑谕诸臣遇事毋得忿争求胜"条云："时廷臣以科场事与王锡爵相攻讦。饶伸既罢，攻者益不已，并侵首辅申时行，而时行锡爵之党复反攻之，乃有是谕。"并《明史》二三〇饶伸及汤显祖传等,皆可供参证。)职是之故,不避繁琐之讥,广为征引,以见一例。庶几读史者不因专就表面之记载,而评决事实之真相也。河东君和诗中,此"银燔因戴忻多福,金剪依收喜罢兵"一联,下句即酬答牧斋诗第一首七、八两句之意,而以收金剪洗兵马为言,虽似与牧斋原句之意有异,然实能写出当日东南海隅干戈暂息,稍复升平气象之情况也。第七句"新月半轮"之语,谓永历新朝之半壁江山。《有学集》八《长干塔光集·燕子矶归舟作(七律)》"金波明月如新样"句,可取以相证也。第八句之"长庚"者,《毛诗·小雅·大东》"西有长庚。"《传》曰:"日既入谓明星为长庚。庚,续也。"《正义》曰:"庚,续。释古文。日既入之后,有明星。言其长能续日之明,故谓明星为长庚也。"河东君之意,以永历为正统,南都倾覆之后,唯西南一隅,尚可继续明祚也。

河东君和诗,其二云:

> 佛日初辉人日沉,彩旛清晓供珠林。地于劫外风光近,人在花前笑语深。洗罢新松看沁雪,行残旧药写来禽。香灯绣阁春常好,不唱君家缓缓吟。

寅恪案:此诗首句乃承接第一首末句"长庚"之语而来。虽用《文选》六左太冲《魏都赋》"彼桑榆之末光,逾长庚之初晖",但河东君实反左《赋》之原意,以"佛日"指永历、"人日"指建州。谓永历既起,建州将亡也。第二句承接首句"佛日"之"佛"而来。牧斋之供佛见于其诗文者甚多,无待征引。河东君之供佛,如《初学集》八二《造大悲观音像赞》及《投笔集(上)后秋兴之三·八月初十日小舟夜渡惜别而作》第一首"青灯梵呗六时心"之句等,则是其例证也。河东君此诗第一联写出当时地方苟安,家庭乐趣。其不作愁苦之辞而为欢愉之语者,盖钱柳两人赋诗之时,就桂王之小朝廷而论,金声桓、何腾蛟、李成栋等虽已败亡,然其最亲密之瞿稼轩式耜正在桂林平乐,身膺重寄。由稼轩荐任东阁大学士,而又深赏河东君之文汝止安之,不久将赴梧州行在。牧斋所荐,号称"虎皮"之刘客生湘客亦在肇庆(见黄宗羲《行朝录》五《永历纪年》并《小腆纪年》一七"顺治七年二月丁亥"条及《小腆纪传》三二《刘湘客金堡传》。并可参金鹤冲《钱牧斋先生年谱》"永历三年己丑"条引瞿式耜《留守文集》所附《牧斋寄稼轩书》)。其他如与牧斋同郡同调,而真能"老归空门"之金道隐堡及两世论交之姚以式瑞等,俱寄托于永历之政权(见《有学集》四《绛云余烬集·寄怀岭外四君》诗,同书二六《华首空隐和尚塔铭》及《有学集补·复澹归释公书》,并澹归今释《偏行堂集》八《列朝诗传序》,同书三四《酬钱牧斋宗伯壬辰见寄原韵》及《又赠牧斋》两诗)。故以为明室尚有中兴之希望。牧斋诗第二首末两句"梦向南枝每西笑,与君行坐数沉吟"即此际钱柳之心理也。河东君此诗下半四句,前已释证,读者苟取与今所论上半四句,贯通全篇细绎之,则其意旨益可了然。至评诗者仅摘此首第二联,赏其工妙,(见第四章引《神释堂诗话》。)所见固不谬,但犹非能深知河东君者也。

抑更有可论者,牧斋在黄案期间之诗文自多删弃,即间有存留者,亦仅与当日政局表面上大抵无关诸人相往还之作品。如梁慎可为黄案中救脱牧斋者之一,但牧斋在此案未了结时,不敢显著其名字,即其例证。寅恪细绎《有学集》及《牧斋尺牍》等,于此一点,颇似能得其一二痕迹,遂钩沉索隐,参互推证,或可发此数百年未发之覆欤?兹请略述之于下。

《有学集诗注》一《秋槐诗集·顾与治五十初度》(寅恪案:《四部丛刊》本此诗列于《集补》。又顾氏事迹可参陈伯雨作霖《金陵通传》一五《顾璘传》附梦游传及陈田《明诗纪事》辛签二

八"顾梦游"条)云:

> 松下清斋五十时,(寅恪案:赵殿成笺注《王右丞集》一〇《积雨辋川庄作(七律)》云:"松下清斋摘露葵。"与治曾祖英玉著有《寒松斋存稿》,见《明诗综》三五"顾琛"条。故牧斋此句今古典合用也。)道心畏路凛相持。全身唯有长贫好,避俗差于小病宜。灵谷梅花成昔笑,蒋山云物起相思。开尊信宿嘉平腊,雏颂传家德靖诗。(自注:"与治曾祖英玉公与其兄东桥先生并有集行世。")

《有学集》六《秋槐别集·丙申春就医秦淮,寓丁家水阁浃两月,临行作绝句三十首,留别留题,不复论次》,其第八首云:

> 多少诗人堕劫灰,佺期今免冶长灾。阿师狡狯还堪笑,翻搅沙场作讲台。(自注:"从顾与治问《祖心千山语录》。")

《初学集》六六《宋比玉墓表》(参《牧斋尺牍补遗·与顾与治》自注:"时与治为《宋比玉乞墓表》。")略云:

> 金陵顾与治来告我曰:"梦游与莆田宋比玉交,夫子之所知也。比玉殁十余年矣,梦游将入闽访其墓,酹而哭焉。比玉无子,墓未有刻文,敢以请于夫子。"虞山钱谦益为之表。崇祯十五年三月。

《初学集》八六《题顾与治偶存稿》云:

> 今天下文士入闽,无不谒曹能始,谒能始,则无不登其诗于《十二代》之选。人挟一编以相夸视,如《千佛名经》。独与治有异焉,能始题其诗曰《偶存》,所以别与治也。

《有学集》四九《顾与治遗稿题辞》略云:

> 金陵乱后,与治与剩和尚,生死周旋,白刃交颈,人鬼呼吸,

无变色,无悔词。予以此心重与治,片言定交,轻死重气,虽古侠烈士无以过也。风尘頠洞,士生其时,蒙头过身而已。孤生,党军持而抗服匿。(寅恪案:牧斋以"军持"比函可,"服匿"比本是汉族,而为清室所用者,如张大猷、张天禄、天福等。牧斋作品中往往以"军持""服匿"为对文。如《投笔集(下)后秋兴之十·辛丑二月初四日夜宴述古堂酒罢而作》第四首"草外流人欢服匿,御前和尚泣军迟"。遵王《笺注》上句引《南齐书》三九《陆澄传》为释,实则其最初出典乃《汉书》五四《苏建传》附武传,更与汉族之为满用者尤切合。下句遵王引《翻译名义集》为释,是。牧斋诗中之"军迟"即"军持"也。)读与治诗,九原尤有生气。存与治诗,所以存与治也。

施愚山闰章《学余文集》一七《顾与治传》云:

僧祖心愤世伴狂,与梦游为方外交,至则主其家。祸发连系,刃交于颈,梦游词色不变,卒免于难。

《清史列传》七八《贰臣传(甲)洪承畴传》云:

洪承畴,(寅恪案:《清史稿》二四三《洪承畴传》云:"字亨九。"同治修《福建通志》二二八《南安县·洪承畴》云:"字彦演。")福建南安人。明万历四十四年进士。〔顺治四年〕十月,巴山等以察获游僧函可、金腊等五人,携有谋叛踪迹,牒承畴鞫讯。承畴疏言,函可乃故明尚书韩日缵之子,出家多年。乙酉春,自广东来江宁,印刷《藏经》。值大兵平江南,久住未回。今以广东路通,向臣请牌回里。臣因韩日缵是臣会试房师,(寅恪案:光绪修《惠州府志》三二《人物门·韩日缵传》略云:"〔万历〕四十四年丙辰,充会试同考。〔天启二年〕壬戌,复充会试同考。"洪氏为丙辰进士,故云。)遂给印牌。及城门盘验,经笥中有福王答阮大铖书稿,字失避忌。又有变纪一书,干预时事。其不行焚毁,自取愆尤,与随从之僧徒金腊等四人无涉。臣与函可世谊,应避嫌,不敢定拟。谨将书帖牌文封送内院。得旨,下部议。以承畴徇情,私给印牌,应革职。上以承畴奉使江南,劳绩可嘉。宥之。

博罗剩人可禅师《千山诗集》首载《顾梦游序》云:

神宗末载,党祸已成。博罗韩文恪公思以力挽颓波,毅然中立。简在先帝,旦晚作辅。天祸宗社,哲人云亡。有丈夫子四,宗骙、宗骐、宗騄、宗骊。骙最才,弱年名闻海内。公殂,太夫人在堂,闺玉掌珠,种种完好。以参空隐老人得悟,世缘立斩,与发同断,年二十有九耳。岁乙酉,以请《藏经》来金陵。值国再变,亲见诸死事臣,纪为私史,城逻发焉,傅律殊死,奉旨宥送盛京焚修。今弘法天山所群奉为祖心大师者也。当大师就缚对簿,备惨拷,讯所与游,忍死不语。因于满人,厥妇张敬共顶礼之。既去,追之还。进曰,师无罪。此去必生。然窃有请也,师出万死,几不一生,不择于字,其祸至此。师生,无论好字丑字,毋更着笔。师为悚生。

又庐山栖贤函昰撰《千山剩人可和尚塔铭》略云:

师名函可,字祖心,别号剩人。惠州博罗人,本姓韩,父若海公,讳日缵,明万历丁未进士,历官礼部尚书,谥文恪。母车氏,诰封淑人。师生而聪颖,少食饩邑庠,尝侍文恪公官两都,声名倾动一时。海内名人以不获交韩长公骙为耻。甲申之变,悲恸形辞色。传江南复立新主,顷以请藏,附官人舟入金陵。会清兵渡江,闻某遇难,某自裁,皆有挽。过情伤时,人多危之,师为之自若。(寅恪案:《千山诗集补遗》

有《哭绳海先生》《广陵感赋》《闻黄石斋至》等题,即所谓"过情伤时"之作。张伯骕为万历丙辰进士,黄道周为天启壬戌进士,皆函可通家也。)卒以归日行李出城,忤守者意,执送军中。当事疑有徒党,拷掠至数百,但曰,某一人自为。夹木再折,无二语,乃发营候鞫。项铁至三绕,两足重伤,走二十里如平时。江宁缁白环睹,咸知师道者无他,争为之含涕,而不敢发一语。后械送京师,途次几欲脱去,感大士甘露灌口,乃安忍如常。至京,下刑部狱。越月得旨,发沈阳。师自起祸至发遣,中间两年,唯同参法纬暨诸徒五人外,无一近傍。然内外安置极细,如狱中一饮啖,一衣屦,随意而至,如天中人。师当时所能自为者,顺缘耳。庸讵知已有人属某缁,属某素,甲事若此,乙事若彼。开士密行,不令人知何择时地。然师所以获是报者,岂非平生好义,暗中铢镂不爽。诸如道在人天,且当作别论也。

及郝浴撰《奉天辽阳千山剩人可禅师塔铭》(参九龙真逸〔陈伯陶〕《胜朝粤东遗民录》四"函可"条)略云:

〔华首道独〕引入曹溪,礼祖下发。师是年二十有九,时崇祯十二年六月十九日也。甲申年三十有四,值世变再作,于戊子四月二十八日入沈,奉旨焚修慈恩寺,时已顺治五年矣。〔后〕,师知悟门已开,且就化,目众叹曰:"释儿识西来意乎?"追念吾在家时,曾刺臂《书经》以报父。及出家,而慈母背,反立解条衣,披麻泣血,以葬之。是岂愚敢先后互左而行怪?顾创巨痛深,皆不知其然而然也。是西来意也。丙戌岁本以友故出岭,将挂锡灵谷。不自意方外臣少识忌讳,遂坐文字,有沈阳之役。是亦不知其然而然也。是西来意也。重示偈曰:"发来一个剩人,死去一具臭骨。不费常住柴薪,又省行人挖窟。移向浑河波里赤骨律,只待水流石出。"言讫坐逝。报龄四十九,僧腊二十。翼晨道颜如生。浴拊其背哭之,双目忽张,泪介于面。呜呼!师固博罗韩尚书文恪公之长子也。文恪公立朝二十年,德业声施在天下,门下多名儒巨人。故师得把臂论交。虽已闻法,而慈猛忠孝,恒加于贵人一等。甲申乙酉间,侨于金陵顾子之楼,友恸国恤,黯然形诸歌吟,不悟遂以为祸。然事干士大夫名教之重,江左旧史闻人往往执简大书,藏在名山。是殆狮象中之期牙雷管,而袈裟下有屈巷夔龙也。当其遭诬在理,万楚交下,绝而复苏者数,口齿蠁然,无一语不根于道。血淋没趾,屹立如山,观者皆惊顾咋指,叹为有道。师始以逮入京,绝粒七日,时有一美丈夫手甘露瓶倒注其口,及藿,神采益阳阳。方知大士□留为十二年拨种生芽也。

寅恪案:前已考定牧斋因黄案被逮至南京,实在顺治四年丁亥四月。此时清廷委任江宁之最高长官乃洪亨九。钱、洪两人于明季是否相识,今不得知,但牧斋与顾与治为旧交。弘光元年乙酉祖心由广东至南都,斯际牧斋正任礼部尚书。受之为当代词宗,尤博综内典。祖心既与顾氏亲密,寄居其寓楼,则钱、韩两人极有往还之可能。巴山等举发函可案,在顺治四年丁亥十月。牧斋于四年四月被逮至南京入狱,历四十日出狱,其出狱之时间当在五月。然则牧斋殆可经由顾、韩之关系,向洪氏解脱其反清之罪。马国柱不过承继亨九之原议,而完成未尽之手续耳。检《有学集》一《秋槐诗集·禅关策进诗有示》云:

漫天画地鬼门同,禅板蒲团在此中。遍体锒铛能说法,当头白刃解谈空。朝衣东市三生定,悬鼓西方一路通。大小肇师君会否,莫将醒眼梦春风。

或谓此诗在遵王《注》本中列于《顾与治五十初度》诗前第一题,相距甚近,疑是为函可而作。但依郝浴所记,函可于顺治五年戊子四月二十八日入沈,《禅关策进》诗列于《岁晚过茂之,见架上残帙有感,再次申字韵》后第三题。寿与治诗,前第二题。《岁晚》诗既有"先祖岂知王氏腊,胡儿不解汉家春"(寅恪案:郑氏《近世中西史日表》顺治五年戊子十二月廿二日立春),寿顾诗复有"开尊信宿嘉平腊"等句,则《禅关策进》诗亦当是顺治五年戊子岁暮所赋,其非为函可而作可知。若不为剩和尚而作,则疑是为黄介子而赋也。前引《孤忠后录》载介子以顺治六年己丑三月,由广陵狱移金陵狱。若其所记时间稍有先后,则介子之移金陵狱,可能在顺治五年戊子岁暮。牧斋于其抵金陵时,即作此诗以相慰勉耶? 俟考。又《有学集》一《秋槐诗集》有《广陵舟中观程端伯画册戏为作歌(七古)》一首,(寅恪案:端伯名正揆。事迹见光绪修《孝感县志》一四《人物志》及《历代画史汇传》三三《程正揆传》。)此诗前一题即《次韵林茂之戊子中秋白门寓舍待月之作》,故《广陵舟中》诗,当是顺治五年戊子秋间所赋。牧斋之至扬州,疑是就地与黄介子质证,盖是时介子尚在广陵狱中也。

复次,据郝浴所记,函可示寂前,有"丙戌岁本以友故出岭,将挂锡灵谷。不自意方外臣少识忌讳,遂坐文字,有沈阳之役"等语,显与《清史列传·洪承畴传》谓函可"乙酉春自广东来江宁印刷《藏经》,值大兵平江南,久住未回"之言相冲突。详检《千山诗集》八至九之间,有《补遗》一卷,乃黄华寺主所藏函可丙丁间寓金陵所作之七律共三十一首,其中将返岭南前留别金陵诸友之诗颇多。如《次韵答邢孟贞〔昉〕并以道别》云"高楼春尽恨难删",《留别顾与治〔梦游〕》云"一春花落鸟空愁",《留别余澹心〔怀〕二首次韵》其一云"春风犹滞秣陵关"及"三年不见云中信"。(寅恪案:《千山诗集》九(七律)体中连载《甲申岁除寓南安》《乙酉元日》《秋昽八首乙酉寓金陵作》《乙酉除夕二首》《丙戌元旦顾家楼》《丙戌岁除卮亭同〔邹〕衣白〔之麟〕〔王〕双白〔廷璧〕〔邹〕方鲁〔喆〕诸子》《丁亥元旦昧庵试笔》等题。此句"三年"之语,乃指甲申乙酉丙戌三岁而言,盖《留别余澹心》诗,赋于丙戌春暮也。)《留别白门诸公》云"三山花落催行棹"及"莺啼无限夕阳多",《次郑元白韵》云"春残惟听白门筎"等,所言皆是暮春景物。(寅恪检邢孟贞昉《石臼后集》四丁亥所作《送祖心归罗浮(七律)》,有"此日东风黯别颜"句,亦可参证。又沈归愚德潜《国朝诗别裁》三四载函可诗《丁亥春将归罗浮留别黄仙裳(五律)》云"春尽雨声里,扬帆趁晓晴。路经三笑寺,归向五羊城。末世石交重,余生瓦钵轻。悲凉无限意,江月为谁明",尤足证祖心于丁亥暮春有将返粤之事。)依《洪承畴传》谓巴山等牒送函可交亨九鞫讯,在顺治四年丁亥十月,由是推之,此次祖心之离南京当在是年季秋,与暮春留别之诗不合。又黄华寺主所藏《剩人补遗诗》最后一题为《系中生日二首》。检《千山诗集》函可自作生日之诗不少。如卷六《生日四首》,其一云"且自欢兹会,明冬不可知",卷九《生日》云"当年坠地即严冬",及卷十七《腊八(七绝)》前第二题《丁酉生日二首》之二云"每因生日知年近,又得浮生一岁添",可知其生日乃在十二月初,亦与《洪承畴传》谓函可于十月被牒送者相合,而与暮春告别之诗不合。但《系中生日》诗前有《次余澹心韵二首》,其一云:"摩腾翻译浑多故,身外累累贝叶函。"(寅恪案:此两句与《洪承畴传》谓函可"来金陵印刷《藏经》","及城门盘验,经笥中有福王答阮大铖书稿"之记载相符。)其二云:"雁去休教虚只字,(寅恪案:《全唐诗》第一函宋之问二《题大庾岭北驿》云:"阳月南飞雁,传闻至此回。"故剩人此句,即取其意。)猿归应已共层崖。"又有《次林茂之韵二首》,其一云"篱边犹忆隔年花",(寅恪案:此句用陶渊明《饮酒二十首》之四"采菊东篱下",并杜子美《秋兴》诗"丛菊两开他日泪,孤舟一系故园心"之典故。盖取不仕刘宋,隐居遁世之高人及避羯胡乱,且未还家之词客,以比茂之。又剩人丙戌春暮返广东后,是岁再来南京,其时间或即在季秋,故与杜诗"两开"之语适合。所以有此推测者,因《千山诗集》九有在南京所赋《丙戌岁除》之诗,则丙戌冬季以前,函可已由粤重来江宁矣。)其二云"莫言我去知心少,但过墙东有好朋"等句,(寅恪案:《后汉书·列传》七三《逸民传·逢萌传》云"避世墙东王君公"。剩人此句,殆指盛集陶。见下论牧斋《次韵答皖城盛集陶见赠二首》。)皆是秋季惜别之语。(寅恪又检《石臼后集》一丁亥所作《再送祖心归岭南(五古)》,有"十月又逢梅"句,亦可参证。)然则,此二题四诗乃函可于丁亥返粤告别之作也。颇疑函可实曾于顺治三年丙戌春暮由南京返广东,同年又重游南京。其临终所言"丙戌本以友故出岭,将挂锡灵谷"即指此次而言。所谓"友",恐是指亨九。灵谷寺在明太祖孝陵近旁,其欲居此寺,亦寓倦怀故国之思。亨九奏折讳言剩人回粤后,又重来金陵之事,必有隐衷。岂函可于丙戌一年之中去而复返,实暗中为当时粤桂反清运动奔走游说耶?《清史列传》七八《贰臣传(甲)洪承畴传》云:

> 〔顺治〕四年四月,驻防江宁巴山张大猷奏,柘林游击陈际可擒贼谢尧文,获明鲁王封承畴国公及其总兵王(黄)斌卿致承畴与巡抚土国宝书,有伏为内应,杀巴、张二将,则江南不足定语。上奖巴山等严察乱萌,而谕慰承畴、国宝曰:"朕益知贼计真同儿戏。因卿等皆我朝得力大臣,故反间以图阴陷。朕岂堕此小人之计耶?"

可知当时反清复明之势力皆欲争取亨九。巴山等拷问函可,即欲得知洪氏是否与此运动有关。洪氏避嫌,不定函可之谳,清廷亦深知其中微妙之处。所以谕慰洪氏,轻罪函可者,盖仍须借洪氏以招降其他汉人士大夫如瞿稼轩辈。瞿、洪皆中式万历丙辰进士,为同年生,而函可乃适当之联系人也。然则当日承畴处境之艰危,清廷手腕之巧妙,于此亦可窥见一斑矣。牧斋所以得免于死,其原因固多,恐亦与引诱稼轩一点有关欤?前引可和尚《两塔铭》,皆述函可系狱及械送北京途中,得蒙神力护持之事。所言殊诡异,盖暗示亨九辈阴为保全,故赖以脱死。观《胜朝粤东遗民录》四《函可传》陈伯陶案语引《张铁桥年谱》,记后来洪承畴嘱岭东施起元照拂韩日缵诸子事。(寅恪案:同治修《福建通志》二二六《福清县·施起元传》略云:"施起元,字君贞,一字虹涧。顺治己丑进士。从平藩南征入粤。七年授广东右参议,分守岭东道。八年摄学政,按试惠属,所拔悉当。旋以忧去。"可与陈氏所引参证。)足知亨九于剩人关系之密切也。又函昰谓可师"甲申之变,悲恸形辞色。传江南复立新主,顷以请藏,附官人舟入金陵"。夫乙酉春间,南都虽尚未倾覆,然长江当已戒严。函可之附官人舟至金陵,自不足怪。但函昰所以特著此语者,或因南都当局马士英、阮大铖皆中式万历丙辰会试,可师乃其通家世好,此行乃与马、阮有关耶?观其经笥中有福王答阮大铖书稿一事,亦可为旁证也。或谓《千山诗集》一二《寄陈公路若》有《引》,略云:

> 丙寅秋,予侍先子南都署中,木樨盛开,月峰伯率一时词人赋诗其下。予虽学语未成,窃喜得一一遍诵。及剃发来南,与茂之相见,已不胜今昔之叹。今投荒又八年矣,赤公至,述长安护法,首举陈公,为吾乡人,即木樨花下赋诗人也。

检《国榷》卷首之三《部院宗上》"南京礼部尚书"栏载：

〔天启六年〕丙寅萧山来淙道□□甲辰进士。二月任。
〔天启七年〕丁卯博罗韩日缵□□丁未进士。三月任。

是丙寅岁任南京礼部尚书者为来宗道，而非韩日缵。函可既误记"丁卯"为"丙寅"，则其临终时神志瞀乱，亦可误记"乙酉"为"丙戌"也。鄙意此说固可通，但检光绪修《惠州府志》三二《人物门·韩日缵传》略云：

韩日缵，字绪仲，号若海，博罗人。〔天启四年〕甲子，即家升右春坊右庶子。未行，升礼部右侍郎兼侍读学士，协理詹事府事，充《两朝实录》副总裁。次年（五年乙丑）升南京礼部尚书，疏辞弗克。崇祯〔五年〕壬申改礼部尚书。

此《传》既述绪仲一生事迹颇详，方志之文，疑源出函可所作《家传》。（寅恪案：此点可参顾梦游《千山诗集序》引祖心《寄梦游书》中"近家书从福州来，流涕被面，先子传十年不报，今以真〔乘〕兄坐索，家间事或得附见。此愿既酬，胸中更无别事矣"等语。《胜朝粤东遗民录》四《函昰传》谓其父母、妻妹、子媳俱为僧尼，历主福州长庆等寺。观祖心福州《家书》之语，岂韩氏尚有遗族依函昰寄居福州耶？俟考。）今据志文，则丙寅之秋函可实可侍其父于南京礼部尚书署中。故《诗引》所言，并非误记。由是推之，其临终所言"丙戌出岭"之"丙戌"，亦非"乙酉"之误记也。唯"谈书"与"方志"何以不同，尚难确言。姑记于此，以俟更考。至南都礼部署中植有木樨，则前引牧斋《赠黄皆令序》及吴应箕《留都见闻录》俱未之及。兹论黄毓祺案，遂附录剩人《诗引》，亦可供谈助也。

吾国旧日社会关系，大抵为家族姻戚、乡里师弟及科举之座主门生同年等。牧斋卒能脱免于黄案之牵累，自不能离此数端，而于科举一端,即或表面无涉,实则间接亦有关也。兹请参互推论之,虽未必切中肯要,然亦不至甚相远也。

前论牧斋热中干进,自诩知兵。在明北都未倾覆以前,已甚关心福建一省,及至明南都倾覆以后则潜作复明之活动,而闽海东南一隅为郑延平根据地,尤所注意,亦必然之势也。夫牧斋当日所欲交结之闽人,本应为握有兵权之将领,如第四章论《调闽帅议》即是例证。牧斋固负一时重望,而其势力所及究不能多出江浙士大夫党社范围之外,更与闽海之武人隔阂。职是之故,必先利用一二福建士大夫之领袖以作桥梁。苟明乎此,则牧斋所以特推重曹能始逾越分量,殊不足怪也。《明史》二八八《曹学佺传》略云:

> 曹学佺,字能始,侯官人。弱冠举万历二十三年进士,授户部主事,中察典,调南京添注,大理寺正。居冗散七年,肆力于学,累迁南京户部郎中、四川右参政按察使。又中察典议调。天启二年起广西右参议。初,梃击狱兴,刘廷元辈主疯癫,学佺著《野史纪略》,直书事本末。至六年秋,学佺迁陕西副使,未行,而廷元附魏忠贤大幸,乃劾学佺私撰野史,淆乱国章。遂削籍,毁所镂板。崇祯初,起广西副使,力辞不就。家居二十年,著书所居石仓园中,为《石仓十二代诗选》,盛行于世。两京继覆,唐王立于闽中,起授太常卿,寻迁礼部右侍郎兼侍讲学士,进尚书,加太子太保。及事败,走入山中,投环而死,年七十有四。诗文甚富,总名《石仓集》。万历中,闽中文风颇盛,自学佺倡之。晚年更以殉节著云。

《南疆逸史》一七《曹学佺传》略云:

> 学佺好学有文名,博综今古,自以宿学巨儒不得官京朝,历

外数十年,仕又偃蹇,因以著书自娱。闽中立国,起为太常寺卿,上言今幅员褊小,税额无几,宜专供守战之用,而遣郑鸿逵疾抵关度防守,毋久逗留。诸逃兵肆掠,责令其收归营伍。及朝见,上指谓诸臣曰:"此海内宿儒也。我在藩邸,闻其名久矣。"时仓卒建号,一切典礼,皆学佺裁定。寻升礼部右侍郎,署翰林院事。时敕纂修《威宗实录》,国史总裁。设兰馆以处之。丙戌四月上在延津。朝议欲以奇兵浮海,直指金陵,而艰于聚饷,学佺倾家以万金济之。

寅恪案:关于曹能始之资料颇多,不须广引,即观《明史》及《南疆逸史》本传,已足知能始为当日闽中士大夫之领袖。至其与郑氏之关系及倾家助饷,欲成"奇兵浮海,直指金陵"之举,则皆南明兴亡关键之所在,殊可注意也。

《初学集》首载《牧斋先生初学集序》略云:

> 岁癸未冬,海虞瞿稼轩刻其师牧斋先生《初学集》一百卷既成。冬月长至后,新安布衣友人程嘉燧述于松圆山居。

又《钱受之先生集序》云:

> 时崇祯甲申中秋节,友弟曹学佺能始识。

牧斋刻集既成之后,几历一年之久复请能始补作一序,其推重曹氏如此,可为例证。又检《初学集》一○《崇祯诗集六·曹能始为先夫人立传寄谢》云:

> (诗略。)

同书一六《丙舍诗集·得曹能始见怀诗次韵却寄二首》云:

> (诗略。)

《有学集》二三《张子石六十序》云:

子石游闽,余寓书曹能始,请为先太夫人传。子石摄齐升堂,肃拜而后奉书,能始深叹之,以为得古人弟子事师之礼。

夫牧斋平生于同时辈流之文章少所许可,独乞曹氏为母作《传》,此举更足为其尊崇石仓之一例证也。但《牧斋外集》二五《题曹能始寿林茂之六十序》云:

> 余与能始宦途不相值,晚年邮筒促数,相与托末契焉。然予竟未识能始为何如人也。今年来白下,重逢茂之,剧谈能始生平,想见其眉目颦笑,显显然如在吾目中,窃自幸始识能始也。顷复见能始所制寿序,则不独茂之之生平历历可指,而两人之眉目颦笑,又皆宛然在尺幅中。天下有真朋友,有真性情,乃有真文字。世人安得而知之。余往刻《初学集》,能始为作序。能始不多见予诗文,而想象为之,虽缪相推与,其辞藐藐云尔。读此文,益自恨交能始之晚也。虽然,能始为全人以去,三年之后,其藏血已化碧,而予也,楚囚越吟,连蹇不即死。予之眉目颦笑,临流揽镜,往往自憎自叹,趣欲引而去之。而犹怅怅能始知予之浅也,不亦愚而可笑哉!戊子秋尽,虞山钱谦益撰于秦淮颂系之所。

《列朝诗集》丁一四《曹南宫学佺小传》略云:

> 能始具胜情,爱名山水,卜筑匡山之下,将携家往居,不果。家有石仓园,水木佳胜,宾友翕集,声伎杂进,享诗酒谈宴之乐,近世所罕有也。著述颇富,如《海内名胜志》《十二代诗选》,皆盛行于世。为诗以清丽为宗,程孟阳苦爱其送梅子庚"明月自佳色,秋钟多远声"之句。其后,所至各有集。自谓以年而异,其佳境要不出于此。而入蜀以后,判年为一集者,才力渐放,应酬日烦,率易冗长,都无持择,并其少年面目取次失之。少陵有言:"晚节渐于诗律细。"有旨哉其

言之也。

据此足见牧斋亦深知能始之诗文无甚可取。其请为母作《传》,并序《初学集》者,不过利用之以供政治之活动耳。又《有学集》四七《题徐孝白诗卷》云:

云间之才子,如卧子、舒章,余故爱其才情,美其声律。唯其渊源流别,各有从来。余亦尝面规之,而二子亦不以为耳瑱。采诗之役,未及甲申以后,岂有意刊落料拣哉?

《牧斋尺牍(中)与毛子晋四十六通》之四十五云:

蕴生诗自佳,非午溪辈之比。须少待时日,与陈卧子诸公死节者并传,已有人先为料理矣。其他则一切以金城汤池御之。此间聒噪者不少,置之不答而已。

考能始亦于顺治三年丙戌,即崇祯十七年甲申之后死难,《列朝诗集》何以选录其诗?盖牧斋心意中实不愿论列陈、李之诗,以免招致不快,姑作诸种托辞以相搪塞而已。能始《小传》不书其死难之年月,殆欲借此蒙混读者之耳目耶?至其他如《闰集·四》王微、郑如英等,亦皆卒于崇祯甲申以后,更可证牧斋编《列朝诗集》,其去取实不能严格遵守史家限断之例也。

牧斋《吾炙集》所选侯官许有介、米友堂诗《题词》云:

丁酉阳月,余在南京为牛腰诗卷所困,得许生诗,霍然目开,每逢佳处,爬搔不已,因序徐存永诗(见《有学集》一八《徐存永尺木集序》)牵连及之,遂题其诗曰:"坛坫分茅异,诗篇束笋同。周容东越绝,许友八闽风。世乱才难尽,吾衰论自公。水亭频翦烛,抚卷意何穷。"周容者,字茂山,明州人。尝为余言许友者也。既而闽之君子或过余言,又题曰:"数篇重咀嚼,不愧老夫知。本自倾苏涣,(自注:"老杜云,老夫倾倒于苏至矣。")何嫌说项斯。解嘲应有作,欲杀岂无词。周处台前月,长悬卞令祠。"余时寓清溪水阁,介周台卞祠之间,故落句云尔。(寅恪案:牧斋此两诗并见《有学集诗注》八《长干塔光集·题许有介诗集》及《再读许友诗》。)

同书有介诗后又附评语云:

此人诗开口便妙,落笔便妙。有率易处,有粗浅处,有入俗处,病痛不少,然不妨其为妙也。或曰:"诗如许病痛,何以不妨其妙?"答曰:"他好处是胎骨中带来,不好处是熏习中染来。若种种病痛,果尔从胎骨中来,便是焦芽败种,终无用处矣。"顾与治深以予言为然。

又云:

余于采诗之候,撰《吾炙集》一编,盖唐人箧中之例,非敢以示人也。长干少年疑余有雌黄,戏题其后云:"杜陵矜重数篇诗,吾炙新编不汝欺。但恐旁人轻著眼,针师门有卖针儿。"(寅恪案:此诗亦见《有学集诗注》八《金陵杂题绝句二十五首》之十五。)闻者一笑而解。

寅恪案:牧斋此集所选同时人诗,唯有介之作多至一〇七首,亦知必招致讥怪,故赋诗解嘲,自比少陵,并借用天竺西来教义,牵强纽合两种对立之说以文饰之。但似此高自标置及与金圣叹一类之八股批评家言论,殊不足令人心服。综观牧斋平生论诗论文之著述,大别可分二类。第一类为从文学观点出发,如抨击何李、称誉松圆等。第二类为从政治作用出发,如前论推崇曹能始逾越分量及选录许有介诗篇章繁多等。第一类乃吾人今日所能理解,不烦赘述。第二类则不得不稍详言之,借以说明今所得见牧斋黄案期间诗文中所涉及诸人之政治社会关系也。至牧斋选许有介诗,在顺治十四年丁酉冬季游金陵时,此际牧斋正奔走复明运动,为郑延平帅师入长江取南都之预备。兹论黄案,姑不涉及,俟后详述。

《牧斋外集》二五《题为黄子羽书诗册》云:

> 戊子之秋,囚系白门,身为俘虏,闽人林叟茂之偻行相劳苦,执手慰存,继以涕泣。感叹之余,互有赠答。林叟为收拾残弃,楷书成册,题之曰《秋槐小稿》,盖取王右丞"叶落空宫"之句也。己丑冬,子羽持孟阳诗帙见示,并以素册索书近诗,简得林叟所书小册,拂拭蛛网,录今体诗二十余首,并以近诗系之。

寅恪案:今《有学集》卷一《秋槐诗集》起乙酉年尽戊子年,卷二《秋槐诗支集》起己丑年尽庚寅年四月。牧斋黄案期间所作之诗,即在此两卷内,而两卷内之诗关涉林古度者特多,当由部分源出林氏所收拾之《秋槐小稿》,自无可疑。鄙意林氏当时所收拾牧斋之诗,恐尚有出于《有学集》第一、第二两卷所载之外。盖就此两卷诗中有关诸人观之,大抵表面上皆无政治关系者,当由牧斋不欲显著救脱其罪诸人之姓名,而此诸人亦不愿牧斋此际作品涉及己身故也。但即就此等表面超然处于政局之外者,详究之,实有直接与间接联系,如林古度乃其一例。关于林氏之材料颇多,其中以王士祯《感旧集》一"林古度"条、陈文述《秣陵集》六"乳山访林古度故居"条及陈作霖《金陵通传》二四《林古度传》尤详。兹仅录《秣陵集》于下。其文略云:

> 古度,字茂之,号那子。闽之福清人,孝廉章子。章字初文。负大志,尝献书阙下,不报。归而卜居金陵华林园侧,具亭榭池馆之美。古度与兄君迁,皆好为诗。与曹学佺友善。

少赋《挝鼓行》,为东海屠隆所知,遂有名。诗多清绮婉缛之致,有鲍、谢遗轨。与学佺相类。万历己酉壬子间,楚人锺惺、谭元春先后游金陵,古度与溯大江,过云梦,憩竟陵者累月,其诗乃一变为楚风。甲申后,徙真珠桥南陋巷掘门,蓬蒿蒙翳,弹琴赋诗弗辍也。王士禛司理扬州,每集名士,泛舟红桥。古度年八十五,士禛亲为撰杖。卒年九十。殁三年,周亮工葬之钟山之麓。或云,后居乳山,有江东父老小印。(寅恪案:朱绪曾《金陵诗征》四〇"林古度"条云:"自卜生圹于乳山,年八十七卒。")

《有学集诗注》一《秋槐诗集·岁晚过茂之,见架上残帙有感,再次申字韵》云:

> 地阔天高失所亲,凄然问影尚为人。呼囚狱底奇余物,点鬼场中顾赁身。先祖岂知王氏腊,胡儿不解汉家春。可怜野史亭前叟,掇拾残丛话甲申。

《列朝诗集》丁一〇《林举人章小传》略云:

> 章,字初文,福清人。初文二子君迁(寅恪案:君迁名㮮)、古度皆能诗。古度与余好,居金陵市中,家徒四壁,架上多谢皋羽、郑所南残书,婆娑抚玩,流涕渍湿,亦初文之遗意也。

同书丁一二《锺提学惺》附谭解元《元春小传》略云:

> 元春,字友夏,竟陵人。举于乡,为第一人。再上公车,殁于旅店。与锺伯敬〔惺〕共定《诗归》,世所称"锺谭"者也。伯敬为余〔万历三十八年庚戌〕同年进士,又介友夏以交于余,皆相好也。吴中少俊,多訾謷锺、谭,余深为护惜,虚心评骘,往复良久,不得已而昌言击排。

元春诗后又附《识语》云：

> 吴越楚闽，沿习成风，如生人戴假面，如白昼作鬼语，而闽人有蔡复一字敬夫者，（寅恪案：复一事迹详见《明史》二四九及《福建通志》二〇〇之五本传。）宦游楚中，召友夏致门下，尽弃所学而学焉。

寅恪案：牧斋排击锺、谭尽嬉笑怒骂之能事，读者可披阅《列朝诗集》原文，于此不详引，以省枝蔓。所可注意者，詈伯敬之辞，略宽于友夏，殆由钱、锺两人有会试齐年之谊。旧日科举制度与社会之关系，即此可见一斑。牧斋讥蔡敬夫，实讥林那子，所谓指桑骂槐，未识茂之读之，何以为情也。夫牧斋文学观点，既与古度差异，又与之亲密一至于此，甚觉可怪。更检《吾炙集》所列诸人及《有学集》中牧斋晚岁相与往来之文士，亦多由那子介绍，其故何在？必有待发之覆也。兹略推论之于下。

今先论黄案期间钱、林之关系，至郑延平率舟师攻南都前数年之事，则暂不述及。顺治四年丁亥，主办黄案最高之清吏为洪亨九。洪氏与函可之交谊，前已详言之。牧斋固可借顾与治经祖心以通亨九，然细绎上引《千山诗集·寄陈公路若诗序》之辞旨，知天启六年秋桂花开时，那子年已四十七（此据《有学集》二《秋槐诗支集》牧斋顺治己丑所赋《林那子七十初度（五律）》推得之），自得与诸词人预会赋诗，而祖心年仅十六，（此据上引郝浴撰《函可塔铭》"师是年二十有九，时崇祯十二年〔己卯〕六月十九日也"之语推得之。）故自谦云："予虽学语未成，窃喜得一一遍诵。"又是岁顾与治年二十八，（此据上引牧斋戊子冬所赋《顾与治五十初度》推得之。）应可预此诗会，但祖心《诗序》云："及剃发来南，与茂之相见，已不胜今昔之叹。"无一语道及与治，可证天启六年丙寅秋韩、顾尚未相识。上引牧斋《顾与治遗稿题词》有"片言定交"之语,颇疑祖心与与治之缔交,实始于弘光元年乙酉自广州来南京之时,非若茂之之与韩氏一门,至少有两世之旧交。然则牧斋即不经与治祖心以通亨九,亦可经茂之剩人以通洪氏也。

邢孟贞昉《石臼后集》一《读祖心再变纪漫述五十韵》云:

所恨丧乱朝,不少共欢辈。城头竖降旗,城下迎王旆。白头宗伯老,作事弥狡狯。捧献出英皇,笺记称再拜。(寅恪案:杨钟羲《雪桥诗话》一"邢孟贞"条,引"白头"下四句云:"盖指牧斋。")皇天生此物,其肉安足嚼。养士三百年,岂料成狼狈。

寅恪案:《牧斋遗事》附《赵水部杂志四则》之三云:

弘光选后屡不中,特旨至浙东拣选三女子,祁彪佳族也。其父为诸生。弘光避位,其女与父尚在金陵。礼部尚书钱谦益送所选女于豫王。女之父登谦益之门,一时人无不诧异焉。

可与祖心所记参证。或疑剩和尚既载牧斋此事,则似不以牧斋为然者,牧斋遭黄案牵累,未必肯为之尽力。鄙意函可撰《再变记》效法南董,自必直书,无所讳忌。但牧斋实与黄介子有连,志在复明,剩人与林茂之为旧交,与顾与治为密友。牧斋若经两人之疏通劝说,借黄案以赎前罪,函可亦可能向洪亨九为之解救也。茂之自其父移居金陵以来,至黄案期间已历数十年之久,故陈作霖认其为上元人。(见《金陵通传》二四《林古度传》"先世籍福清。父章发愤争狱事,系南都三年始出。遂居金陵,为上元人"等语。)但那子家本福清籍,(见同治修《福建通志》一五六《选举门·举人表》"万历元年癸酉苏濬榜,福清县林春元,后改名章"之记载,及同书二一三《文苑传·林章传》"万历癸酉年十七,举于乡"等语。)与当日闽省士大夫领袖曹能始关系尤密,依旧日社会之习惯,自可如《金陵诗征》之例,列于《寓贤》(见朱绪曾编《金陵诗征》三九《寓贤五·林章小传》,及同书四〇《寓贤六·林古度小传》)。洪亨九若论乡里之谊,固得相与周旋。盖茂之值明清兴亡之际,表面无抗清显著之形迹,不致甚为巴山等之所注意。观牧斋于黄案期间作品,绝不避忌林氏之名字,亦可推知其人在清廷官吏心目中之态度也。牧斋此期间关于茂之之诗甚多,除前引《次韵林茂之中秋白门寓舍之作》外,尚有可论证之篇什不少。其仿玉川子之作一首,足见钱、林友谊笃挚,如第四章论《留仙馆记》及冯元飚之比。但《有学集》二《秋槐诗支集·戏为天公恼林古度歌》原诗过长,仅录诗后跋语,聊资谈助云尔。其文云:

此诗得之于江上丈人,云是东方曼倩来访李青莲于采石,大醉后放笔而作,青莲激赏而传之也。或云青莲自为之。未知然否?

前论祖心《次林茂之韵二首》第一首"莫言我去知心少,但过墙东有好朋"之"好朋",当即指盛集陶斯唐。盛氏事迹今未能详知。仅《金陵诗征》四〇《寓贤六》"盛斯唐"条,较《金陵通传》《明诗纪事》稍备,故录之于下。其文云:

斯唐,字集陶,桐城籍,居金陵。
集陶为进士世翼孙。居金陵十庙西门,毁垣败屋,蓬蒿满径,与林古度相唱和。晚以目眚,屏居不干一人。

牧斋于黄案期间诗什颇有关涉盛氏者,兹不详引,唯择录数首略加笺释,以见一斑。

《有学集》一《秋槐诗集·盛集陶次他字韵重和五首》,其第三首云:

秋衾铜辇梦频过,四壁阴虫聒谓何。北徙鹏忧风力少,南飞鹊恨月明多。杞妻崩雉真怜汝,莒妇量城莫甚它。却笑玉衡无定准,天街仍自限星河。

寅恪案:此首虽和盛集陶,而实为河东君而作者。第一、第二两句,谓明南都破后,己身降清,不久归里,但东林党社旧人,仍众口訾謷,攻击不已,意欲何为耶?遵王引李贺《还自会稽歌》:"台城应教人,秋衾梦铜辇"(见《全唐诗》第六函李贺一),以释第一句,固不误。然尚有未尽。长吉诗此两句原出谢希逸《七夕夜咏牛女应制》诗:"辍机起春暮,停箱动秋衿。"(见丁福保辑《全宋诗》二"谢庄"条。)长吉诗所谓"台城应教人"乃指其诗序中之庾肩吾(见《南史》五○《庾肩吾传》及王琦《李长吉歌诗》二"还自会稽歌"此两句注)。牧斋以庾氏曾为侯景将宋子仙所执,后乃被释,遂取相比。第二句遵王无释。鄙意以为"四壁"用欧阳永叔《秋声赋》"但闻四壁虫声唧唧"之语(见《欧阳文忠公集》一五)。"阴虫"当出颜延平《夏夜呈从兄散骑车长沙》诗"阴虫先秋闻"句(见《文选》二六)。此皆表面字句之典故,犹未足窥牧斋之深意。牧斋此诗既为河东君而作,因特有取于希逸之句,亦可与此诗末二句相照应也。又牧斋随例北迁,河东君在南中有奸夫郑某一重公案,即牧斋所谓"人以苍蝇污白璧"者(见《投笔集(上)后秋兴之三》"八月初十日,小舟夜渡,惜别而作。"),盖言己身不信河东君真有其事也。综合此诗首两句之意,谓两人有如牛女之情意,永无变易。但阴险小人造作蜚语,若"大王八"及"折尽章台柳"之类,聒噪不休,甚无谓也。抑更有可论者,元裕之《洛阳(七律)》云:"已为操琴感衰涕,更须同辇梦秋衾。"(见施国祁《元遗山诗集笺注》九。)牧斋以南京比洛阳,即下引《次韵答盛集陶新春见怀之作》诗"涧瀍洛下今何地,鄠杜城南旧有天"之义。然则牧斋赋诗与王半山"恩从隗始诧燕台"句之意同矣。可详第一章所论,兹不复赘。牧斋和盛诗第一联谓己身因南都破后随例北迁,不久又南归也。第二联谓河东君因己身被逮,而愿代死或从死,始终心怀复明之志也。第七八两句谓当此赋诗之际,河东君寄寓苏州拙政园,与己身隔绝不能遇见。前论《次韵林茂之戊子中秋白门寓舍待月之作》诗"无那金闾今夜月,云鬟香雾更悠悠"之句,可取与互证。又前论顺治三年丙戌牧斋之行踪节,引《有学集》一《秋槐诗集·丙戌有怀》诗"横放天河隔女牛"句,亦可取以参较也。

《有学集》一《秋槐诗集·次韵答皖城盛集陶见赠二首》"盛与林茂之邻居,皆有目疾,故次首戏之"云:

> 枯树婆娑陨涕攀,只余萧瑟傍江关。文章已入沧桑录,诗卷宁留天地间。汗史血书雠故简,烟骚魂哭怨空山。终然商颂归玄鸟,麦秀残歌讵忍删。
>
> 有謦邻墙步屦亲,摩挲揽镜笑看人。青盲恰比瞳矇日,(寅恪案:遵王《注》本作"瞳矇目"。)象罔聊为示现身。并戴小冠希子夏,长悬内传配师春。徐州好士今无有,书尺何当代尔申。

寅恪案:牧斋答盛氏诗,第一首末二句,初读之未能通解,后检今释《徧行堂集》八《列朝诗传序》,乃知此为牧斋自述其编选《列朝诗集》之宗旨。澹归之文,可取与此二句相证发。岂丹霞从萧孟昉伯升处,得知牧斋著述之微意耶?俟考。金堡之文略云:

> 《列朝诗集》传虞山未竟之书,然而不欲竟。其不欲竟,盖有所待也。传有胡山人白叔死于庚寅冬。则此书之成,两都闽粤尽矣。北之死义,仅载范吴桥,余岂无诗。乃至东林北寺之祸,所与同名党人一一不载。虞山未忍视一线滇南为厓门残局,以此书留未竟之案,待诸后起者,其志固足悲

也。孟昉有俊才,于古今人著述,一览即识其大义。其力可以为虞山竟此书,而不为竟,亦所以存虞山有待之志,俾后起者得而论之。呜呼!虞山一身之心迹,可以听诸天下而无言矣。

牧斋答盛氏诗第二首末二句遵王《注》引《梁书·江淹传》,其解释古典固当。但"代尔申"之"尔"字若指牧斋,则应是集陶之语。细绎之,与上文旨意似不甚通贯。检《有学集》二《秋槐支集·次韵盛集陶新春见怀之作》云:

> 晕碧裁红记往年,春盘春日事茫然。洞灉雒下今何地,鄠杜城南旧有天。梦里士师多讼狱,醉中国土少崩骞。金陵见说饶新咏,佳丽长怀小谢篇。

此诗第五句"梦里士师多讼狱"虽用《列子·周穆王篇》之古典,然恐不仅指己身为黄案所牵连,或兼谓集陶与讼狱有关。今日载记所述盛氏事迹甚为简略,故无从详知集陶在此时间,是否亦有被人累及之事也。

《有学集》一《秋槐诗集·丙戌初秋燕市别惠房二老》("丙戌初秋"四字据遵王《注》本增)云:

(诗略。)

同书同卷《丁亥夏为清河公题海客钓鳌图四首》(寅恪案:"为清河公"四字据遵王《注》本增。《注》本仅有三首,无第四首。殆因此首语太明显,故遵王删去也)云:

> 海客垂纶入淼茫,新添水槛揽扶桑。崆峒仗与羲和杳,安得乘槎漾水旁。
> 贝阙珠宫不可寻,六鳌风浪正阴森。桑田沧海寻常事,罢钓何须叹陆沉。(寅恪案:遵王《注》本此首作"贝阙珠宫不可

窥,六鳌风浪正参差。钓竿莫拂珊瑚树,珍重鲛人雨泣时。"当为后来避讳所改。)

阴火初销黑浪迟,投竿错饵自逶迤。探他海底珠如月,恰是骊龙昼睡时。

老马为驹气似虹,行年八十未称翁。劳山拂水双垂钓,东海人称两太公。

同书同卷《别惠老两绝句》(寅恪案:遵王《注》本阙此题)云:

(诗略。)

同书同卷《和东坡西台诗韵六首》云:

(诗略。)

《清史列传》七九《贰臣传(乙)房可壮传》略云:

房可壮,山东益都人,明万历三十五年进士。〔崇祯元年〕十一月会推阁臣,次列礼部侍郎钱谦益。尚书温体仁讦谦益主浙江乡试时关节受贿,诸臣党比推举。庄烈帝召谦益及给事中章允儒等延讯。可壮坐党比降秩。顺治元年六月,招抚侍郎王鳌永至山东,可壮率乡人杀流贼所置伪益都令,奉表投诚。鳌永疏请召用。三年二月授大理寺卿。六月疏言,旧制大理寺掌覆核刑部诸司问断当者定案入奏,请再谳。近见刑部鞫囚,有径行请旨处决者,未足以昭慎重,宜仍归大理覆核会奏,并请敕法司早定律令,以臻协中之治。从之。十一月擢刑部右侍郎。五年转左。

李棪君《东林党籍考》引康熙修《益都县志》八云:

房可壮,字阳初,号海客。

《清史列传》七八《贰臣传·王鳌永传》略云:

王鳌永,山东临淄人。明天启五年进士,累官郧阳巡抚。崇祯时,张献忠犯兴安,鳌永防江陵,大学士杨嗣昌督师好自用,每失机宜。鳌永尝规之,不听,遂奏罢鳌永。后嗣昌败,授鳌永户部右侍郎。李自成陷京师,鳌永被拷索输银乃释。本朝顺治元年五月投诚,六月睿亲王令以户部侍郎兼工部侍郎衔,招抚山东、河南。鳌永至德州,同都统觉罗巴哈纳、石廷柱等,击走自成余党,寻赴济南,遣官分路招抚。寻命方大猷为山东巡抚,巴哈纳等移师征陕西。鳌永同大猷及登莱巡抚陈锦等绥辑山东郡县,剿余贼。八月,疏报济南、东昌、泰安、兖州、青州诸属邑俱归顺。鳌永赴青州。有赵应元者,自成神将也。败窜长清县,窥青州兵少,十月率众伪降,既入城,遂肆掠,蜂集鳌永官廨,缚之。鳌永骂贼不屈,遂遇害。

寅恪案:《为清河公题海客钓鳌图》一题,"清河"为房氏郡望,"海客"为可壮之号,"鳌"为王鳌永之名,甚为工巧。但此图不知作于何时,若作于顺治元年,海客初降清时,方可如此解释,否则"鳌"字止可作海中之大龟解,指一般降清之大汉奸言。此图之名及牧斋所题四诗,殊有深意。尤可注意者,乃第四首"劳山拂水双垂钓,东海人称两太公"之结语。"拂水"在江苏常熟县,乃牧斋自指;"劳山"在山东即墨县东南六十里海滨,用以指房氏,盖谓两人同为暂时降清,终图复明。海客在东北,牧斋在东南,分别"投竿错饵"以引诱降服建州诸汉人,以反清归明也。观顺治三年房氏任大理寺卿时,上疏主张恢复前明大理寺覆核刑部案件之旧例,其意盖欲稍稍提高汉人之职责,略改满人独霸政权之局势。其不得已而降清之微旨,借此可以推见矣。

至牧斋此题涵芬楼本《有学集》列于《别惠房二老》及《别惠老两绝句》之间。虽集中《别惠老两绝句》后,即接以丁亥年所作《和东坡西台诗韵》一题,但此时期牧斋所存之诗甚少,故《题海客钓鳌图》诗,或赋于牧斋随例北迁将南还之时也。若谓牧斋于顺治三年丙戌秋间别房氏后,至次年即顺治四年丁亥夏,在南京乃题此诗,则《钓鳌图》无论由牧斋携之南归,或由房氏托便转致,牧斋取此黄案迫急之际,忽作此闲适之事,必非偶然。颇疑牧斋之意,以为房氏此际在北京任刑部右侍郎,可借其力以脱黄案之牵累也。后来牧斋之得释还家,是否与房氏有关,今无可考。但检龚芝麓《定山堂集》三"顺治十年癸巳五月"任刑部右侍郎时所上《遵谕陈言疏》云:

一司审之规宜定也。十四司官满汉并设,原期同心商酌,共砥公平,庶狱无遁情,官无旷职。近见大小狱情回堂时,多止有清字,而无汉字。在满洲同堂诸臣,虚公共济,事事与臣等参详,然仓卒片言,是非立判,本末或未及深晰,底案又无从备查。至于重大事情,又多从清字翻出汉字。当其讯鞫之顷,汉司官未必留心,迨稿案已成,罪名已定,虽欲旁赞一语,辄苦后时。是何满司官之独劳,而汉司官之独逸也。请自今以后,一切狱讼,必先从满汉司官公同质讯,各注明切口词,呈堂覆审。发落既定,或拟罪,或释放,臣等即将审过情节,明注于口词之内,付司存案,以便日后稽查。其有事关重大,间从清字翻出者,必仍引律叙招,臣等覆加看语,然后具题。事以斟酌而无讹,牍亦精详而可守。

夫顺治十年癸巳,在顺治四年丁亥之后六年,龚氏又与房氏同是刑部右侍郎。其时满人之跋扈,汉人之无权,尚如芝麓所言。何况当房氏任职之际耶?然则房氏在顺治四年夏间,以汉族降臣之资格,伴食刑部,自顾不暇,何能救人?牧斋于此,可谓不识时务矣。斯亦清初满汉关系实况之记载,颇有裨益于考史,故特详录之。读者或不以枝蔓为嫌也。

《有学集》一《秋槐诗集·赠濮老仲谦》云：

(诗见前引,兹从略。)

寅恪案:第三章论陈卧子《蝶恋花·春晓》词,引刘銮五石瓠"濮仲谦江千里"条云:"或见其为柳夫人如是制弓鞋底版二双。"牧斋此诗虽作于顺治五年戊子,但濮老弓鞋底版之制,则疑在前一年丁亥河东君三十悬弧之辰。或者即受牧斋之意旨为之,盖借以祝贺河东君生日也。如此寿礼,颇嫌猥亵,若非河东君之放诞风流,又得牧斋之同意者,濮老必不敢冒昧为之。噫！即就此点观之,牧斋之于河东君感恩之深,用情之足,一至于斯。后来河东君之杀身相殉,岂足异哉！

《有学集》二《秋槐支集·次韵何寤明见赠》(遵王《注》本题下有自注云:"寤明与孟阳交,故诗及之。")云：

(诗略。)

《有学集》二〇《新安方氏伯仲诗序》云：

> 戊子岁,余羁囚金陵,乳山道士林茂之,偻行相慰问,桐、皖间遗民盛集陶、何寤明,亦时过从,相与循故宫,踏落叶,悲歌相和,既而相泣,忘其身之为楚囚也。

寅恪案:前谓今《有学集》所载黄案期间牧斋相与唱和诸人,大抵表面与政治无关者,如牧斋序中标出林、盛、何等,即是其例证。实则救免牧斋之重要人物,如函可、梁维枢外尚有佟国器。佟氏与牧斋得脱黄案之牵累,较之梁氏,尤不易得明显之记述。兹请就所见资料间接推证,或非全凭臆度也。《有学集》二《秋槐支集·冯研祥金梦蝁不远千里自武林嗒我白门喜而有作》云：

（诗略。）

同书同卷《叠前韵送别研祥梦蜚三首》之三云：

> 少别千年近隔旬，劳人亭畔尽劳人。（遵王《注》本作"劳劳亭"，是。）谁家窟室能逃世，何处巢车可望尘。问字总归沙数劫，相看已属意生身。（此两句《注》本作"自顾但余惊破胆，相看莫是意生身"。）童初近有登真约，为我从容扣侍晨。

寅恪案：冯研祥为冯开之之孙。其与牧斋之关系前已论述，可不复赘。金梦蜚则尚待稽考。要之，此二人不远千里，自武林至白门慰问牧斋，似是旧交密友可能之举动。但鄙意以为二人之由杭州至南京，恐非仅出本身之情意，实亦奉命而来也。若果奉命而来者，则疑是奉佟国器之命。又《叠前韵》第三首七、八两句，当指国器及其继配锦州钱氏而言。兹征引国器及其妻钱氏并国器父卜年与其他直接或间接有关资料，综合论述，借见牧斋之得脱于黄案之牵累，殊非偶然也。

《真诰》一二《稽神枢第二》略云：

> 张姜子，西州人，张济妹也。李惠姑，齐人，夏侯玄妇也。施淑女，山阳人，施绩女也。郑天生，邓芝母也。此数女子昔世有仁行令闻，并得在洞中。洞中有易迁馆、含真台，皆宫名也。含真台是女人已得道者，隶太玄东宫。此二宫盖女子之宫也。又有童初、萧闲堂二宫，以处男子之学也。

《全唐诗》第九函陆龟蒙八《上元日道室焚修寄袭美》云：

> 三清今日聚灵官，玉刺齐抽谒广寒。执盖冒花香寂历，侍晨交佩响阑珊。（自注："执盖侍晨仙之贵侣矣。"）将排凤节分阶易，欲校龙书下笔难。唯有世尘中小兆，夜来心拜七星

坛。(寅恪案:以上二条,遵王《注》已略引。兹为解释便利之故,特更详录之。)

《牧斋外集》一二《佟夫人钱太君五十寿序》略云:

> 钱夫人者,大中丞辽海汇白佟公之嘉耦也。今年五十初度,五月初九日,为设帨之辰。年家子弟陶生某、黄生某辈,相与谋举觞称寿,以祝嘏之词来请。余于中丞公为世交,为末契。于夫人为宗老,为伯兄。当酌兕觥为诸子先,其何敢辞授简?余惟夫人发祥石镜,毓秀锦城。中丞得以扬历中外,砥节首公,释然无内顾之忧,夫人相之也。已而谋深筹海,绩著保釐,以奉扬德意之故,误被急征。震电不宁,疾雷交作。夫人有吁天泣血之诚,有引绳束发之节。闺门肃穆,道路叹嗟。而中丞徼如天之赐,涣汗载颁,宠命洊至。天若以此曲成中丞一门之懿德,而巧用其埏埴者,何其奇也?吾读《墉城仙录》,西晋时有谌母者,潜修至道,遇孝道明王授以真诀,而谌母以授吴、许二君,为净明忠孝之宗。故知神仙忠孝,非有二道,而《真诰》所记易迁、含真,女子之有仁孝令闻,隶太玄宫中者,由此其选也。夫人之相中丞,淑慎其身,夷险不二,岂非有合于神仙孝道之法,为群真之所默嗳者欤?世之巨公贤媛,享令名,保完福者,皆夙有灵骨,从仙籍中谪降。虽然,世之称神仙上寿者,无如吾家彭祖,屈原称其斟雉羹以享帝尧,受寿八百,入流沙以去。夫人出于彭城,亦钱后人也。为夫人寿者,宜有取于此矣。然彭祖一意养生,杖晚而唾远,老犹自悔其不寿,不若丹阳孝道之传为有征也。若吾家故事,载在谱牒,夫人数典而知之久矣,又何待乎余言?

《钱牧斋尺牍(上)答佟思远》云:

山中草木,幸脱余生。晚岁桑榆,已为长物。烛武抱无能之恨,师丹招多忘之讥。随例称觞,抚心自愧。深荷老姊丈惠顾殷勤,翰章重叠,遂令长筵生色,儿女忭舞。当贱诞之日,佳贶荐临,故知吉人记存,即是慈光加被。可以招邀余庆,敌退灾星矣。拜嘉之余,唯有铭勒。贤闻贤甥,并此驰谢。临楮不尽驰企。

《清史列传》七八《贰臣传(甲)洪承畴传》云:

〔顺治四年〕,承畴以江南湖海诸寇俱削平。又闻其父已卒于闽,请解任守制。乃调宣大总督马国柱为江南江西河南总督。命承畴俟假满,仍回内院任事。五年四月至京。

罗振玉辑《史料丛刊初编·洪文襄公呈报吴胜兆叛案揭帖》首署:

守制洪承畴谨揭。

末署:

顺治四年七月初十日。

《清史稿》二〇三《疆臣年表一》"总督"栏载:

顺治四年丁亥,马国柱七月戊午(十九日)总督江南江西河南。

《牧斋外集》一《越吟憔悴·寿佟中丞八首》之七(《江左三大家诗钞·牧斋诗钞(下)》此题作《赠佟中丞汇白》。题下注云:"时繇闽虔移旌江浙,启行之候,正值初度。")云:

鱼钥金壶莫漫催,齐眉亲送紫霞杯。合欢树倚三眠柳,烛夜光倾四照梅。戴胜杖从金母授,羽衣曲自月妃来。当筵介寿多诗笔,授简逡巡避玉台。

《牧斋尺牍(中)与毛子晋四十六通》,其三十三云:

> 司理之册,乃欲求佟处(虔)抚贺文也。今佟已移镇于浙,此事已无干矣。

施闰章《学余文集》一七《黄氏皆令小传》云:

> 〔皆令〕南归过江宁,值佟夫人贤而文,留养疴于僻园,半岁卒。

《国朝金陵诗征》四一《佟国器小传》云:

> 国器,字汇白,襄平籍,居金陵。顺治二年授浙江嘉湖道,再迁福建巡抚,终江西南赣巡抚。有《芰亭诗》《燕行草》《楚吟》诸集。(原注:"魏惟度云,中丞筑僻园在古长干。山水花木甲白下。子孙入籍焉。")

同书同卷载佟国器《和宋荔裳游僻园诗韵》(寅恪案:宋琬原诗见《安雅堂未刻稿》三《佟汇白中丞僻园四首》。并可参同书二《佟中丞汇白僻园观姚伯右画梅歌》)云:

> 郊居尘自远,苍翠障河干。石老连云卧,(杨钟羲《雪桥诗话》二录此诗"老"作"磊"。)香酣促酒干。("酣促"杨书作"甜带"。)孤松堪结侣,五柳欲辞官。("欲"杨书作"倩"。)款户君偏独,("款户"杨书作"重竹"。)斜阳兴未阑。("斜阳"杨书作"忘归"。)

《雪桥诗话》二"佟汇白中丞国器"条略云:

> 去官后卜筑钟山之阴,小阁幽篁,酒客常满。《和宋荔裳游余僻园韵》云:(诗见上。)佟俨若〔世思〕有《僻园歌》,又有《僻园呈汇白伯父》〔诗〕。

《有学集》三三《佟母封孺人赠淑人陈氏墓志铭》略云:

淑人姓陈氏，父讳其志，母汤氏。故山东按察司佥事登莱、监军佟府君讳卜年之妻，今御史中丞国器之母也。佟与陈皆辽阳上族。府君擢上第，宰京邑，册府锡命，天书煌煌，闺闱荣焉。天启初，府君受命东略，监军登莱，钩党牵连，蜚语逮系，淑人奉二尊人暨诸姑子侄，扶携颠顿，徙家于鄂。乙丑九月，府君奉矫诏自裁，太公哀恸死客舍，淑人泣血襄事，奉太夫人渡汉迁黄陂，又三年，仍迁江夏。秦寇蹢楚，太夫人殁而渴葬。中丞补弟子员，奉淑人卜居金陵。崇祯甲申，避兵迁甬东。中丞受新命，以兵宪治嘉兴。淑人版舆就养。丙戌九月十九日，卒于官舍，年五十有八。淑人既殁，中丞扶柩归金陵，卜葬于〔钟〕山之阳。子一人，即中丞公国器。女适李宁远曾孙延祖，（寅恪案："李宁远"指李成梁，盖成梁封宁远伯也。见《明史》二三八《本传》。）以死事赠回卿。中丞妻赠淑人萧氏，继室封淑人钱氏。孙三人：世韩、世南、世杰。

乾隆修《浙江通志》一二一《职官》一一"分巡嘉湖道"栏载：

> 佟国器。顺治二年任。
> 朱延庆。辽东右卫人。顺治四年任。

同书同卷"提刑按察使"栏载：

> 王瑨。江南山阳人。进士。顺治三年任。
> 佟国器。顺治六年任。
> 熊维杰。辽东铁岭人。顺治八年任。

《清史稿》二〇三《疆臣年表》"浙闽总督"栏载：

> 顺治二年乙酉张存仁十一月壬子总督浙江福建。由浙江总督迁。

> 顺治三年丙戌张存仁。
>
> 顺治四年丁亥张存仁十二月壬申病免。陈锦总督浙闽。
>
> 顺治五年戊子陈锦。

《清史列传》七八《贰臣传·张存仁传》(参《鲒埼亭外编》三〇《明大学士熊公行状跋》)略云：

> 张存仁，辽阳人。明宁远副将，守大凌河。本朝天聪五年，随总兵祖大寿等来降。顺治元年，随豫亲王多铎征河南、江南。二年六月，大军下浙江，存仁随至杭州，遂管浙江总督事。十一月授浙江福建总督。三年，端重亲王博洛统师进征，明鲁王遁，〔方〕国安、〔马〕士英就擒，伏诛。浙、闽渐以底定。四年，疏请解任。存仁莅浙后，屡以疾乞休，至是得旨俞允。五年二月，因代者未至，遣将收复连城、顺昌、将乐三县。六年起授直隶山东河南总督。

张维屏《国朝诗人征略二编》三"佟国器"条引《大清一统志》云：

> 顺治二年授嘉湖道，偕张国兴擒马士英。

《牧斋外集》七《佟怀冬古意新声序》(参同书同卷《佟怀冬拟古乐府序》及《佟怀冬诗选序》并《有学集》二《秋槐支集》庚寅夏牧斋所作《闽中徐存永陈开仲乱后过访，各有诗见赠，次韵奉答四首》及《夏日宴新乐小侯于燕誉堂。林若抚徐存永陈开仲诸同人并集二首》)略云：

> 古意新声之什，创于阳羡俞羡长。佟中丞怀冬见而悦之，为之嗣声属和，又益之以出塞、宫词、闺情、咏怀之属，凡六十章。闽士徐存永、陈开仲携以入吴。予方有事采诗，深嘉其旨意，为之序而传焉。始存永、开仲之以诗请也，秉烛命觞，

相顾欣赏。昧旦而求之,余与二子恍然若有失也。浃旬吟咀,怡然有得,始拈出风之一字,而二子远矣。遇怀冬,辄举似之,怀冬笑而不应。禅门有言:"莫把金针度。"此风之一字,怀冬之金针也。余顾哓哓然逢人而扣其揲,不已愚乎?

同治修《福建通志》一四〇《宦绩门·佟国器传》云:

佟国器,奉天辽东拔贡。顺治八年任左布政使。(寅恪案:葛万里《牧斋先生年谱》"顺治八年辛卯"条云:"自记九月避喧却贺,扁舟诣白下怀东寓。"可供参考。)十年擢巡抚。

《清史稿》二〇七《疆臣年表五》"巡抚"栏载:

顺治十年癸巳张学圣二月甲子罢。四月丙午佟国器巡抚福建。

顺治十一年甲午佟国器。

顺治十二年乙未佟国器三月庚子调。宜永贵巡抚福建。

《清史列传》四《佟养正(真)传》(参同书同卷《恩格图及张大猷传》)略云:

佟养正,辽东人。其先为满洲,世居佟佳,以地为氏。祖达尔哈齐以贸易寓居开原,继迁抚顺,遂家焉。天命初,佟养正有从弟养性,输诚太祖高皇帝,于是大军征明,克抚顺,佟养正遂挈家并族属来归,隶汉军。六年奉命驻守朝鲜界之镇江城。时,城守中军陈良策潜通明将毛文龙,诈令谍者称兵至,各堡皆呼噪,城中大惊,良策乘乱据城叛。佟养正被执,不屈死之。长子佟丰年,(寅恪案:《国榷》八四"天启元年八月丙子'辽东巡抚王化贞参将毛文龙之捷'"条,"丰年"作"松年"。)并从者六十人,俱被害。诏以次子佟图赖袭世职。佟图赖初名佟盛年,后改今名。崇德七年,始分汉军为八旗,佟图赖隶镶黄旗,授正蓝旗都统。顺治二年五月,军次江南,败明舟师于扬子江,先后攻扬州及嘉兴诸府,皆下之。十三年八月引疾乞休。命加太子太保,以原官致仕。十五年卒于家,年五十有三。康熙十六年,圣祖仁皇帝以孝康皇太后推恩所生,特赠佟图赖一等公爵,令其子佟国纲承袭,并令改隶满洲。

同书同卷《佟养性传》略云:

佟养性,辽东人。先世为满洲,居佟佳,以地为氏。因业商,迁抚顺。天命初,见太祖高皇帝功德日盛,倾心输款,为明所觉,置之狱,潜出来归。赐尚宗室女,号曰西屋里额驸。天聪五年正月,太宗文皇帝命督造红衣炮。初,军营未备火器,至是炮成,镌曰"天佑助威大将军",征行则载以从。养性掌焉。时,汉军未分旗,敕养性总理,官民俱受节制。额驸李永芳及明副将石廷柱、鲍承先等先后来降者,与佟氏族人,皆为所属。上以汉官渐多,虑养性无以服众志,特谕养性曰:"凡汉人事务,付尔总理,各官分别贤否以闻。尔亦当殚厥忠忱,简善绌恶,恤兵抚民,竭力供职,勿私庇亲戚故旧,陵轹疏远仇雠,致负朕委任之意。"又谕诸汉官曰:"尔众官如能恪遵约束,非敬谨养性,是重国体,而钦法令也。"十一月,祖大寿以大凌河城降。上命城中所得枪炮铅药,悉付养性。六年正月,上幸演武场阅兵,养性率所辖汉军试炮,擐甲列阵,上嘉其军容整肃。养性卒于官,诏以其子普汉袭爵。普汉卒,弟六十袭。崇德七年隶汉军正蓝旗。

《清史稿》二二〇《后妃传》略云:

元妃佟佳氏,归太祖最早。子二,褚英、代善。女一,下嫁何和礼。(可参孟森《明元清系通纪》《清初三大疑案考实》第二种《世祖出家事考实》。)

孝康章皇后佟佳氏,少保固山额真佟图赖女。后初入宫,为世祖妃。〔顺治〕十一年三月戊申圣祖生。圣祖即位,尊为皇太后。康熙二年二月庚戌崩,年二十四。后家佟氏,本汉军。上(指圣祖)命改佟佳氏,入满洲。后族抬旗自此始。子一,圣祖。

孝懿仁皇后佟佳氏,一等公佟国维女,孝康章皇后侄女也。康熙十六年为贵妃。二十年进皇贵妃。二十八年七月病笃,册为皇后,翼日甲辰崩。(可参孟森《清初三大疑案考实》第三种《世宗入承大统考实》。)

《清朝通志》二《氏族略》二"满洲八旗姓佟佳氏"条略云:

佟佳氏散处玛察雅尔、呼加哈哈达、佟佳等地方。佟养正镶黄旗人,世居佟佳地方。国初率族众来归。其子佟图赖系孝康章皇后之父,追封一等公。佟养性,佟养正之弟,国初来归,太祖高皇帝以孙女降焉。

《梅村家藏稿》四八《佟母刘淑人墓志铭》略云:

子江南右方伯讳彭年,方从政于吴。伟业闻之,自古兴王之代,必先世禄之家。在我朝,佟为贵族。

《牧斋尺牍(下)复佟方伯》略云:

江南半壁,仰赖旬宣。治某樗栎散材,菰芦长物。通家世谊,牵附高门。怀东、汇白,一元三公。气叶椒兰,谊深金石。

乾隆修《江南通志》一○六《职官志》"江苏布政使"栏载:

佟彭年,正蓝旗人。举人。康熙二年任。

慕天颜,静宁人。进士。康熙九年任。

《有学集》一六《佟氏幽愤录序》云:

《佟氏幽愤录》者,故登莱佥事观澜佟公,当绝命时,自著《忧愤先生传》,其子今闽抚思远并出其对簿之揭,与槛车之诗,集录以上史馆者也。东事之殷也,江夏公(指熊廷弼)任封疆重寄,一时监司将吏,皆梏言蜡貌,不称委任。江夏按辽时,佟公为诸生,与同舍杨生昆仁,筹边料敌,画灰聚米,慨然有扫犁之志。江夏深知之,以是故号咷呼,援以助我。而公自以世受国恩,谙知辽事,盱衡抵掌,乐为之用。当是时,抚、清(指抚顺、清河)虽燔,辽、沈无恙。以全盛之辽,撼新造之建。以老黑当道之威,布长蛇分应之局。鹬蚌未判,风鹤相疑。传箭每一日数惊,拂庐或一夕再徙。公将用辽民守辽土,倚辽人办辽事,赦胁从,招携贰,施钩饵,广间谍。肃慎之矢再来,龙虎之封如故。经营告成,岂不凿凿乎其有成算哉! 天未悔祸,国有烦言。奸细之狱,罗钳于前;叛族之诛,瓜蔓于后。公既以狱吏膊书,衔冤毕命。驯至于一误再误,决河燎原,辽事终不可为矣。呜呼! 批根党局,假手奄宦,借公以螫江夏,又因江夏以剪公。此能人要路所为,合围掩群,唯恐或失者也。杀公以锢佟氏之族,锢佟以绝东人之望。于是乎穹庐服匿之中,望穷瓯脱;椎结循发之属,目断刀环。禽侯、中行说之徒,相率矫尾厉角,僇力同心,以致死于华夏。坚胁从之心胆,广内讧之羽翼,失招抚之大机,破恢复之全局,盖自群小之杀公始。此则操刀推刃者瞢瞢不自觉,而世之君子,亦未必知其所以然也。国家当白山作难,人主盱食,中外震惊。惟是秉国成,参庙算者,用是以快恩仇,恣剸决,岐口沓舌,张罗设械,巧于剪外人之所忌，而精于弭敌国之所短，画庙社于一墙，委人主为孤注。河东之司命，遥寄于柄臣之门。关外之师期，尅定于狱吏之手。如公之死，不死于丹书，不死于西市，而死于仿佛错莫诞漫不可知之口语。迄于今藏血久碧，墓草再陈。山川陵谷，俯仰迁改，而卒未知坐公死者为何法？责公死者为何人？天不可问，人不可作。有鬼神构斗其间，而公与国家，并受其害，可胜痛哉？

盛昱《八旗文经》五〇佟世思《先高曾祖三世行略》略云：

先高祖讳周，字儒斋，世居抚顺，以抚顺边烽时警，望辽阳有白云冉冉于其上，遂家焉。自北燕时，远祖讳万讳寿者，俱以文字显。累传至明洪武间，始祖讳达礼，以边功加秩指挥同知，世其爵。五传而生季甫公讳檖。季甫公生心一公懋，是为儒斋公父。公生而颖异，读书明性，理家资巨万。谨恪自居，教子弟以正。事无巨细，必取法古人。公生曾祖讳养义，字直庵，念时势多艰，身家为重。教曾祖以恪谨居躬。曾祖心父之心，凛凛恐坠，数十年如一日。已而家难起，以抚顺族人讳养性者，于明万历间获罪，罪应族。于是通族之人，潜者潜，逃者逃，易姓者易姓，更名者更名。先高祖耿介性成，语人曰：“族中有此，皆我伯叔之咎，正宜延颈待诛。潜逃何为，易姓名何为。”遂为有司所执。先曾祖相从于车尘马迹中，徒步奔走，械锁锒铛。春气苦寒，泪凝冰合。先高祖归命于法，始终无难色。先曾祖躄踊号泣，念先高祖以垂老之年，罹奇祸，呼天抢地，以爪入肉，血出不知。时，曾叔祖讳养岁，叔祖讳纯年同以事去。茕茕异地，父子祖孙无完卵。向以家素丰饶，为捕按者鱼肉奇货之，家遂破。先是，先大父讳方年字长公，为范公讳楠婿。范公即本朝师相文肃公〔文程〕父也。百计周旋,匿之馆室。先大父自分不欲生,每思自首,以从祖父。文肃公屡慰之曰:"非不欲尔死也,其如宗祀何?"久之,人渐悉,徙之沈香林。(原注:"寺名。")不可。东寄西迁,心劳力竭。又惧有司下除根之令,欲使姑易姓,先大父曰:"我祖父叔弟皆因不忍易姓,而有此祸。我岂忍悖祖父叔弟之志,易姓以偷生乎?"文肃公强之至再,而后可。先高祖入关后,分禁永平诸邑狱。旋复因邑有水灾,城为水没。若祖,若孙,若父,若子,若兄,若弟,不相顾。先高祖暨叔曾祖、叔祖,俱以水死。先是高祖庄坐大呼曰:"伏朝廷之法,而不死于法,生犹不生也。"时,先曾祖身在水中,与怒涛争上下,流之门侧,闻先高祖之言如此,随自臆度曰:"是死终不明。"得浮木,负之出。投邑令。令曰:"尔父死,并以尔死上闻。"盍去之。先曾祖告以前故,因属声曰:"我何敢悖君父耶?"遂触阶死。令曰:"孝子也。"乡人过其邑,闻其言与事,而归告之。特于归骨之地未详。呜呼!痛哉!先大父既留,尚未昏。文肃公强之完娶,先大父抵死不可。久之,乃成礼。三韩一带尽入我清版章。族之人潜者出矣,逃者返矣,易姓更名者,连袂而归矣。先大父相依文肃公,虽曰无家可归,族人亦无许先大父归者,盖因先大父为人方严侃直,落落难合,兼以家业飘零,窃恐归宗为累也。时既为我清编氓,从戎大师,冀立功疆场,且欲觅先高曾遗骨归葬。无如彼苍不悯,壮志未酬,战殁于滦州。高祖母梁,继高祖母金杨,曾祖母李,祖母沈,患难之际,俱以病卒。

宣统修《山东通志》四九《历代职官表八》"布按分司诸道"栏载:

天启朝。佟卜年。辽阳进士。

《明史》二四一《王纪传》(参《国榷》八五"天启二年七月甲辰刑部尚书王纪削籍以久稽佟卜年案也"条)略云:

> 王纪,字惟理,芮城人。万历十七年进士。天启二年,代黄克缵为刑部尚书。初,李维翰、熊廷弼、王化贞下吏,纪皆置之重辟,而与都御史、大理卿上廷弼、化贞爰书,微露两人有可矜状,而言不测特恩非法官所敢轻议。有千总杜茂者,赍登莱巡抚陶郎先千金,行募兵。金尽,而兵未募,不敢归,返蓟州僧舍,为逻者所获,词连佟卜年。卜年,辽阳人,举进士,历知南皮、河间。迁夔州同知,未行,经略廷弼荐为登莱监军佥事。逻者榜掠,茂言尝客于卜年河间署中三月,与言谋叛。因挟其二仆,往通李永芳。行边〔兵部〕尚书张鹤鸣以闻。鹤鸣故与廷弼有隙,欲借卜年以甚其罪。朝士皆知卜年冤,莫敢言。及镇抚既成狱,移刑部。纪疑之,以问诸曹郎。员外郎顾大章曰:"茂既与二仆往来三千里,乃考讯垂毙,终不知二仆姓名,其诬服何疑?卜年虽非间谍,然实佟养真族子,流三千里可也。"纪议从之,逻者又狱奸细刘一巘,忠贤疑刘一燝昆弟,欲立诛一巘与卜年,因一巘以株连一燝。纪皆执不可。〔沈〕㴶遂劾纪护廷弼等狱,为二大罪。帝责纪陈状,遂斥为民。以侍郎杨东明署部事,坐卜年流二千里。狱三上三却,给事中成明枢、张鹏云、沈惟炳,卜年同年生也。为发愤摭他事,连劾东明。卜年获长系瘐死,而东明遂引疾去。纪既斥,大学士叶向高、何宗彦、史继偕论救,皆不听。后阉党罗织善类,纪先卒,乃免。

《清史列传》七八《贰臣传(甲)李永芳传》略云:

> 李永芳,辽东铁岭人。明万历四十一年,官游击,守抚顺所。

本朝天命三年,是为明万历四十六年。太祖兴师征明,以书谕永芳。永芳奉谕知大兵至,遂乘骑出降。上命毁抚顺城,编降民千户,迁之兴京。仍如明制,设大小官属,授永芳副总兵,辖降众。以上第七子贝勒阿巴泰女妻之。

《明史》二五九《熊廷弼传》略云:

熊廷弼,字飞百,江夏人。万历二十五年举乡试第一,明年成进士。〔天启元年〕驻山海关,经略辽东军务。廷弼因白监军道臣高出、胡嘉栋,督饷郎中傅国无罪,请复官任事。议用辽人。故赞画主事刘国缙为登莱招练副使,夔州同知佟卜年为登莱监军佥事。故临洮推官洪敷教为职方主事,军前赞画,用收拾辽人心。并报允。先是,四方援辽之师,〔王〕化贞悉改为平辽。辽人多不悦。廷弼言辽人未叛,乞改为平东,或征东,以慰其心。自是化贞与廷弼有隙,而经抚不和之议起矣。化贞为人呆而愎,素不习兵,轻视大敌,好漫语。务为大言罔中朝,尚书〔张〕鹤鸣深信之,所请无不允,以故廷弼不得行其志。廷弼请用卜年,鹤鸣上驳议。御史苏琰则言廷弼宜驻广宁,不当远驻山海。因言登莱水师无所用。廷弼怒,抗疏力诋三人。帝皆无所问。而帝于讲筵,忽问卜年系叛族,何擢佥事?国缙数经论列,何起用?嘉栋立功赎罪,何在天津?廷弼知左右谮之,抗疏辨,语颇愤激。是时廷弼主守,谓辽人不可用,西部不可恃,〔李〕永芳不可信,广宁多间谍,可虞。化贞一切反之,绝口不言守,谓我一渡河,河东人必内应,且腾书中朝,言仲秋之月,可高枕而听捷音。孙杰劾〔刘〕一燝以用出、嘉栋、卜年为罪,而言廷弼不宜驻关内。当时中外举知经(指熊廷弼)抚(指王化贞)不和,必误疆事。章日上,而鹤鸣笃信化贞,遂欲去廷弼。二年正月,员外郎徐大化希指劾廷弼不去必坏辽事。并下部。鹤鸣乃集廷臣大议。议撤廷弼者数人,余多请分任责成。鹤鸣独言化贞一去,毛文龙必不用命。辽人为兵者必溃,西部必解体。宜赐化贞尚方剑,专委以广宁,而撤廷弼他用。议上,帝不从。

《清史列传》七九《贰臣传(乙)沈维炳传》略云:

沈维炳,湖广孝感人。明万历四十四年进士。初任香河知县,入为刑科给事中。〔天启〕二年,辽东经略熊廷弼,巡抚王化贞,以广宁失陷逮勘。登莱道佟卜年为廷弼所荐,有讦其谋叛者,大学士沈㴶、兵部尚书张鹤鸣,欲借以重廷弼罪。维炳疏言,㴶因言官列其私迹,借廷弼为抵弹谢过之具。廷弼承失地之罪足矣,岂必加以他辞。鹤鸣左袒化贞,角胜廷弼,致经抚两败,独鹤鸣超然事外。今复欲加罪廷弼,有背公论。(寅恪案:光绪修《孝感县志》一四《人物志·沈维炳传》略云:"沈惟炳字斗仲,号炎洲。诸党人又借经略熊廷弼,欲株连楚人,惟炳再疏切言之。"可供参证。)

寅恪案:佟国器于顺治二年授浙江嘉湖道,当是从其叔佟图赖军破嘉兴后,因得任此职。顺治三年丙戌九月,其母陈氏殁于官舍,归葬金陵,揆以墨绖从戎之古义及清初旗人丧服之制,并证以当时洪亨九丁父忧守制之事例,大约顺治三年冬或四年初,即可扶柩至白门。此时怀冬正可为牧斋向南京当局解说。明南都倾覆未久之际,汉族南人苟延残喘已是幸事,自不能为牧斋关说。其得为牧斋尽力者,应为北人,如梁慎可辈,而最有力者则是汇白一流人物。盖满人武将与江南士大夫,绝无关涉。唯有辽东汉军,如怀冬者,在明为叛族,而在清则为新贵,实是向金陵当局救脱牧斋最适宜之人。况国器之父卜年与洪亨九同为万历四十四年丙辰进士,两人本有通家之谊,尤便于进说乎?牧斋借《真诰》"童真"之语,以指佟姓。"凡佟姓即童姓。建州以佟为公姓,所以其南有佟家江。"(见孟森《明元清系通纪正编》一"永乐四年十一月乙丑木楞古野人头目佟锁鲁阿等四十人来朝"条案语。)可谓巧合。"侍晨"用陆鲁望诗自注"仙之贵侣",即前引受之撰国器妻《钱氏寿序》所谓"钱夫人者,大中丞辽海佟公之嘉耦也",亦殊工切。或疑《浙江通志·职官表》载佟氏顺治六年始任浙江按察使,则似不能遣冯、金二人于五年初由杭州至江宁。鄙意思远葬母后,即随张存仁军驻杭州。张氏前虽以病乞休,但因代者陈锦未至,五年二月尚留杭州,则国器亦当于五年春随张存仁在杭州。故不必拘执"方志"之文,遂以鄙说为不合事实。又汇白遣冯、金二人往金陵慰问牧斋,正如其后来在官闽时,遣徐、陈至常熟求牧斋作"诗序"之事相类。牧斋强拉"籛后人"之谊,认国器为妹丈,固极可笑。然佟夫人实亦非未受汉族文化之"满洲太太",观其留黄媛介于僻园一事,虽与钱柳有关,但亦由本人真能欣赏皆令之文艺所致也。依佟俨若所记,当日在明人范围之内,佟氏一族遭遇惨酷可以想见。俨若一房幸与范文程有关,仅存遗种。卜年死后,其家迁居湖北,谅亦借熊飞百之楚党庇荫得以苟免。故牧斋《陈氏墓志铭》等文所言其家之流离困厄,殊非虚语。夫辽东之地,自古以来为夷汉杂居区域,佟氏最初本为夷族,后渐受汉化。家族既众,其中自有受汉化深浅之分别。佟卜年一家能由科举出身,必是汉化甚深之支派。佟养性、养真等为明边将,当是偏于武勇,受汉化不深之房派。明万历天启间,清人欲招致辽东诸族以增大其势力,故特尊宠佟氏。不仅因其为抚顺之豪族,且利用其本为明边将,能通晓西洋火器之故。然则当日明清东北一隅之竞争,不仅争土地,并亦争民众。熊飞百欲借深受汉化之佟观澜,以挽回已失之辽东人心。清高祖太宗欲借佟养性兄弟,更招降其他未归附之汉族。由是言之,佟氏一族乃明清两敌国争取之对象。牧斋《佟氏忧愤录序》所言似涉夸大,若按诸当日情势,亦是实录也。寅恪尝论北朝胡汉之分,在文化而不在种族。论江东少数民族,标举圣人"有教无类"之义。论唐代帝系虽源出北朝文化高门之赵郡李氏,但李虎、李渊之先世,则为赵郡李氏中偏于武勇、文化不深之一支。论唐代河北藩镇,实是一胡化集团,所以长安政府始终不能收复。今论明清之际佟养性及卜年事,亦犹斯意。至"佟佳"之称,其地名实由佟家而来,清代官书颠倒本末,孟心史已于《明元清系通纪前编》"毛怜卫设在永乐三年"条,《正编》二"宣德元年十二月乙丑赐建州左等卫归附官军镇抚佟教化等,钞彩等物"条及《正编》四"正统五年九月己未冬古河即栋鄂河"等条,已详述之,不待更赘。噫!三百五十年间,明清国祚俱斩,辽海之事变愈奇。长安棋局未终,樵者之斧柯早烂矣。

关于《列朝诗集》,凡涉及河东君者皆备述之。其涉及牧斋者,则就修史复明两端之资料稍详言之。至于诗学诸主张,虽是牧斋著书要旨之一,但此点与河东君无甚关涉,故不能多所旁及,仅择录一二资料,聊见梗概,庶免喧宾夺主之嫌。容希白庚君著有《论〈列朝诗集〉与〈明诗综〉》一文,(见《岭南学报》第十一卷第一期。)甚为详审。然容君之文与拙作之范围及主旨不同,今唯转载其文中所引与本文有关者数条,其余读者可取并参之也。

《牧斋遗事》云:

> 柳夫人生一女,嫁无锡赵编修玉森之子。柳以爱女故,招婿至虞,同居于红豆村。后柳殁,其婿携柳小照至锡。赵之姻戚咸得式瞻焉。其容瘦小,而意态幽娴,丰神秀媚,帧幅间几栩栩欲活。坐一榻,一手倚几,一手执编。牙签缥轴,浮

积几榻。自跋数语于幅端,知写照时,适牧翁选《列朝诗》,其中《闺秀》一集,(寅恪案:"闺秀"二字,应作"香奁"。)柳为勘定,故即景为图也。

寅恪案:河东君此小照不知尚存天壤间否?其自跋数语,遗事亦不备载其原文,殊为可惜。今检《列朝诗集》闰集六《外夷朝鲜门》"许妹氏"条(参《明诗综》六五下"许景樊"条)云:

> 许景樊,字兰雪,朝鲜人。其兄篈、筠,皆状元。八岁作广寒殿玉楼上梁文,才名出二兄之右。适进士金成立,不见答于其夫。金殉国难,许遂为女道士。金陵朱状元〔之蕃〕奉使东国,得其集以归,遂盛传于中夏。柳如是曰:"许妹氏诗,散华落藻,脍炙人口。然吾观其《游仙曲》'不过邀取小茅君,便是人间一万年',曹唐之词也。《杨柳枝词》'不解迎人解送人',裴说之词也。《宫词》'地衣帘额一时新',全用王建之句。'当时曾笑他人到,岂识今朝自入来',直钞王涯之语。'绛罗袱里建溪茶,侍女封缄结彩花。斜押紫泥书敕字,内官分赐五侯家',则撮合王仲初'黄金合裹盛红雪'与王岐公'内库新函进御茶'两诗而错直出之。'间回翠首依帘立,闲对君王说陇西',则又偷用仲初'数对君王忆陇山'之语也。《次孙内翰北里韵》'新妆满面频看镜,残梦关心懒下楼',则元人张光弼《无题》警句也。吴子鱼〔明济〕《朝鲜诗选》云:'游仙曲三百首'余得其手书八十一首。今所传者,多沿袭唐人旧句。而本朝马浩澜《游仙词》,见《西湖志余》者,亦窜入其中。凡《塞上》《杨柳枝》《竹枝》等旧题皆然。岂中华篇什,流传鸡林。彼中以为琅函秘册,非人世所经见,遂欲掩而有之耶?此邦文士,搜奇猎异,徒见出于外夷女子,惊喜赞叹,不复核其从来。桐城方夫人采

辑诗史,评徐媛之诗,以'好名无学'四字,遍诮吴中之士女,于许妹之诗,亦复漫无简括,不知其何说也。承夫子之命,雠校《香奁》诸什,偶有管窥,辄加棐记。"今所撰录,亦据《朝鲜诗选》,存其什之二三。其中字句窜窃,触类而求之,固未可悉数也。观者详之而已。

寅恪案:《牧斋遗事》所言,河东君勘定《列朝诗集》闺秀一集事,可与相证。至王沄《辋川诗钞》六《虞山柳枝词十四首》之十云:

河梁录别久成尘,特倩香奁品藻新。云汉在天光奕奕,列朝新见旧词臣。

及自注云:

钱选《列朝诗》,首及御制,下注臣谦益曰云云。历诋诸作者,托为姬评。

则甚不公允。盖牧斋编《列朝诗集》,河东君未必悉参预其事。但《香奁》一集,揆以钱柳两人之关系及河东君个人兴趣所在,诸端言之乃谓河东君之评语,出于牧斋所假托,殊不近情理也。又胜时诗末两句,即指《列朝诗集》乾集之上"太祖高皇帝"条所云:

臣谦益所撰集,谨恭录内府所藏奔御制文集,冠诸篇首,以著昭代人文化成之始。

等之类。夫牧斋著书,借此以见其不忘故国旧君之微旨。胜时白命明之遗逸,应恕其前此失节之愆而嘉其后来赎罪之意,始可称为平心之论,今则挟其师与河东君因缘不善终之私怨,而又偏袒于张孺人,遂妄肆讥弹,过矣!又《牧斋尺牍(中)与毛子晋四十六通》,其第十七通云:

《乾集》阅过附去。本朝诗无此集,不成模样。彼中禁忌殊亦阔疏,不妨即付剞劂,少待而出之也。

其第十八通云:

诸样本昨已送上,想在记室矣。顷又附去《闰集》五册,《乙集》三卷。《闰集》颇费搜访,早刻之,可以供一时谈资也。

寅恪案:此两札容君文中已引,今可取作胜时诗之注脚也。

关于牧斋者,请先论述其修史复明两端,然后旁及訾议《列朝诗集》之诸说,更赘述牧斋与朱长孺注杜诗之公案,但此等不涉及本文主旨,自不必详尽也。

牧斋《历朝诗集自序》(据东莞容氏藏本)云:

毛子子晋刻《历朝诗集》成,余抚之忾然而叹。毛子问曰:"夫子何叹?"予曰:"有叹乎?予之叹,盖叹孟阳也。"曰:"夫子何叹乎孟阳也?"曰:"录诗何始乎?自孟阳读《中州集》始也。"孟阳之言曰:"元氏之集诗也,以诗系人,以人系传。《中州》之诗,亦金源之史也。吾将仿而为之。吾以采诗,子以庀史,不亦可乎?"山居多暇,撰次国朝诗集几三十家,未几罢去。此天启初年事也。越二十余年而丁开宝之难,海宇板荡,载籍放失,濒死讼系,复有事于斯集,托始于丙戌,彻简于己丑。乃以其间,论次昭代之文章,搜讨朝家之史乘。州次部居,发凡起例;头白汗青,庶几有日。庚寅阳月,融风为灾,插架盈箱,荡为煨烬。此集先付杀青,幸免于秦火、汉灰之余。於乎,悕矣!追惟始事,宛如积劫。奇文共赏,疑义相析;哲人其萎,流风迢然。惜孟阳之草创斯集,而不能丹铅甲乙奋笔以溃于成也!翟泉鹅出,天津鹃啼,海录谷音,谷征先告,恨余之不前死,从孟阳于九京,而猥以残魂余气,应野史亭之遗恨也。哭泣之不可,叹于何有?故曰:"予之叹,叹孟阳也。"曰:"元氏之集,自甲迄癸,今止于丁者何居?"曰:"癸,归也,于卦为归藏,时为冬令,月在癸曰极丁。丁,壮成实也。岁曰强圉。万物盛于丙,成于丁,茂于戊。于时为朱明,四十强盛之时也。金镜未坠,珠囊重理,鸿朗庄严,富有日新,天地之心,声文之运也。""然则何以言'集',而不言'选'?"曰:"备典故,采风谣,汰冗长,访幽仄;铺陈皇明,发挥才调,愚窃有志焉。讨论风雅,别裁伪体,有孟阳之绪言在,非吾所敢任也。请以俟世之作者。"孟阳,名嘉燧,新安程氏,侨居嘉定,其诗录丁集中。余,虞山蒙叟钱谦益也。集之告成,在玄黓执徐之岁,而序作于玄月十有三日。

寅恪案:此序作于顺治九年壬辰九月十三日。《有学集》一八《耦耕堂诗序》云:

> 崇祯癸未十二月,吾友孟阳,卒于新安之长翰山。又十二年,岁在甲午,余所辑《列朝诗集》始出。

可知《列朝诗集》诸集虽陆续刻成,但至顺治十一年甲午(参《有学集》一七《季沧苇诗序》),其书始全部流行于世。牧斋《自序》云"托始于丙戌"者,实因其平生志在修撰有明一代之国史,此点前已言及,兹不赘述。牧斋于丙戌由北京南还后,已知此志必不能遂,因继续前此与孟阳商讨有明一代之诗,仿元遗山《中州集》之例,借诗以存史。其时孟阳已前卒,故一身兼采诗、庀史之两事,乃迫于情势,非得已也(可参《初学集》八三《题中州集钞》)。且《自序》中如"国朝""昭代""开宝之难"及"皇明"等辞,皆与其故国之思、复明之志有关。容君文中多已言及之。唯牧斋不称"天宝之难"而言"开宝之难"者,盖天宝指崇祯十七年清兵入关取北京。在此以前即清室并吞辽左,亦即第一章所引《宴堂话旧》诗"东庑游魂三十年"之意也。"海录""谷音"者,"谷音"指杜本《谷音》而言。其书今已收入涵芬楼《四部丛刊》中,世所习知。"海录"指龚开《桑海遗录》而言,见吴莱《渊颖集》一二《桑海遗录序》,其书寅恪未得见也。牧斋于序中详言其编《列朝诗集》,虽仿《中州集》然不依《中州集》迄于癸之例,而止于丁,实寓期望明室中兴之意(可参《有学集》一七《江田陈氏家集序》)。前论牧斋《次韵盛集陶》诗已择录金堡《徧行堂集》八《列朝诗传序》之文为释,兹再移录其他一节以证之。文云:

> 《覆瓿》《犁眉》分为二集,即以青田分为二人。其于佐命之勋,名与而实不与,以为其迹非其心耳。心至而迹不至,则其言长;迹至而心不至,则其言短;观于言之长短,而见其心之所存。故曰古之大人志士,义心苦调,有非旗常竹帛可以测其浅深者,斯亦千秋之笃论也。析青田为二人,一以为元之遗民,一以为明之功臣,则凡为功臣者,皆不害为遗民。虞山其为今之后死者宽假欤?为今之后死者兴起欤?吾不得而知,而特知其意不在诗,于是萧子孟昉取其传而舍其诗。诗者,讼之聚也。虞山之论,以北地为兵气,以竟陵为鬼趣,诗道变而国运衰,其狱词甚厉。夫国运随乎政本,王、李、锺、谭非当轴者,既不受狱,狱无所归。虞山平生游好,皆取其雄俊激发,留意用世,思得当而扼于无所试,一传之中,三致意焉。即如王逢、戴良之于元,陈基、张宪之于淮,王翰之于闽,表章不遗余力。其终也,恻怆于朝鲜郑梦周之冤,辨核严正,将使属国陪臣,九京吐气,是皆败亡之余,而未尝移狱于其诗,则虞山之意果不在于诗也。或谓虞山不能坚党人之壁垒,而为诗人建旗鼓,若欲争胜负于声律者。人固不易知,书亦岂易读耶?

寅恪案:道隐论牧斋编《列朝诗集》,其主旨在修史,并暗寓复明之意,而论诗乃属次要者。就寅恪所见诸家评《列朝诗集》之言,唯澹归最能得其款要。萧孟昉所抄,当与今传世之钱陆灿本相同,皆不加删削,悉存牧斋之旧文者。偶检《牧斋尺牍(中)与陆敕先九通》之七云:

> 承示娄东顾君论文书序,深讶其胸次繁富,识见超越。又复记存衰朽,不惜告之话言,赐以箴砭,其用意良厚。惜乎仆已灰心空门,拨弃文字,向所撰述,流布人间者,不特味同嚼蜡,抑且贱比土梗,不复能扳附当世俊贤,相与拈弄翰墨,而上下其议论也。《列朝诗人小传》得加删削,幸甚。然古之神仙,但有点铁成金者。若欲点粪溲为金银,虽锺、吕不能。吾恐其劳而无功也。聊及之,以发足下一笑耳。日来从事《华严疏钞》,谢客之禁甚厉,虽足下相过,亦不能数数延见。辄书此以道意,不悉。

可知牧斋甚重视其《列朝诗集小传》,而不以顾氏之删节为然。(寅恪检阅周容《春酒堂诗话》,知鄮山手录《列朝诗传》,亦稍加删节。特附记于此。)盖其书之主旨在修史,此点可与道隐之说互相印证也。

至《列朝诗集》论诗之语虽多,兹以非本文之范围并主旨所在,故概从省略。读者可取原书观之,不须赘引。唯择录牧斋之文一二于下,以其言及陈子龙、李雯、黄淳耀,而此三人与河东君直接、间接皆相关涉,饶有兴趣也。

《有学集》四七《题徐季白诗卷后》云:

> 余少不能诗,老而不复论诗。丧乱之后,搜采遗忘,都为一集。间有评论,举所闻于先生长者之绪言,略为标目,以就正于君子。不自意颇得当于法眼,杂然叹赏,称为艺苑之金

钪。而一二询厉者,又将吹毛刻肤,以为大傻。老归空门,深知一切皆幻,付之卢胡而已。偶游云间,徐子季,白持行卷来谒,再拜而乞言,犹以余为足与言者也。余窃心愧之。余之评诗,与当世牴牾者,莫甚于二李及弇州。二李且置勿论,弇州则吾先世之契家也。余发覆额时,读前后《四部稿》,皆能成诵,暗记其行墨。今所谓晚年定论者,皆举扬其集中追悔少作与其欲改正《卮言》勿误后人之语,以戒当世之耳论目食、刻舟胶柱者。初非敢凿空杜撰,欺诬先哲也。云间之才子,如卧子、舒章,余故爱其才情,美其声律。唯其渊源流别,各有从来。余亦尝面规之,而二子亦不以为耳瑱。采诗之役,未及甲申以后,岂有意刊落料拣哉?嗟夫!天地之降才,与吾人之灵心妙智,生生不穷,新新相续。有《三百篇》,则必有楚《骚》,有汉、魏建安,则必有六朝。有景隆、开元,则必有中、晚及宋、元。而世皆遵守严羽卿、刘辰翁、高廷礼之瞽说,限隔时代,支离格律,如痴蝇穴纸,不见世界。斯则良可怜愍者。如云间之诗,自国初海叟诸公,以迄陈、李,可谓极盛矣。后来才俊,比肩接踵,莫不异曲同工,光前绝后。季白则其超乘绝出者也。生才不尽,来者难诬。必欲以一人一家之见,评泊古今,牛羊之眼,但别方隅,岂不可笑哉!余绝口论诗久矣,以季白虚心请益,偶有怅触,聊发其狂言,亦欲因季白以锌于云间之后贤也。

《牧斋尺牍中·与毛子晋四十六通》之四十五云:

蕴生诗自佳,非午溪辈之比。(寅恪案:"午溪"指元陈镒而言。镒有《午溪集》。可参《四库提要》一六七。此集为孔旸编选,刘基校正。牧斋盖以孔旸目子晋,而自比于刘基也。)须少待时日,与陈卧子诸公死节者并传,已有人先为料理矣。其他则一切以金城汤池御之。此间聒噪者不少，置之不答而已。

又，关于《列朝诗集小传》，复有《正钱录》一书，不得不略述之于下。

钱陆灿《汇刻列朝诗集小传序》略云：

〔康熙〕八年冬，汪钝庵〔琬〕招余，与计甫草〔东〕、黄俞邰〔虞稷〕、倪暗公〔灿〕夜饮，论诗于户部公署。（寅恪案："户部公署"指江陵西新关署。盖是时尧峰正榷此关税务也。见《清史列传》七〇《文苑传·汪琬传》。）出其集中有《与梁侍御〔日缉〕论吴氏〈正钱录〉》书（此书见《尧峰文钞》三二）。钱则心知其为牧斋公，未知吴氏何人也。比余去金陵，馆常州董侍御易农〔文骥〕家，易农为余言，吴氏名殳，字修龄，工于诗，深于禅，其雅游也。（寅恪案：吴氏一名乔。其事迹及著述，诸书所载，颇亦不少，但光绪续修《昆新两县合志》三四《人物·游寓门·吴殳传》，似较详备。读者可取参阅也。）遂就求其是录观之，大抵吴氏之论文，专主欧、苏，故讥弹《诗集传》，不遗余力，亦不知吴君盖有为言之。一时走笔，代宾戏、客难，驳正若干条。驳正者，驳其"正"也。（寅恪案：陆灿驳正之文共六条，兹不备引。读者苟取湘灵全文观之，则知修龄所正牧斋之言，皆吹毛求疵者也。）当是时，余犹未识吴君也。十七年，始与君会于东海尚书相国之家。（寅恪案："尚书"指徐乾学，"相国"指徐元文。）易农适亦以事至，置酒相欢也。君慨然曰："曩殳以诗文谒牧斋公于虞山，不见答。不平之鸣，抨击过当，亦窃不意公等议其后矣。"易农曰："无庸，是书具在。窃虞学者之择焉而不精，存吴氏之'正'，则读书家之心眼日细。

又虞学者之语焉而不详,存钱氏之驳,则著作家之风气日上。"一时以为笃论。

云间蔡练江澄《鸡窗丛话》云:

> 钝翁太史好排斥前辈,而于虞山尤甚。一日其密友吴江计孝廉东谓之曰:"我昔登泰山顶,欲遗矢,若下山有四十里之遥,不可忍,遂于岩畔溺焉,而泰山不加秽也。"汪知其刺己,跳跃谩骂,几至攘臂。

吴乔《围炉诗话》六论陈卧子《明诗选》,推崇牧斋甚至。如:

> 献吉高声大气,于鳞绚烂铿锵,遇凑手题,则能作壳硬浮华之语以震眩无识。题不凑手,便如优人扮生旦,而身披绮纱袍子,口唱大江东去。为牧斋鄙笑,由其但学盛唐皮毛,全不知诗故也。

> 嘉定以震川故,文章有唐叔达诸公。常熟以牧斋故,士人学问都有根本,乡先达之关系,顾不重哉?

> 宏嘉诗文为钱牧斋、艾千子所抨击,丑态毕露矣。以彼家门径,易知易行,便于应酬,而又冒班马盛唐之名,所以屡仆屡起。

> 《全唐诗》何可胜计,于鳞抽取几篇,以为唐诗尽于此矣。何异太仓之粟,陈陈相因,而盗择(攫?)升斗,以为尽王家之蓄积哉?唐人之诗工,所失虽多,所收自好。卧子选明诗,亦每人一二篇。非独学于鳞,乃是惟取高声大气、重绿浓红,似乎二李者也。明人之诗不工,所取皆陈浊肤壳无味之物。若牧斋《列朝诗》早出,此选或不发刻耳。

> 于鳞仿汉人乐府为牧斋所攻者,直是笑具。(寅恪案:此条可参《春酒堂诗话》,论李于鳞改古诗"枕郎左边,随郎转侧"之"左"为"右"条。)

等条,皆是其例(并可参同书三论高棅《唐诗品汇》引牧斋之说条)。修龄之《正钱录》,乃正牧斋《列朝诗传》中其文不合于欧、曾者。若论诗之旨,则全与牧斋相同。特标出此点,以免世人言《正钱录》者之误会。复次,牧斋之编《列朝诗集》,其主旨在修史,论诗乃属次要者。据上所引资料已足证明。兹并附述牧斋与朱长孺鹤龄注杜诗一重公案于此,以其亦与史事相关也。

《新唐书》二〇一《文艺上·杜审言传》附甫传赞曰:

甫又善陈时事,律切精深,至千言不少衰,世号诗史。

牧斋《笺注杜工部集》首载《诸家诗话》引《古今诗话》一事云:

章圣(指宋真宗)问侍臣:"唐时酒每斗价几何?"丁晋公(指丁谓)奏曰:"唐时酒每斗三百文。"举杜诗以证。章圣大喜曰:"杜甫诗自可为一代之史也。"

可知牧斋之注杜,尤注意诗史一点,在此之前,能以杜诗与唐史互相参证,如牧斋所为之详尽者,尚未之见也。至其与朱长孺之争论,以资料过烦,又非本文之主旨,故不必备述。仅录《牧斋尺牍(中)与遵王三十通》之二十三于下,以见一斑。(可参《牧斋尺牍(上)与朱长孺三通》之二)文云:

《杜笺》闻已开板,殊非吾不欲流传之意。正欲病起面商行止,长孺来云:"松陵本已付梓矣。"缪相引重,必欲糠粃前列,此尤大非吾意。再三苦辞,而坚不可回,只得听之。仆所以不欲居其首者,其说甚长。往时以《笺本》付长孺,见其苦心搜掇,少规正意,欲其将《笺本》稍稍补葺,勿令为未成之书可耳。不谓其学问繁富,心思周折,成书之后,绝非吾《笺》本来面目。又欲劝其少少裁正,如昨所标举云云。而今本已付剞劂,如不可待,则亦付之无可奈何而已。晚年学道,深知一切皆空,呼牛呼马,岂惮作石林替身。以此但任其两行,不复更措一词。若《笺本》已刻,须更加功治定。既已卖身佛奴,翻阅《疏钞》,又欲参会《宗镜》,二六时中,无暑刻偷闲。世间文字,近时看得更如嚼蜡矣。杜注之佳否,亦殊不足道也。或待深秋初冬,此刻竣事,再作一序,申明所以不敢注杜与不欲流传之故,庶可以有辞于艺林也。昨石公云"义山注改窜后,又有纰缪许多"云云。彼能为义山功臣,独不肯移少分于少陵乎?治定之役,令分任之,何如?热毒欲死,挥汗作字,阅过毁之。

足见牧斋初意本以所注杜诗尚未全备,欲令长孺续补成之。后见长孺之书,始知其反客为主,以己身之著作为已陈之刍狗,故痛恨不置,乃使遵王别刊所著,与朱书并行。前于第三章论宋辕文上牧斋书,曾详引朱长孺致梅村书,朱氏此札作于牧翁身后,虽力排辕文之谬说,持论甚正,但亦阴为己身辩护前此注杜诗袭用牧斋旧作之故也。今《梅村家藏稿》中未见关涉长孺此书之文,不知是否骏公置之不答,抑或后来因涉及牧斋,遂被删削耶?考乾隆三十四年后,清廷禁毁牧斋著述,《梅村集》虽撤去牧斋之序,可以流通。颇疑其诗文中仍有删去与牧斋有关之篇什不少。如今《梅村家藏稿》内,未见有挽钱悼柳之作,殊不近事理。或因清高宗早岁所撰《乐善堂全集》,曾赋题《吴梅村集诗》,赞赏备至,倘《梅村集》内复发见关涉称誉牧斋之作,则此独裁者将无地自容。岂当日诸臣及吴氏后人,遂于《家藏稿》中删削此类篇什,借以保全帝王之颜面欤?久蓄此疑,未敢自信,特附于此,以俟更考。

复次,朱长孺《愚庵小集》一〇《与李太史□□论〈杜注〉书》略云:

《杜注》刻成,蒙先生惠以大序,重比球琳,子美非知道者,此语似唐突子美。然子美自言之矣,文章一小技,于道未为尊。此语正可与子美相视莫逆于千载之上也。《杜诗注》错出无伦,未有为之剪截而整齐之者,所以识者不能无深憾也。近人多知其非,新注林立,尽以为子美之真面目在是矣。然好异者失真,繁称者寡要,如"聊飞燕将书"及西京初复,史思明以河北诸州来降,故用聊城射书事。今引安禄山降哥舒翰,令以书招诸将,诸将复书责之。此于收京何涉也。"豆子雨已熟",本佛书,譬如春月下诸豆子,得暖气色寻便出土。伪苏注以豆子为目睛,既可笑矣。今却云赞公来秦州,已见豆熟。夫"杨枝"用佛经,"豆子"亦必用佛书。若云已见豆熟,乃陆士衡所讥挈瓶屡空者,子美必不然也。"旷原延冥搜"原出《穆天子传》,今妄益云原昆仑东北脚名,此出何典乎?"何人为觅郑瓜州",瓜州见张礼《游城南记》。今云郑审大历中为袁州刺史,审刺袁州,安知不在子美没后乎?地理山川古迹,须考原始及新旧《唐书》、《元和郡县志》,不得已乃引《寰宇记》、《长安志》以及近代书耳。"春风回首仲宣楼",应据盛弘之《荆州记》甚明。今乃引《方舆胜览》高季兴事。季兴五代人也。季兴之仲宣楼岂即当阳县仲宣作赋之城楼乎?以上特略举其概。他若黄河十月冰,三车肯载书,危沙折花当诸解皆凿而无取。虽其说假托巨公以行,然涂鸦续貂,贻误后学,此不可以无正也。

寅恪案:长孺此札有数问题。一为朱氏《杜工部诗辑注》付印之时间。二为此札是否拟作。三为李太史究为何人。兹分别略论之。

一、《牧斋尺牍(中)与遵王札》共为三十通。其第二十一通至第三十通皆关于注杜之事,前已略引。其中屡有言及钱、朱二

《注》开版事。但不知何故,于康熙三年甲辰牧斋逝世之前,两书俱未曾全部付梓。今据上海复旦大学图书馆藏本朱鹤龄《杜工部诗辑注》观之,卷首补钞钱谦益序,后附牧斋手札云:

> 《杜注》付梓,甚佳。但自愧糠粃在前耳。此中刻未必成,即成,不妨两行也。草复。

其后又有朱鹤龄附记云:

> 愚素好读杜,得蔡梦弼《草堂本》点校之,会粹群书,参伍众说,名为《辑注》。乙未(顺治十二年)馆先生家塾,出以就正。先生见而许可,遂检所笺吴若本及九家注,命之合钞,益广搜罗,详加考核,朝夕质疑,寸笺指授,丹铅点定,手泽如新。卒业请序,箧藏而已。壬寅(康熙元年)复馆先生家,更录呈求益。先生谓所见颇有不同,不若两行其书。时虞山方刻《杜笺》,愚亦欲以《辑注》问世。书既分行,仍用草堂原本,节采笺语,间存异说。谋之同志,咸谓无伤。是冬馆归,将刻样呈览,先生手复云云。见者咸叹先生之曲成后学,始终无异如此。今先生往矣。函丈从容,遂成千古,能无西州之痛。松陵朱鹤龄书。

季振宜《钱注杜诗序》略云:

> 丙午(康熙五年)冬,予渡江访虞山剑门诸胜,得识遵王。一日指杜诗数帙,泣谓余曰:"此我牧翁笺注杜诗也。"凡《笺注》中未及记录,特标之曰:"具出某书某书。"往往非人间所有,独遵王有之。遵王弃日留夜,必探其窟穴,擒之而出,以补《笺注》之所未具。丁未(康熙六年)夏,予延遵王渡江,商量雕刻。遵王又矻矻数月,而后托梓人以传焉。康熙六年仲夏泰兴季振宜序。

寅恪案:《钱注杜诗》全部刻成于康熙六年,《朱注杜诗》则未知于何时全部刻成。鹤龄附记作于牧斋去世之后,但未署年月。其《愚庵小集》七《杜诗辑注序》(此序复旦大学藏本《朱注杜诗》未载)亦未言刊行之时间也。

后检《亭林佚文辑补·与人札》云:

十年间别,梦想为劳。老仁兄闭户著书,穷探今古,以视弟之久客边塞,歌兕虎而畏风波者,奚若霄凡之隔矣。正在怀思,而次耕北来,传有惠札,途中失之。仅得所注《杜集》一卷。读其书,即不待尺素之殷勤,而已如见其人也。吾辈所恃,在自家本领足以垂之后代,不必傍人篱落,亦不屑与人争名。弟三十年来,并无一字流传坊间,比乃刻《日知录》二本,虽未敢必其垂后,而近二百年来,未有此书,则确乎可信也。道远未得寄呈。偶考杜诗十余条,咐便先寄太原。旅次炙冻书次,奉候起居,不庄不备。

亭林此札所寄与之人,颇似长孺(可参《清史列传》六八及康熙刻潘柽章《松陵文献》一〇《朱鹤龄传》)。除札中"闭户著书"之言及有关注杜事与《鹤龄传》相符合外,《愚庵小集》三载《送潘次耕北游(七古)》末二句云:

鹿城顾子(自注"宁人")久作客,为我传讯今何如。

更与札中"次耕北来,传有惠札,途中失之"等语适切。据徐遁荪嘉辑《顾亭林先生诗笺注》卷首所附顾亭林先生《诗谱》略云:

〔康熙〕八年己酉。潘节士之弟耒远受学二首。(寅恪案:此诗见《亭林诗集》四。)

又引吴映奎《顾亭林年谱》云:

冬抵平原,潘次耕耒来受学。

可知次耕北游之时间为康熙八年,其时朱氏《杜注》仅有一卷。足证其全部刻成,必在康熙六年季氏刻《牧斋杜诗笺注》之后也。

复检《愚庵小集》一〇《寄徐太史健庵论经学书》略云:

> 愚先出《[尚书]埤传》是正于高明长者,[汪]钝翁先生见之,急捐橐佽镌,为诸公倡。今已就其半矣。草泽陈人从未敢缄牍京华,特以今日文章道义之望,咸归重于先生。又昔年忝辱交游之末,故敢邮寄所梓,上尘乙览。倘中有可采,望赐以序言,导其先路,庶几剞劂之役可溃于成。

同书《补遗》一《徐健庵太史过访(五古)》略云:

> 亭林余畏友,卓荦儒林奋。三张才并雄,景阳名早晟。酷似舅家风,吾党推渊镜。怃余空橐垂,兼金助雕锓。

由此观之,长孺之书必非一次刻成,助其雕锓者,亦必非一人所能为力。但徐氏虽佽镌长孺之书而不言及《杜注》,必与之无涉也。

二、复旦大学藏本《朱注杜诗》未载《李太史序》,若非因避忌删去则本无其序,长孺之文不过假设此题,借以驳牧斋之《笺注》耳。其札中所举之注文如"聊飞燕将书"见钱《注》一〇《收京》诗三首之一《燕将书》注。"豆子雨已熟"见钱《注》三《别赞上人》诗"豆子"注。"人生五马贵"见钱《注》一〇《送贾阁老出汝州》诗"五马"注。诸条即是例证,可不备引。至书中所云:"其说假托巨公以行,然涂鸦续貂,贻误后学,此不可以无正也。"牧斋与长孺因注杜而发生之纠纷,虽与遵王颇有关涉(见《牧斋尺牍(中)与遵王札》及牧斋《杜诗笺注自序》等),钱《注》本附刻前,又如季氏所言:"遵王弃日留夜,必探其窟穴,擒之而出,以补《笺注》之所未具。"但其所补,当为牧斋所标出未及记录者,非出诸遵王也。(可参下引《有学集》三九《复吴江潘力田书》"聊用小签标记,简别泰甚,长孺大愠,疑吹求贬剥,出及门诸人之手"等语。)长孺不便驳斥牧斋,故作此指桑骂槐之举。斯岂长孺所谓"怨而不忍直致其怨,则其辞不得不诡谲曼衍"者哉?(见《愚庵小集》二《西昆发微序》。)

又牧斋《杜诗笺注自序》云:

> 族孙遵王谋诸同人曰:"草堂《笺注》元本具在。若玄元皇帝庙,洗兵马入朝,诸将诸笺,凿开鸿蒙,手洗日月。当大书特书,昭揭万世。而今珠沉玉锢,晦昧于行墨之中。惜也。考旧注以正年谱,仿苏注以立诗谱。地里姓氏,订讹斥伪,皆吾夫子独力创始,而今不复知出于谁手。俱也。"

牧斋借遵王之言以诋斥长孺,今读者取钱、朱两《注》自见。今观朱氏《辑注》中或全部不著"钱笺"。如朱《注》五"洗兵马"即是其例。细绎牧斋所作之长笺,皆借李唐时事,以暗指明代时事,并极其用心抒写己身在明末政治蜕变中所处之环境,实为古典今典同用之妙文。长孺以其与少陵原作无甚关系,概从删削,殊失牧斋《笺注》之微旨。或偶著"钱笺",但增损其内容。如朱《注》一三《秋兴八首》中有仅录钱《注》"笺曰"之一部分,而弃其"又曰"之文,遂将《笺注》割裂窜易,宜其招致牧斋之不满。又或用其意而改其词,如取朱《注》一《冬日洛城北谒玄元皇帝庙》之"钱笺"与钱《注》九此题所笺之原文比较,则知愚庵所改,即牧斋托为遵王之言"吾夫子独力创始,而今不复知出于谁手。俱也"等语所指者,此点尤为牧斋所痛恨也。

三、若朱《注》杜诗卷首原有李《序》,则长孺此札何以讳太史之名而不书,其中必有待发之覆。颇疑"李太史"乃李天生因笃。据《雪桥诗话》二云:

李天生尝以四十韵长律赠曹秋岳。秋岳叹为风雅以来仅有斯制。初入都,南人易之。一日宴集,语杜诗应口诵。或谓偶熟,复诘其他,即举全部,且曰吾于诸经史类然,愿诸君叩之。一座咋舌。

天生既熟精杜诗,其为长孺作《杜注》序,自有可能也。今虽未发见长孺直接与天生有关之诗文,但两人之间错互间接之材料颇复不少,如《清史列传》六六《李因笃传》略云:

李因笃,字天生,陕西富平人。明诸生。康熙间诏举博学鸿儒,因笃夙负重名,公卿交荐,母劝之行,试列一等,授翰林院检讨。未逾月,以母老乞养,疏曰,比者内阁学士项景襄、李天馥、大理寺少卿张云翼等旁采虚声,联尘荐牍。陕西巡抚促臣赴京。臣自念臣母年逾七十,属岁多病,困顿床褥,转侧需人。臣止一弟因材,从幼过继。臣年四十有九,并无儿女,跬步难离。屡具呈辞,叠奉部驳。痛思臣母垂暮之年,不幸身婴残疾,臣若贪承恩诏,背母远行,必致倚门倚闾,夙病增剧。况衰龄七十,久困扶床,辇路三千,难通咶指。一旦祷北辰而已远,回西景以无期。万一有为人子所不忍言者,则风木之悲何及,瓶罍之耻奚偿。臣永为名教罪人。不唯始进已乖,无颜以对皇上,而循陔负名,躁进贻讥,则于荐臣,亦为有觍面目。皇上至仁至孝,远迈前朝,而甘违老亲,致伤风化。有臣如此,安所用之?查见行事例,凡在京官员,家无次丁,听其终养,臣身为独子,与例正符,伏祈特沛恩慈,许臣归养。母殁仍不出。因笃性忼直,然尚气节,急人之急。顾炎武在山左,被诬陷,因笃走三千里,为脱其难。(寅恪案:此事可参《亭林诗集》四《子德李子闻余在难,特走燕中告急诸友人复驰至济南省视,于其行也,作诗赠之(五言排律)》及《蒋山佣残稿》二《与人书》第二通"富平李天生因笃者,三千里赴友人之急,疾呼辇上,协计橐饘,驰至济南,不见官长一人而去"等语。)尝著诗说,炎武称之曰:"毛郑有嗣音矣。"与毛奇龄论古韵不合,奇龄强辨,炎武是因笃而非奇龄。

《亭林文集》三《与李湘北〔天馥〕书》(并见《蒋山佣残稿》二题作《与李湘北学士书》)云:

关中布衣李君因笃,顷承大疏荐扬,既征好士之忱,尤羡拔尤之鉴。但此君母老且病,独子无依,一奉鹤书,相看哽咽。虽趋朝之义已迫于戴星,而问寝之私倍悬于爱日,况年逾七十,久困扶床。路隔三千,难通啮指。一旦祷北辰而不验,回西景以无期,则瓶罍之耻奚偿,风木之悲何及。昔者令伯奏其愚诚,晋朝听许。元直指其方寸,汉主遣行。求贤虽有国之经,教孝实人伦之本。是用溯风即路,沥血叩阍,伏惟执事宏锡类之仁,悯向隅之泣,俯赐吹嘘,仰邀俞允,俾得归供菽水,入侍刀圭。则自此一日之斑衣,即终身之结草矣。

《蒋山佣残稿》二《与梁大司农书》(〔顾〕衍生注:"讳清标,字玉立。")云:

谨启,关中布衣李君因笃,昔年尝以片言为介,上谒庭墀,得蒙一顾之知,遂预明扬之数。在于流俗,岂非至荣!然而此君母老且病。(衍生注:"下〔与〕与李学士书同。")

同书三《答李子德〔因笃〕》第二通云:

老弟宜将令伯《陈情表》并注中事实录出一通,携之笥中。在己不待书绅,示人可以开墙面也。以不预考为上上,至嘱至嘱!此番入都,不妨拜客,即为母陈情,则望门稽首,亦不为屈。虽逢门便拜,岂有周颙种放之嫌乎?梁公(原注:"清标")有心人,若不得见,可上书深切恳之。(寅恪案:前论牧斋之脱祸,与梁氏有关。此亦一旁证也。)外又托韩元少〔菼〕于馆中诸公前赞成,亦可一拜。旁人佞谀之言,塞耳勿听。凡见人,但述危苦之情,勿露矜张之色,则向后声名,高于征书万万也。又"同年"二字,切不可说,说于布衣生监之前犹可,说于两榜之前,此恨将不可解。此种风气相传百余年矣,亦当知之。至都数日后,速发一字于提塘慰我。

徐嘉《顾亭林先生诗笺注》一六《寄次耕时被荐在燕中(五古)》略云:

关西有二士,立志粗可称。虽赴翘车招,犹知畏友朋。或有金马客,问余可同登。为言顾彦先,唯办刀与绳。(寅恪案:"关西有二士",指李天生因笃及王山史弘撰。见徐嘉注。所引《亭林文集》三《与李星来〔源〕》第二通"关中三友,山史辞病不获而行,天生母病,涕泣言别。〔李〕中孚〔颙〕至以死自誓而后免。视老夫为天际之冥鸿矣"等语。)

《愚庵小集》五《垂虹亭过徐太史公肃舟中》云:

(诗略。)

同书《补遗》一《送潘次耕应举入都二首》云:

(诗略。)

《有学集》三九《复吴江潘力田书》(可参《松陵文献》卷首《潘柽章传》)云:

《杜诗新解》不欲署名,曾与长孺再三往复。日来翻阅《华严》,漏刻不遑,都无闲心理此长语。顷承翰教,拳拳付嘱,似有意为疏通证明之者。不直则道,不见请讼,言而无诛可乎?仆之笺杜诗,发端于卢德水、程孟阳诸老,云"何不遂举其全?"遂有《小笺》之役。大意尚为刊削有宋诸人伪注缪解烦仍蠹驳之文,冀少存杜陵面目。偶有诠释,但据目前文史,提撮纲要,宁略无烦,宁疏无漏。深知注杜之难,不敢以削稿自任,置之箧衍,聊代荟蕞而已。长孺授书江村,知其笃志注杜,积有岁年,便元本相付曰:"幸为我遂成之。"略为发凡起例,摘抉向来沿袭俗学之误。别去数年,来告成事,且请为序。安意昔年讲授大指,尚未辽远,欣然命笔,极言注诗之难,与所以不敢注杜之本意,其微指具在也。既而以成书见示,见其引事释文,楦酿杂出,间资嗢噱,令人喷饭。聊用小签标记,简别泰甚。长孺大愠,疑吹求贬剥,出及门诸人之手,亦不能不心折而去。亡何,又以定本来,谓已经次第芟改,同里诸公,商榷详定,醵金授梓,灼然可以悬诸国门矣。乘间窃窥其稿,向所指纰缪者,约略抹去,其削而未尽者,瘢瘢痂盖,尚落落卷帙间。杜诗非易注之书,注杜非聊尔之事,固不妨慎之又慎,精之又精。终不应草次裨贩,冀幸举世两目尽眯而以为予雄也。诸公既共订此事,则必将探珠搜玉,尽美极玄,为少陵重开生面。鄙人所期望者,如是足矣,又何容支离攘臂于其间乎?来教谓愚贱姓氏,挂名简端,不惟长孺不忘渊源,亦诸公推毂盛意。词坛文府,或推或挽,鹊巢鸠居,实有厚幸。仆所以不愿厕名者,扪心抚己,引分自安,不欲抑没矜慎注杜之初意,非敢倔强执拗、甘自外于众君子也。来教申言,前序九鼎,已冠首简。斯言也,殆虑仆愁有后言,而执为要质者。若是,老夫亦有词矣。未见成书,先事奖许,失人失言,自当二罪并案。及其见闻违互,编摩庞杂,虽复两耳耸聩,亦自有眼有口,安能糊心眯目,护前遮过,而喑不吐一字耶?荒村暇日,覆视旧笈,改正错误,凡数十条。推广略例,胪陈近代注杜得失,又二十条。别作一叙,发明本末,里中已杀青缮写,仆以耻于抗行止之。今以前序为息壤,而借以监谤,则此序正可作忏悔文,又何能终锢之勿出乎?仆生平痴肠热血,勇于为人。于长孺之注杜,郑重披剥、期期不可者,良欲以古义相勖勉,冀其自致不朽耳。老耄昏忘,有言不信,不得已而求免厕名,少欲自列,而诸公咸不以为然,居然以歧舌相规,以口血相责。匹夫不可夺志,有闷默窃叹而已。少年时观刘子骏与扬子云书,从取方书入策,贡之县官。而子云答书曰:"君不欲胁之以威,凌之以武,则缢死以从命。私心窃怪其过当。由今言之,古人矜重著作,不受要迫,可谓子云老不晓事哉?余生残劫,道心不坚。稍有怅触,习气迸发。兄为我忘年知己,想见老人痴顽,茹物欲吐之状。传示茂伦兄,(寅恪案:"茂伦"为吴江顾有孝之字。卢纮所刻《江左三大家诗钞》中之《牧斋诗钞》,即有孝与吴江赵澐同辑者。)当哄堂一笑也。

寅恪案:依上引资料,可知长孺与亭林及徐、潘二氏兄弟殊有关系,而诸人与天生尤为密切。长孺本与曹秋岳交好(可参《愚庵小集补遗》一《献曹秋岳侍郎三十韵》诗并曹秋岳《溶静惕堂诗集》三六《朱长孺以尚书埤传见贻因伤右吉》诗,及同书同卷《李天生以修明史授简讨不拜请养归秦寄怀四首》),若不因曹氏,亦可由诸人间接请天生作序。至其所以不著"李太史"之名者,疑长孺不欲子德牵入注杜之纠纷也。牧斋《复吴江潘力田书》乃其平生所作文中妙品之一。盖钱、朱注杜公案错综复杂,牧斋叙述此事首尾曲折、明白晓畅,世之考论此问题者,苟取而细绎之,则知钱、朱两人及常熟、吴江两地文人之派别异同,可不须寅恪于此饶舌矣。故不避繁琐之讥,详尽录之,通人君子或不以为可厌可笑也。总而言之,上列三问题,皆为假设,实无确证,姑备一说于此云尔。

复有可附论者,《觚賸》一《吴觚上》"力田遗诗"条云:

> 潘柽章著述甚富,悉于被系时遗亡,间有留之故人家者,因其罹法甚酷,辄废匿之。如《杜诗博议》一书,引据考证,纠讹辟舛,可谓少陵功臣。朱长孺笺诗,多所采取,竟讳而不著其姓氏矣。

寅恪案:长孺袭用力田之语而不著其名,不知所指何条。但长孺康熙间刻《杜诗辑注》时,牧斋尚非清廷之罪人,故其注中引用牧斋之语可不避忌。至若柽章,则先以预于庄氏史案,为清廷所杀害,其引潘说而不著其名,盖有所不得已。玉樵之说未免太苛而适合当时之情事也。

又《亭林余集·与潘次耕札五通》,其第三通云:

> 都中书至,言以耕事母远行,不知所往。中孚即作书相庆。绵山之谷弗获介推,汶上之疆,堪容闵子,知必有以处此也。

《蒋山佣残稿》三《与次耕》云:

> 曲周接取中之报,颇为惜之。吾弟今日迎养都门,既必不可,菽水之供,谁能代之?宜托一亲人照管,无使有尸饔之叹。不记在太原时,相与读寅旭书中语乎?(寅恪案:王锡阐字寅旭。江苏吴江人。事迹见《清史列传》六八本传。)又既在京邸,当寻一的信与嫂侄相闻。即延津在系,亦须自往一看。此皆吾辈情事,亦清议所关,不可阙略也。(寅恪案:"嫂侄"二字可参《亭林文集》五《山阳王君墓志铭》"余

友潘力田死于杭,系累其妻子以北"等语。)

寅恪案:亭林之不欲次耕得中博学鸿辞科,观此二札可知。但何以天生之举鸿博,亭林虽托友人代请清廷许其归家养母,并不如其对次耕之痛惜者,盖天生与次耕之情事有所不同。《晋书》八八《王裒传》略云:

> 王裒,字伟元,城阳营人也。父仪,高亮雅直,为文帝司马。东关之役,帝问于众曰:"近日之事,谁任其咎?"仪对曰:"责在元帅。"帝怒曰:"司马欲委罪于孤邪?"遂引出斩之。裒少立操尚,行己以礼。痛父非命,未尝西向而坐,示不臣朝廷也。于是隐居教授,三征七辟皆不就。

然则潘耒之兄柽章,以庄氏史案为清廷杀害。亭林之意,次耕亦应如伟元之三征七辟皆不就也。兹有一事,出于牧斋当日与长孺争论注杜时意料之外者,即牧斋不为南浔庄氏史案所牵累事也。牧斋与潘力田柽章、吴赤溟炎之撰述《明史记》极有关系。观牧斋著作中有关此类材料亦不少,今择录一二于下。

《牧斋外集》八《修史小引》云:

> 谦益白,盖往昔滥尘史局,窃有意昭代编年之事。事多牴牾勿就。中遭废弃,日夕键户,荟蕞所辑事略,颇可观览。天不悔祸,绛云一炬,靡有孑遗。居恒忽忽,念海内甚大,何无一人可属此事者。近得松陵吴子赤溟、潘子力田,奋然有《明史记》之役,所谓本纪、书表、世家列传,一仿龙门,取材甚富,论断甚严。史家三长,二子盖不多让。数过余,索烬余及讯往时见闻。余老矣,耳聩目眊,无以佐二子,然私心幸二子旦夕成书,得一寓目。又惧二子以速成自愉快,与市肆所列诸书无大异也。乃二子不要名,不嗜利,不慕势,不附党。自矢必成而不求速。曰:"终身以之。"然则此事舍

二子,其又谁属?余因思海内藏书诸家,及与余讲世好者,不能一一记忆。要之,此书成,自关千秋不朽计。使各出所撰著及家藏本,授之二子,二子必不肯攘善且忘大德也。敢代二子布告同人,毋以我老髦而憖遗我,幸甚!幸甚!

《有学集》三八《与吴江潘力田书》略云:

春时枉顾,深慰契阔。老人衰病,头脑冬烘,不遑攀留信宿,扣击绪论,别后思之,重以为悔。伏读《国史考异》,援据周详,辨析详密,不偏主一家,不偏执一见。三复深惟,知史事之必有成,且成而必可信可传也。一官史局,半世编摩,头白汗青,迄无所就。不图老眼,见此盛事。墙角残书,或尚可资长编者,当悉索以备搜采。《西洋朝贡典录》乞仍简还,偶欲一考西洋故事耳。赤溟同志,不复裁书,希道鄙意。

同书三九《复吴江潘力田书》(此札关于注杜事者,前已详引,可参阅)略云:

手教盈纸,详论《实录辨证》,此鄙人未成之书,亦国史未了之案。考异刊正,实获我心,何自有操戈入室之嫌。唱此论者,似非通人。吹万自已,不必又费分疏也。《东事记略》,东征信史也。人间无别本,幸慎重之。俞本《纪录》,作绛云灰烬。诸侯陆续寄上,不能多奉。

《有学集补·答吴江吴赤溟书》(近承潘景郑君寄示牧斋《吴江吴母燕喜诗(七律)》一首,虽是寻常酬应之什,无甚关系。但其中有"野史亭前视膳余"句,亦可推知牧斋此书与此诗同为一时所作,并足见两人交谊之密切也)略云:

三十余年,留心史事,于古人之记事记言、发凡起例者,或可少窥其涯略。倘得布席函丈,明灯促席,相与讨论扬榷,下上其议论,安知无一言半辞,可以订史乘之疑误、补掌故之缺略者?言及于此,胸臆奕奕然,牙颊痒痒然,又唯恐会晤之不早、申写之不尽也。门下能无辗然一笑乎?所征书籍,可考者仅十之一二。残编啮翰,间出于焦烂之余,他日当悉索以佐网罗,不敢爱也。老病迂诞,放言裁复,并传示力田兄,共一捧腹。

《亭林文集》五《书吴〔赤溟炎〕潘〔力田柽章〕事》略云:

庄名廷𬭎,目双盲,不甚通晓古今,以史迁有左丘失明,乃著《国语》之说,奋欲著书。其居邻故阁辅朱公国桢家,朱公尝取国事及公卿志状疏草命《胥钞录》,凡数十帙,未成书而卒。廷𬭎得之,则招致宾客,日夜编辑为明书,书冗杂不足道也。廷𬭎死,无子,家资可万金。其父胤城遂梓行之。慕吴、潘盛名,引以为重,列诸参阅姓名中。书凡百余帙,颇有忌讳语,本前人诋斥之辞未经删削者。庄氏既巨富,浙人得其书,往往持而恐吓之,得所欲以去。归安令吴之荣告诸大吏,大吏右庄氏,不直之荣。之荣入京师,摘忌讳语密奏之,四大臣大怒,遣官至杭,执庄生之父及其兄廷𬭎及弟侄等,并列名于书者十八人,皆论死。其刻书、鬻书,并知府推官之不发觉者,亦坐之。发廷𬭎之墓,焚其骨,籍没其家产。所杀七十余人,而吴、潘二子与其难。方庄生作书时,属客延予一至其家,予薄其人不学,竟去,以是不列名,获免于难。二子所著书若干卷,未脱稿,又假予所蓄书千余卷尽亡。予不忍二子之好学笃行而不传于后也,故书之。且其人实史才,非庄生者流也。

寅恪案:当日风习,文士著作,其首多列显著名人"鉴定""参阅"字样,借作宣传并引为自重。如《江左三大家诗钞》中之《牧斋诗钞》,卷目下所载参订姓氏,上卷为谈允谦等,中卷为季振宜等,下卷为张养重等,即是其例。揆以牧斋此时之声望及与力田、赤溟之交谊,庄氏明书刻行,当共潘、吴列名参阅无疑。然庄书竟不载钱氏之名,必因长孺注杜,牧斋坚不肯挂名简端,至举扬子云故事为比,辞旨激烈,潘、吴遂不敢借此老之名字,以为庄氏标榜也。噫!当郑延平率舟师入长江,牧斋实预其事。郑师退后,虽得苟免,然不久清世祖殂逝,幼主新立,东南人心震动,故清廷于江浙区域特加镇压。庄氏史案之主要原因,实在于此。今日观之,牧斋与长孺虽争无谓之闲气,非老衲空门者之所应为,终亦由此得免于庄案之牵累。否则河东君又有如在黄毓祺案时,代死从死之请矣。天下事前后因果,往往有出于意料之外者,钱、朱注杜公案,斯其一证耶?论牧斋编辑《列朝诗集》尤重修史事,因并附及之。

论《列朝诗集》既竟,请略述钱柳复明之活动。今就所存材料观之,关于牧斋者不少,若多加考述,则非本文之主旨,故择其关于河东君者详言之,其他牧斋活动之主要者,稍稍涉及,聊见两人同心同志之梗概也。

河东君在崇祯甲申以前之作品,如陈卧子、汪然明及牧斋等所镌刻者,已传播一时,故声名藉甚。至弘光南都小朝廷时,河东君此期应有作品,但以关涉马、阮之故,疑为牧斋所删削不存。南都既倾覆,牧斋被黄毓祺案之牵累,赖河东君助力得以脱免,遂于顺治四年丁亥河东君三十生日时,特和东坡西台寄妻诗,遍示亲友,广事宣传。是后虽于《有学集》中间附有其篇什,如《和牧斋庚寅人日及赠黄若芷大家》等诗外,别无所见。此固由牧斋逝世,河东君即以身殉,赵管夫妇及孙爱等不能收拾遗稿所致,但亦因河东君志在复明,意存韬晦,与前此之情况迥异故也。

《牧斋尺牍(上)与王贻上四通》,其一云:

> 乱后撰述,不复编次,缘手散去,存者什一。荆妇近作当家老姥,米盐琐细,枕籍烟熏,掌薄十指如锥,不复料理研削矣。却拜尊命,惭惶无地。

其三略云:

> 八十老叟,余年几何。既已束身空门,归心胜谛。何暇复沈湎笔墨,与文人才子争目睫之短长哉?《秋柳》新篇,为传诵者攫去。伏生已老,岂能分兔园一席,分韵忘忧。白家老媪,刺促爨下,吟红咏絮,邈若隔生。无以仰副高情,思之殊惘惘也。

王士禛《感旧集》一"钱谦益"条,《卢见曾补传》引《古夫于亭杂录》云:

> 余初以诗贽于虞山钱先生,时年二十有八。

《清史列传》九《王士禛传》略云:

> 王士禛,山东新城人。顺治十五年进士。十六年授扬州府推官。圣祖仁皇帝康熙三年总督郎廷佐巡抚张尚贤疏荐其品端才敏,奉职最勤。总河朱之锡亦以委盘河库,综核精详,协助堤工,剔除蠹弊,疏荐。下部叙录,内升礼部主事。〔康熙〕五十年五月卒于家,年七十有八。

寅恪案:渔洋初以诗贽于牧斋,乃在顺治十八年。故牧斋书有"八十老叟"之语。此时距郑延平率师入长江失败后不久,牧斋实参预大木此举。《白门秋柳》一题,钱柳俱涉嫌疑,自不欲和韵,否则《秋柳》原诗即使为人攫去,亦可重抄传寄。其答渔洋之言,不过推托之辞耳。至河东君是否真如牧斋所谓"当家老姥""十指如锥""吟红咏絮,邈若隔生",亦殊有疑问。盖此时固不免多少为家务所干扰,但以当日士大夫之生活状况言,绝不致无挥毫作字之余暇,然则所谓"白家老妪,刺促纛下",仍是婉言辞谢,借以免却外间之招摇而已。呜呼!当河东君赋《金明池·咏寒柳》词时,谢象三目之为"白氏女郎"。当王贻上请其和《秋柳》诗时,牧斋目之为"白氏老妪"。二十余年间,人事之变迁如此。牧斋诗云:"杨柳风流烟草在,杜鹃春恨夕阳知。"(见《有学集》三《夏五诗集·留题湖舫二首》之二。第四章已引。)渔洋山人虽非旧朝遗老,然亦生于明季。钱柳不肯和《秋柳》诗之微意,或能有所感悟欤?

夫明南都倾覆,牧斋随例北迁,据《有学集》一〇《红豆诗二集·后秋兴八首·八月初十日小舟夜渡惜别而作》,其五云:"水击风抟山外山,前期语尽一杯间。"(并见遵王《注》本《投笔集》。)当时牧斋迫于不得已而往北京,但河东君独留南中,仅逾一岁即顺治三年秋,牧斋遂返故里。可知钱柳临别时必有预约。两人以后复明之志愿,即决定于离筵之际矣。丁亥春,黄毓祺之案,牧斋实预其事,距前此白门分手时亦不过一年有半也。

黄毓祺案牧斋虽得苟免,然复明之志仍不因此而挫折。今就牧斋作品中所能窥见者,即游说马进宝反清一事。(寅恪案:马氏于顺治十四年九月清廷诏改其名为"逢知"。见《清史列传》八〇《马逢知传》。)关于牧斋本身之活动,兹可不详引。但涉及河东君者则备论述之,以明本文宾主轻重之旨也。

今检《瞿忠宣公集》五《留守封事类》"奏为天意扶明可必,人心思汉方殷,谨据各路蜡书,具述情形,仰慰圣怀。更祈迅示方略,早成中兴伟业事"略云:

> 臣子壬午举人元锡,因臣孙于去腊离家,未知其到粤消息,遣家僮胡科探视。于〔永历三年己丑〕七月十五日自家起程,今月十六日抵臣桂林公署,赍带臣同邑旧礼臣钱谦益寄臣手书一通,累数百言,绝不道及寒温家常字句,唯有忠驱

义感溢于楮墨之间。盖谦益身在〔虎〕中,未尝须臾不念本朝,而规画形势,了如指掌,绰有成算。据言:"难得而易失者时也,计定而集事者局也。人之当局,如弈棋然。楸枰小技,可以喻大。在今日有全著,有要著,有急著。善弈者,视势之所急而善救之。今之急著,即要著也。今之要著,即全著也。"(寅恪案:顾苓《塔影园集》一《东涧遗老钱公别传》云:"以隐语作楸枰三局,寄广西留守太保瞿公。"今《有学集》中,固多观棋之作,可称隐语,然与此书之明显陈述者,绝不相类。《投笔集·后秋兴之六》第四首云"腐儒未谙楸枰谱,三局深惭厪帝思"及《后秋兴之十二》第三首云"廿年薪胆心犹在,三局楸枰算已违"。牧斋诗语即指此致稼轩书言。岂云美虽间接获知其事,而未亲见原书,遂致有此误会耶?至其列此事于黄案之前,其时间先后之讹舛,更不待辨矣。)夫天下要害必争之地不过数四,中原根本自在江南。长淮汴京,莫非都会,则宜移楚南诸勋重兵,全力以恢荆襄。上扼汉沔,下撼武昌。大江以南,在吾指顾之间。江南既定,财赋渐充,根本已固,然后移荆汴之锋,扫清河朔。其次所谓要著者,两粤东有庾关之固,北有洞庭之险。道通滇黔,壤邻巴蜀。方今吴三桂休兵汉中,三川各郡数年来非熊(指王应熊)在彼,联络布置,声势大振。宜以重兵径由遵义入川。三川既定,上可以控扼关陇,下可以掇拾荆襄。倘以刍言为迂而无当,今惟急著是问。夫弈棋至于急著,则苟可以救败者,无所不用。迩者燕京特遣恭顺、致顺、怀顺三〔逆?〕进取两粤。(寅恪案:《清史列传》七八《尚可喜传》略云:"崇德元年四月封智顺王。顺治三年八月同恭顺王孔有德,怀顺王耿仲明征湖南。"牧斋书中"智顺"作"致顺",乃音近笔误。原阙一字,今以意补为"逆"字。盖此三人者,在清为顺,在明为逆也。)因怀顺至吉安忽然缢死,故三路之师未即渡洞庭,过庾岭。然其势终不可遏,其期谅不甚远。岂非两粤最急时乎?至彼中现在楚南之劲〔敌〕,惟辰常马蛟麟为最。传闻此举将以蛟麟为先锋。幸蛟麟久有反正之心,与江浙〔虏?〕提镇张天禄、田雄、马进宝卜从善辈,皆平昔关通密约,各怀观望。此真为楚则楚胜,而为汉则汉胜也。蛟麟倘果翻然乐为我用,则王师亟先北下洞庭。但得一入长江,将处处必多响集。我得以完固根本,养精蓄锐,恢楚恢江,克复京阙。若谦益视息余生,奄奄垂毙,惟忍死盼望銮舆拜见孝陵之后,櫜弓加剑,席槀自裁等语。臣反覆披阅,虽谦益远隔万里,而彼身为异域之臣,犹知眷恋本朝,早夜筹维,思一得以图报效,岂非上苍悔祸,默牖其衷,亦以见天下人心未尽澌灭,真祖宗三百年恩养之报。臣敢不据实奏闻,伏祈皇上留意详阅,特赐鉴裁。臣缮疏方毕,适原任川湖督臣万年策自平溪卫取路黎靖来至桂林。具述虏镇马回子驻兵常德,实有反正之心。回子即名蛟麟者也。以情事度之,钱谦益楸枰三局揣摩之语,确相吻合,似非无据。岂非楚南拨云见日之时,而中兴之一大机会耶?

永历三年九月□□日具奏

据此牧斋《致稼轩书》作于顺治六年己丑之秋,其中已言及马进宝,故次年庚寅即有往金华游说马氏之事。更可注意者,即说马之举实与黄梨洲有关。黄宗羲《思旧录》"钱谦益"条(此条第四章已引,兹为便利论述,故重录之)云:

一夜余将睡,公提灯至榻前,袖七金赠余曰,此内人(自注:"即柳夫人")意也。盖恐余之不来耳。是年(指顺治七年庚寅),十月绛云楼毁,是余之无读书缘也。

《鲒埼亭集》一一《梨洲先生神道碑文》略云：

> 公既自桑海中来，杜门匿景，东迁西徙，靡有宁居。又有上变于大帅者，以公为首，而公犹挟帛书，欲招婺中镇将以南援。

黄炳垕编《黄梨洲先生年谱》中"顺治七年庚寅"条云：

> 三月，公至常熟，馆钱氏绛云楼下，因得尽翻其书籍。

寅恪案：太冲三月至常熟，牧斋五月往金华。然则受之此次游说马进宝，实梨洲所促成无疑。观河东君特殷勤款待黄氏如此，则河东君之参预劝马反清之政治活动，尤可证明也。

又金氏《牧斋年谱》"〔顺治八年〕辛卯"条云：

> 为黄晦木〔宗炎〕作书绍介见马进宝于金华。（原注："尺牍"）

金氏未言出于《尺牍》何通，但检《牧斋尺牍》中《致□□□》略云：

> 余姚黄晦木奉访，裁数行附候，计已达铃阁矣。友人陈昆良赴温处万道尊之约，取道金华，慨慕龙门，愿一投分。介恃道谊之雅，辄为绍介。晦木知必荷眄睐，先为遥谢。

寅恪案：此札乃致马进宝者。细玩其语气，介绍晦木与介绍昆良，时间相距至近，且足知两人俱是初次介绍。今检《浙江通志》一二一《职官表》"分巡温处道"栏云：

> 陈圣治，辽东锦州人。顺治十年任。
> 万代尚，辽东铁岭人。顺治十四年任。
> 孟泰，辽东辽阳人。贡士。顺治十六年任。

及《清史列传》八○《马逢知传》略云：

〔顺治〕三年,从端亲王博洛南征,克金华,即令镇守。六年,命加都督佥事,授金华总兵,管辖金衢严处四府。七年九月,奏言臣家口九十余人,从征时即领家丁三十名星赴浙东,此外俱在旗下,距金华四千余里,关山迢递,不无内顾之忧。恳准搬取。下部知之。十三年迁苏松常镇提督。

并《有学集》七《高会堂诗集》有:

丙申重九海上作。

一题及《高会堂酒阑杂咏序》末署:

〔顺治十三年〕丙申阳月十有一日书于青浦舟中。

故综合推计牧斋之介绍晦木见马进宝于金华,实在顺治十三年丙申秋季以前,马氏尚未离金华赴松江之时。至《浙江通志》列万代尚之任温处台道,始于顺治十四年者,不过因排次便利,只书年而不书月。否则,绝无元旦上任除夕解职之理也。

又徐孚远《钓璜堂存稿》一二《怀陈昆良》(原注:"时闻瞿稼轩之变")云:

嗟君万里赴行都,桂岭云深入望迂。岂意张公双剑去,却令伍子一箫孤。粤西驻辇当通塞,湖北扬旌定有无。分手三年鸿雁断,如余今日正穷途。

可见陈氏同是当时参预复明运动之人。牧斋介绍之于马进宝,必非寻常干进以求衣食者之比。惜光绪修《常昭合志稿》三一《义行门·陈璧传》仅云:

陈璧,字昆良。崇祯末尝三上书论事。不报。归隐。

寥寥数语,殊为简略。今读暗公此诗,则陈氏平生志事更可证知矣。

兹仅录牧斋作品中,庚寅夏往返金华游说马进宝之作品,并略加释证于下。《有学集》三《庚寅夏五集序》云:

> 岁庚寅之五月,访伏波将军于婺州。以初一日渡罗刹江,自睦之婺,憩于杭。往返将匝月,漫兴口占,得七言长句三十余首,题之曰《夏五集》。《春秋》书"夏五",传疑也。疑之而曰"夏五",不成乎其为月也。不成乎其为月,则亦不成乎其为诗。系诗于夏五,所以成乎其为疑也。《易》曰:"或之者,疑之也。"作诗者其有忧患乎?

寅恪案:此《夏五集》可称为第一次游说马进宝反清复明之专集。河东君参预此活动,尤为显著。读者应特加注意也。

《早发七里滩》云:

> 欲哭西台还未忍,唳空朱啄响云端。(遵王《注》本此句下有牧斋自注云:"谢皋羽《西台恸哭记》,即钓台也。其招魂之词曰:化为朱鸟兮,有啄焉食?")

寅恪案:"未忍"者,即未忍视明室今已亡之意。前论牧斋《次韵答盛集陶见赠》诗"终然商颂归玄鸟,麦秀残歌讵忍删"句及牧斋编《列朝诗集》终于"丁集"事,俱详言之,兹不更赘。涵芬楼本"忍"作"得",殊失牧斋本旨,故从遵王《注》本作"忍"。

《五日钓台舟中》云:

> 纬划江山气未开,扁舟天地独沿洄。空哀故鬼投湘水,谁伴新魂哭钓台?五日缠丝仍汉缕,三年灼艾有秦灰。吴昌此际痴儿女,竞渡谨啖尽室回。

寅恪案:此诗第七、第八两句颇不易解。以恒情论,牧斋独往金华,河东君及其女应在常熟家中,殊与"吴昌"之语不合。岂河东君及其女虽不同牧斋至金华,但仅送之至苏州,留居于拙政园

耶?俟考。检刘继庄献廷《广阳杂记》三"涵斋又言海澄公黄梧既据海澄以降,即条陈平海五策"条,其第二策云:

> 郑氏有五大商在京师苏杭山东等处,经营财货,以济其用。当察出收拿。

《清史列传》九《黄梧传》云:

> 顺治十三年七月梧斩伪总兵华栋等,率众以海澄县投诚。

延平王户官杨英《从征实录》"永历十一年丁酉五月"条云:

> 藩行令对居守户官郑官傅察算,裕国库张恢,利民库林义等稽算东西二洋船本利息,并仁义礼智信,金木水火土各行出入银两。

《明清史料丁编》三《五大商曾定老等私通郑成功残揭帖》云:

> (上缺。)万两,前往苏杭二州置买绫绸湖丝洋货,将货尽交伪国姓讫。一,顺治十二年五月初三、四等日,曾定老就伪国姓管库伍宇舍手内领出银五万两,商贩日本,随经算还讫。又十一月十一、二等日,又就伍宇舍处领出银十万两,每两每月供利一分三厘。十三年四月内,将银及湖丝缎匹等货搬运下海,折还母利银六万两,仍留四万两付定老等作本接济。

牧斋赋此诗时,郑氏之五大商尚未被清廷察出收拿。河东君之送牧斋至苏,或与此有关。夫郑氏之兴起,虽由海盗,但其后即改为经营中国南洋日本间之物产贸易。苏杭为丝织品出产地,郑氏之设有行店,自是当然之事。况河东君以贵妇人之资格,以购买物品为名,与绸缎店肆往来,暗作通海之举,可免为外人所觉察也。此说未敢自信,姑记于此,以俟更考。

《五日泊睦州》云：

客子那禁节物催,孤篷欲发转徘徊。晨装警罢谁驱去,暮角飘残自悔来。千里江山殊故国,一抔天地在西台。遥怜弱女香闺里,解泼蒲觞祝我回。

寅恪案:第四句盖与第七、第八两句相关,谓不与家人同作金华之行也。或疑"自悔来"之语,乃此行不成功之意。但据前引《马逢知传》,顺治七年庚寅九月,进宝奏请搬取在旗下之家口,可知进宝实已受牧斋游说之影响。然则牧斋此次婺州之行,亦不可谓无所成就矣。

《桐庐道中》云:

涉江无事但寻花。(自注:"兰溪载花盈舟,越人笑之。")

寅恪案:此句并自注可参下引《东归漫兴六首》之五。牧斋此行明是有事而曰"无事",《与尺二书》中"一宿无话"之"无话",遣辞用意正复相同,可发一笑也。

《留题湖舫(自注:"舫名不系园")二首》之二云:

湖上堤边舣櫂时,菱花镜里去迟迟。分将小艇迎桃叶,遍采新歌谱竹枝。(《江左三大家诗画合卷》芝麓所写"新"作"长"。)杨柳风流烟草在,杜鹃春恨夕阳知。凭阑莫漫多回首,水色山光自古悲。

寅恪案:此题二首,第四章已全引。第二首第二联亦特加论释。兹复移录第二首全文,借见牧斋此时之情感。今《江左三大家诗画合卷》,除牧斋《西湖杂感二十首》及梅村所绘图外,并有芝麓所书此诗,末署:

癸卯三月十又二日芝麓弟龚鼎孳拜题。

据此,孝升题字乃在牧斋卒前一年。若非赝作,则龚氏深赏牧斋此诗可以想见也。

《西湖杂感序》(此题序及诗皆依《江左三大家诗画合卷》牧斋自写本。其他诸本间有不同,而意义亦佳者,并附注于下,以供参考)云:

> 浪迹山东,系舟湖上。漏天半雨,夏月如秋。登登版筑,地断吴根。攘攘烟尘,天分越角。岳于双表,绿字犹存。南北两峰,青霞如削。想湖山之繁华,数都会之佳丽。旧梦依然,新吾安在。况复彼都人士,痛绝黍禾。今此下民,甘忘桑梓。侮食相矜,左言若性。何以谓之,嘻其甚矣。昔者南渡行都,憖遗南士。("士"涵芬楼本及《注》本作"市"。)西湖隐迹,返抗西山。(涵芬楼本及注本"返"作"追"。)嗟地是而人非,忍凭今而吊古。丛残长句,凄绝短章,酒阑灯灺,隔江唱越女之歌。风急雨淋,度峡落巴人之泪。敬告同人,勿遗下体,敢附采风,聊资剪烛云尔。庚寅夏五憩湖舫凡六日,得诗二十首。(诸本此句下有"是月晦日,记于塘栖道中"十字。)特倩梅村祭酒作图以为缘起,今并录之。

寅恪案:此序中"侮食相矜,左言若性"之句,出《文选》四六王元长《三月三日曲水诗序》。遵王已引,不待更释。牧斋用此典以骂当日降清之老汉奸辈,虽己身亦不免在其中,然尚肯明白言之是天良犹存,殊可哀矣。检《四库全书总目提要》一七三《别集类》"朱鹤龄愚庵小集"条云:

> [鹤龄]与钱谦益为同郡,初亦以其词场宿老,颇与倡酬。既而见其首鼠两端,居心反覆,薄其为人,遂与之绝。所作《元裕之集后》一篇,称裕之举金进士,历官左司员外郎,及金亡不仕,隐居秀容,诗文无一语指斥者。裕之于元,既足

践其土,口茹其毛,即无反噬之理。非独免咎,亦谊当然。乃今之讪辞詈语,曾不少避,若欲掩其失身之事,以诳国人者,非徒悖也,其愚亦甚云云。其言盖指谦益辈而发,尤可谓能知大义者矣。

寅恪案:牧斋之降清,乃其一生污点。但亦由其素性怯懦、迫于事势所使然。若谓其必须始终心悦诚服,则甚不近情理。夫牧斋所践之土,乃禹贡九州相承之土;所茹之毛,非女真八部所种之毛,馆臣阿媚世主之言,抑何可笑。回忆五六十年前,清廷公文往往有"食毛践土,具有天良"之语。今读提要,又不胜桑海之感也。

《西湖杂感二十首》,其二云:

> 潋滟西湖水一方,吴根越角两茫茫。孤山鹤去花如雪,葛岭鹃啼月似霜。油壁轻车来北里,梨园小部奏西厢。而今纵与空王法("与"诸本作"会"),知是前尘也断肠。

寅恪案:此首可与第四章引河东君《湖上草·西泠十首》之一"小苑有香皆冉冉,新花无梦不蒙蒙。金鞭油壁朝来见,玉佩灵衣夜半逢"两联相证发。柳赋诗在崇祯十二年己卯,钱赋诗在顺治七年庚寅。相去十二载,湖山一隅,人事变迁,已复如此,真可令人肠断也。

其八云:

> 西泠云树六桥东,月姊曾闻下碧空。杨柳长条人绰约,桃花得气句玲珑。(诸本此句下自注云:"桃花得气美人中。西泠佳句。为孟阳所吟赏。")笔床研匣芳华里,翠袖香车丽日中。今日一来方丈室,("一来"诸本作"一灯"。)散花长侍净名翁。

寅恪案：此首为河东君而作，自不待言。第七句牧斋自写本作"一来"，不作"一灯"，盖用佛典"四向"之一以指河东君。牧斋于崇祯十三年《庚辰冬答河东君半野堂初赠诗》云："沾花丈室何曾染。"竟在十年之前作此预言矣。

其十六云：

建业余杭古帝丘，六朝南渡尽风流。白公妓可如安石，苏小坟应并莫愁。戎马南来皆故国，江山北望总神州。行都宫阙荒烟里，禾黍丛残似石头。（诸本此句下有自注云："有人问建业。云吴宫晋殿亦是宋行都矣。感此而赋。"）

寅恪案：此首自伤其弘光元年五月迎降清兵之事。夫南宋都临安，犹可保存半壁江山，岂意明福王竟不能作宋高宗耶？"吴宫晋殿"乃指明南都宫阙而言，不过诡称前代之名为隐语耳。

其十七云：

珠衣宝髻燕湖滨，翟茀貂蝉一样新。南国元戎皆使相，上厅行首作夫人。红灯玉殿催旌节，画鼓金山压战尘。粉黛至今惊鼍帐，可知豪杰不谋身。（诸本此句下有自注云："见周公谨罗大经诸书，亦南渡西湖盛事。"）

寅恪案：此首以梁红玉比河东君，甚为恰当，牧斋赋诗以梁比柳者甚多。此首作于游说马进宝反清之际，其期望河东君者，更与他作泛指者不同。可惜河东君固能为梁红玉，而牧斋则不足比韩世忠。此乃人间之悲剧也。

《东归漫兴六首》，其一云：

经旬悔别绛云楼，衣带真成日缓忧。入梦数惊娇女大，看囊长替老妻愁。碧香茗叶青磁碗，红烂杨梅白定瓯。此福天公知吝与，绿章陈乞莫悠悠。

寅恪案:此首可与第四章所引《东山酬和集》二牧翁《二月十二春分日横山晚归作》及河东君《次韵诗》参照。钱柳两诗作于崇祯十四年辛巳。牧斋此诗则为顺治七年庚寅所赋,就牧斋方面言之,则地是人是而时世则非。故赋此首时,与当日只限于私人情感者,更复不同矣。

其三云:

> 棨戟森严礼数宽,辕门风静鼓声寒。据鞍老将三遗矢,分阃元戎一弹丸。戏海鱼龙呈变怪,登山烟火报平安。腐儒箧有英雄传,细雨孤舟永夜看。

寅恪案:《牧斋外集》一〇《马总戎四十序》略云:

> 今伏波犹古伏波也。予读史好观马文渊行事。

故牧斋所作关于马进宝之诗文,皆用马援之典。此首亦是其一。玩此诗之辞旨,盖怀疑进宝是否果能从己之游说以叛清复明。《华笑庼杂笔》一"黄梨洲先生批钱诗残本"条《东归漫兴》批云:

> 牧斋意欲有所为,故往访伏波,及观其所为,而废然返櫂。

可供参证也。

其四云:

> 林木池鱼灰烬寒,鸳湖恨水去漫漫。西华葛帔仍梁代,(自注:《南史》云,任昉子西华,流离不能自振,冬月著葛帔练裙。)东市朝衣尚汉官。白鹤端归无石表,("石表"遵王《注》本作"表柱"。)金鸡旋放少纶竿。旧棋解覆唯王粲,东阁西园一罫看。(自注:"过南湖,望勺园,悼延陵君而作。其子贫薄,故有任西华之叹。"寅恪案:来之有子名祖锡,字佩远。徐暗公《钓璜堂存稿》一三《吴佩远郊居(七律)》首

句云:"雅游季子已家贫。"张玄箸煌言《张苍水集》第二篇《奇零草·送吴佩远职方南访行在兼会师郧阳四首》之四结语云:"凭君驰蜡表,蚤晚听铙歌。"祖锡本末详见徐俟斋枋《居易堂集》一四《吴子墓志铭》及《吴子元配徐硕人墓志铭》并《苍水集》所附王慈撰《张忠烈公诗文题中人物考略》及陈乃乾、陈洙撰《徐暗公先生年谱》"顺治三年丙戌"条。牧斋此诗自注所指来之之子,即是佩远也。)

寅恪案:此首与下一题《感叹勺园再作》,同是为吴昌时而赋,俟于下题论之。

其五云:

水迹云踪少滞留,拖烟抹雨一归舟。虽无桃叶迎双桨,(自注:"妇嘱买婢不得。")恰有兰花载两头。古锦裹将唐百衲,(自注:"买得张老颂琴,盖唐斫也。")行官拾得宋罗睺。(自注:"宋景灵宫以七夕设摩罗睺。今市上犹鬻之。")孺人稚子相劳苦,一握欢声万事休。

寅恪案:此首第一联可与前引《桐庐道中》诗"涉江无事且寻花"句并注参读。河东君嘱牧斋买婢,而牧斋不能完成使命。揆以当日情势,江浙地域乱离之后,岂有买婢不得之理。盖旧时婢妾之界画本不甚分明,牧斋于此嫌疑之际最知谨慎。第四章引河东君依韵和牧斋《中秋日携内出游二首》之二"夫君本自期安桨"句,自注云:"有美诗云:迎汝双安桨。"今牧斋诗既用王献之故事,然则买婢不得,非不得也,乃不敢也。买琴乃为河东君,买摩罗睺乃为赵管妻。牧斋此等举动,真不愧贤夫慈父矣。

其六云:

不因落薄滞江干,那得归来尽室欢。巷口家人呼解带,墙头邻姥问加餐。候门栗里天将晚,秉烛羌村夜向阑。檐鹊噪干灯穗结,笑凭儿女话团圞。

寅恪案:此首写小别归来家人团聚之情事,殊为佳妙。牧斋性本怯懦,此行乃梨洲及河东君所促成。惴惴而往,施施而归,故庆幸之情溢于言表也。检《清史列传》八〇《马逢知传》略云:

〔顺治七年〕十一月,土贼何兆隆啸聚山林,外联海贼,为进宝擒获,随于贼营得伪疏稿,谓进宝与兆隆通往来,疏请明鲁王颁给敕印。又得伪示,称进宝已从鲁王。进宝以遭谤无因,白之督臣陈锦,以明心迹。锦疏奏闻。得旨,设诈离间,狡贼常情。马进宝安心供职,不必惊惧。

据此马氏为人反覆叵测,可以推知。何兆隆一案与牧斋金华之行,时间相距至近,两者或有关系,亦未可知。然则牧斋此行,实是冒险,河东君送之至苏,殆欲壮其胆而坚其志欤?

《感叹勺园再作》云:

曲池高馆望中赊,灯火迎门笑语哗。今旧人情都论雨,暮朝天意总如霞。(寅恪案:此联下句遵王《注》引范石湖《占雨》诗"朝霞不出门,暮霞行千里"为释,甚是。但牧斋意则以"朝霞"比建州,以"暮霞"比永历,亦即左太冲《魏都赋》"彼桑榆之末光,逾长庚之初晖"之旨,谓天意将复明也。至上句遵王已引《杜工部集》一九《秋述》一文"旧雨来,今雨不来"为释,固昔人所习知。唯今日游北京中山公园来今雨轩者,恐未必尽知耳。一笑。)园荒金谷花无主,巷改乌衣燕少家。惆怅夷门老宾客,停舟应不是天涯。

寅恪案:牧斋此行过嘉兴,感叹勺园,一再赋诗,兼寓朝政得失、民族兴亡之感,不待赘论。其实牧斋之微旨尚不止此,盖勺园者,即河东君于崇祯十三年春由杭至禾养疴之地。是年冬,牧斋至嘉兴遇惠香(当即卞玉京),河东君之访半野堂,亦预定于此时。职是之由,勺园一地乃钱柳因缘得以成就之枢纽。牧斋不惮一再赋诗,殊非偶然。今《梅村集》中关于勺园之诗,《鸳湖曲》一首最为世所传诵。读者谓其追伤旧朝亡友而已,但不知其中实隐藏与卞玉京之关系。其微旨可从原诗辞句中揣知之也。特记于此,以告世之读骏公诗者。

《婪归以酒炙饷韩兄古洲口占为侑》云:

好事何人问子云,一甘逸少与谁分。酒甜差可称欢伯,炙美真堪遗细君。大嚼底须回白首,浅斟犹忆醉红裙。(自注:"兄高年好谈风怀旧事。")晴窗饭罢摩双眼,硬纸黄庭向夕瞯。(自注:"兄家藏杨许黄庭楷书,日摹数纸。")

寅恪案:《有学集》二四《韩古洲太守八十寿序》云:

岁在旃蒙协洽,雷州太守古洲韩兄,春秋八十。余曰:"是吾年家长兄也。是吾吴之佳公子,良二千石,国之老成人也。是闳览博物之君子,海内收藏赏鉴专门名家也。"

嘉庆修《雷州府志》九《职官表》"明知府"栏载:

韩逢禧,长洲人。官生。天启元年任。

李之华。

丁纬。

范得志,七年任。

容庚君藏《兰雪斋刻定武兰亭帖》附韩氏《跋》云:

余先宗伯(寅恪案:逢禧父世能,曾任礼部侍郎。事迹见《明史》二一六《黄凤翔传》附世能传、《明诗综》五一"韩世能"条及同治修《苏州府志》八七《长洲县·韩世能传》等。)于万历甲戌曾得韩侂胄所藏《定武兰亭》,时余尚未生。及余既长,笃好法书,遂蒙见赐。临玩最久,寝食与俱。崇祯庚午又购得荣芑所藏本,二卷皆严氏物。"荣芑本"有项子京印识。今阅此本,与余所藏荣芑旧本同一手拓出,纸墨奇古,神采勃发。卷内有朱文公手题,前后亦有项子京印识,可见项氏藏物之富如此。〔天启四年〕甲子,解组归田,心厌烦嚣,复得睹此,合余藏二卷,同校于半山草庐。三卷同是定武真刻,六百余年神物,今得并来同聚一室,大是奇缘,眼福良厚矣。喜书其后。半山老人韩逢禧。(下钤有"朝延氏"印。)

又容君藏《钟繇荐季直表帖》附秋囿老民《跋》云:

韩跋各看款题志皆俗手揭去。黑纸白字名曰"黑老虎",非降龙伏虎,不能得也。

及翁同龢题诗二首,其二云:

满口娑婆不识佛,天台山鸟劝君归。何如一切都捐弃,黑老虎来为解围。(自注:"韩逢禧尝学佛,再髡而再发。入天台遇樵者,诃之曰,满口娑婆哄度日云云。册有韩印,戏及之。黑老虎乃前跋中语也。")

又容君藏《安素轩石刻中唐人书七宝转轮圣王经》附韩氏《跋》云:

此为唐相钟绍京手迹。书法悉宗右军《乐毅论》,时兼有欧、虞、褚体,正见其集大成也。纸为硬黄,烂熳七千余言,神采烨然,真世之罕物。相传鲜于困学公珍藏此卷于室中,夜有神光烛人者,非此其何物耶?长洲韩逢禧识。

唐蕉庵翰题《唯自勉斋长物志》中《书画名迹类》云:

南海吴学士荣光所刻藏宋玉石本《定武兰亭》,后有明崇正间韩太守逢禧跋云,明成国公朱篑庵旧物,与虙鸿草堂图永兴庙堂真迹九件,同时售于项氏天籁阁。此卷项氏藏印累累,凡《兰亭》所用之印,卷中无不有。其为一时所押可知。传之有绪,足为吾斋中书迹甲观。

韩氏事迹虽未能详知,但依上所引资料亦可得其涯略。牧斋此诗自表面观之,辞旨与游说马进宝之事无涉,又非汪氏游舫与湖山盛衰、家国兴亡有关者之比,似甚奇特。细思之,《夏五》一集乃赴婺说马之专集,牧斋由金华还,即以酒炙饷韩,侑以此诗。若说马之事与韩氏无关,则牧斋不应插入此题。颇疑古洲既多藏彝器字画,牧斋或取其一二与马伏波有关之假古董,以为谒见进宝之贽。及其归也,自应以酒炙相饷。又韩氏好谈风怀旧事,牧斋此次经过苏州嘉兴,韩氏必与之谈及昔年柳、卞在临顿里勺园之艳迹,故牧斋诗语戏及之。翁叔平谓古洲"再髡再发",足见韩氏亦是欲"老皈空门"而不能实行者,其人正与牧斋相类。《有学集·病榻消寒杂咏》云:"蒲团历历前尘事,好梦何曾逐水流。"不仅自咏,亦可兼咏韩氏也。

《书〈夏五集〉后示河东君》云:

帽檐欹侧漉囊新,乞食吹箫笑此身。南国今年仍甲子,西台昔日亦庚寅。(自注:"皋羽西台恸哭,亦庚寅岁也。")闻鸡伴侣知谁是,画虎英雄恐未真。诗卷丛残芒角在,绿窗剪烛与君论。

寅恪案:此首为《夏五集》全集之结论。第二句寓复明之意。第三句谓永历正朔犹存。第五句目河东君为同心同志之人。第六句用《后汉书·列传十四·马援传》援《诫兄子严敦书》中"画虎不成,反类狗者也"之语,牧斋盖疑马进宝之不可恃也。总而言之,牧斋此次金华之行,河东君为暗中之主持人,细绎此诗辞旨,更无疑义矣。

牧斋《庚寅夏五集》后一年所赋之诗,最佳最长者应推《哭瞿式耜(五言排律)》一题。本文以范围限制之故,不能全引,惟择其中有关诸句,并牧斋自注,略论述之于下。

《有学集诗注》四《哭稼轩留守相公诗一百十韵用一千一百字》略云:

> (自注:"已下叙闻讣为位之事。")伤心寝门外,为位佛灯前。一恸营魂逝,三号涕泗涟。脩门归漠漠,故国望姗姗。庚寅征览揆,辛卯应灾躔。(自注:"君生于庚寅,甲子一周而终,故引庚寅以降之词。其闻讣辛卯夏也,故引朔日辛卯之诗。皆假借使之也。")剑去梧宫冷,刀投桂水煎。(自注:"已下叙其戊辰后归田燕游之事。")拊心看迸裂,弹指省轰阗。攀附龙门迥,追陪鹤盖连。园林归绿水,屋宇带红泉。一饭常留客,千金不问田。以忙消块垒,及暇领芳妍。日落邀宾从,舟移沸管弦。丹青搜白石,杖履撰松圆。(自注:"君好藏白石翁画。于程又有师资之敬。")

寅恪案:关于钱、瞿之交谊及当日明清兴亡诸端,兹不具论。所可注意者,即河东君于崇祯十三年庚辰冬初访牧斋于半野堂,次年即崇祯十四年辛巳夏钱柳结缡于茸城舟中两大事。牧斋此诗中"舟移沸管弦"句或间接有关涉,尚难确定。若就稼轩方面言之,则《东山酬和集》中不载瞿氏篇什,此或因稼轩虽曾赋诗,但未被牧斋收录所致。今日瞿氏作品遗佚颇多,殊不易决言,揆以稼轩与牧斋及河东君之关系,如第四章论述绛云楼落成诗所引《牧斋尺牍》例之,稼轩似非如黄陶庵之不以河东君为然者,何故于钱柳因缘之韵事绝无一语道及,甚不可解。姑记此疑,以俟更考。

又,此年牧斋所赋诗当亦不少,今所存者排列先后恐有错乱。诗题有关诸人,可考见者殊不多,故只择数题列之于下。

《寄怀岭外四君四首》,其一《金道隐使君》(自注:"金投曹溪为僧")云:

(诗略。)

其二《刘客生詹端》云:

(诗略。)

其三《姚以式侍御》云:

(诗略。)

其四《咏东皋新竹寄留守孙翰简》云:

笋根苞粉尚离离,裂石穿云岭外知。祖干雪霜催老节,孙篁烟霭护新枝。紫泥汗简连编缀,青社分符奕叶垂。昨夜春雷喧北户,老夫欣赋夔龙诗。

寅恪案:前论牧斋《庚寅人日示内》诗及河东君和诗,已略及金、刘、姚三人。惟瞿翰简未及。故特录此诗全文。"翰简"者,指稼轩孙昌文而言。永历特任昌文为翰林院检讨,稼轩两疏恳辞,原文见《瞿忠宣公集》六,兹不具引。鄙意此时牧斋与永历政权暗中联络。其寄此四诗,必有往来之便邮无疑也。《赠卢子繇》云:

云物关河报岁更,寒梅逼坐见平生。眉间白发垂垂下,巾上青天故故明。老去闲门聊种菜,朋来参语似班荆。楞严第十应参遍,已悟东方鸡后鸣。

寅恪案:杭大宗世骏《道古堂集》二九《名医卢之颐传》略云:

之颐,字子繇,生明熹宗时,号晋公,又自称芦中人。父复,字不远,精于医理。《旧史》曰:陈曾薮传论之颐云,岁丙戌监国者在山阴,之颐杖策往谒,大为亲信,授职方郎。事败,跳身归里间,与旧相识者往来。门庭杂沓,踪迹不测。性又简傲,虽以医术起家,轻忽同党,好自矜贵,出入乘轩车,盛僮从,广座中伸眉抵掌,论议无所忌。识者谓必中奇祸。顷之,两目皆盲,眊眊成废人,不出户庭,而曩所交游皆断绝,诧叹一室,竟以愤懑卒。此殆天之所以保全之也。

可见牧斋此时相与往来之人,其酬赠诗章见于《有学集》者,大抵为年少尚未有盛名而志在复明之人。如晋公即是一例。其他诸人,皆可以此类推之也。

《七十答人见寿》(涵芬楼本题下有"辛卯"二字)云:

七十余生底自嗟,有何鳞爪向人夸。惊闻窸窣床头蚁,羞见彭亨道上蛙。著眼空花多似絮,撑肠大字少于瓜。三生悔不投胎处,罩饭僧家卖饼家。

寅恪案:葛万里《牧斋先生年谱》"顺治八年辛卯"条(参《有学集》六《秋槐别集·乙未小至日宿白塔寺与介立师兄夜话辛卯秋憩友苍石门院,扣问八识规矩,屈指又五年矣,感而有作二首》)云:

春游武林。夏有《哭稼轩》长篇。自记:九月避喧却贺,扁舟诣白下怀东(自注:"佟中丞。")寓。朱雀桁市嚣聒耳,乃出城,栖止长干大报恩寺,与二三禅侣优游浃月,论三宗而理八识云云。

牧斋此年秋避寿却贺,往金陵寓佟国器家。据上引《福建通志》此年佟氏任福建左布政使。至牧斋之诣金陵,怀东是否在家,尚难确知。即使在家,为时亦必不久。似此情况,牧斋与外人往还,较为便利。然终嫌其嚣聒,乃迁居大报恩寺。颇疑此中尚有待发之覆。盖当日志怀复明诸人,往往托迹方外,若此辈谒牧斋于怀东寓所者过多,则不免惹起外间惊怪,转不如竟栖止于佛寺,更为妥慎。其言与禅侣研讨内典,恐不过掩饰之辞。后来牧斋再往金陵,亦尝栖止于报恩寺,仍是为顺治十六年己亥郑延平大举攻取南都之准备也。又检许谷人浩基编《郑延平年谱》"永历七年癸巳三月张名振张煌言请师入长江"条,附《按语》云:

> 浩基按:名振与煌言凡三入长江,而未知初入长江为何年?又不知题诗祭陵为何年? 各书纪载纷歧,莫知所据。《鲁春秋》《东南纪事》俱作壬辰。《海东逸史》作癸巳。《小腆纪年》作癸巳初入长江,而甲午题诗祭陵。《台湾外纪》《海上见闻录》亦作癸巳,而未言祭陵事。《南疆绎史》《明季南略》则俱作甲午。尤有不可解者,全氏撰《苍水碑》云,癸巳冬入吴淞,明年军于吴淞,会名振之师入长江,遥祭孝陵。甲午再入长江。盖癸巳之明年即甲午也。既书明年,下复系甲午,误甚。谢山犹恍惚其词,后人更难推测矣。

假定张名振、张煌言此次率师入长江至京口之年果为壬辰者,则其前一年辛卯秋牧斋避寿至金陵似与之有关。而此年秋间牧斋所赋《京口观棋六绝句》,其六云:

> 金山战罢鼓桴停,传酒争夸金凤瓶。此日江山纤白发,一枰残局两函经。

尤可注意矣。夫牧斋不在家作生日,避往金陵,其故河东君必知之。然则牧斋此次复明之活动,河东君亦曾参预其事,可无疑也。

今检《有学集》顺治九年壬辰十年癸巳两年间皆无诗什。金氏《牧斋先生年谱》"癸巳"条云：

> 季春，游武林，复往金华。先生《伏波弄璋歌》有"百万婺民齐合掌，浴儿仍用五铢钱"等句。按：此盖劝伏波复汉也。（原注："壬辰、癸巳奔走国事，无诗。《武林观棋》及《伏波弄璋歌》，当是癸巳所作，并入《敬他老人集》者。又按：〔李〕定国退师，先生仍事联络，其志弥苦已。"）

寅恪案：金氏因此两年不见牧斋之诗，因以意取顺治十一年甲午所作《伏波弄璋歌》为癸巳年所赋，实非有确据。但牧斋于此两年间《有学集》中未录存其诗，亦必有待发之覆。据《塔影园集》一《东涧遗老钱公别传》云：

> 安西将军李定国以永历六年七月克复桂林，承制以蜡书命公及前兵部主事严栻联络东南。公乃日夜结客，运筹部勒，而定国师还。于是一意学佛，殚心教典，凡十年而卒。

《有学集》三七《严宜人文氏哀辞序》云：

> 宜人姓文氏，东阁大学士谥文肃震孟之长女，嫁兵部主事严栻，少保谥文靖讳讷之孙也。文肃忠果正直，耿然如秋霜夏日，爱其女，以为类己。文肃参大政，百日而罢。归里，逾年而卒。宜人从夫官信阳，哭其父，过时而毁，忽忽如不欲生。越九年而卒，崇祯甲申之十一月也。年四十有六。日月有时，卜葬于虞山祖茔之侧，哀子熊属其舅氏秉撰述行状来请为志，伏地哭不能起。余为感而泣下。往文肃辍讲筵归，改葬陆夫人，以丘嫂之谊，谒余为铭。今老居此世，忍复执笔而铭其女乎？宫邻金虎，感倚伏于前；左带沸唇，悼横流于后。弦么徽急，墐叹壑盈，俯仰三世，于余心有戚戚焉！殚

毫缀思,百端交集,聊为哀辞一通,以写余怀。

《常昭合志稿》二五《人物门·严栻传》(参郏抡逵《虞山画志》二"严栻"条)略云:

> 严栻,字子张,号髻珠,泽子。少颖悟,工书画篆刻,兼善骑射。登进士,(寅恪案:《本志》二〇《选举表》"进士"栏载:"严栻,崇祯〔七年〕甲戌科进士。""举人"栏载:"严栻,崇祯〔三年〕庚午科举人。")知信阳州。丁艰服阕,起为兵部主事,未赴。顺治初,大吏交荐,自以衰废固辞。卒年七十有九。

夫顾云美所记,自非虚构,可不待言。然今尚未发见他种材料可以证实顾氏之说者。检《明史》二七九《堵允(胤)锡传》略云:

> 时〔桂〕王在武冈,加胤锡东阁大学士,封光化伯,赐剑,便宜从事。胤锡疏请,得给空敕铸印,颁赐秦中举兵者。时颇议其专。

则李定国承制,以蜡书命钱、严联络东南,亦是可能。盖胤锡当日地位权势远不及定国,尚能作如是举动,何况李氏复取桂林,孔有德自杀,声威正盛之时乎?沈佳《存信编》(据朱希祖君《明季史料题跋·钞本存信编跋》所引)云:

> 永历六年〔壬辰〕冬,谦益迎姚志卓、朱全古祀神于其家。(寅恪案:《有学集》四《绛云余烬集(上)》有《朱五兄藏名酒肆自号陶然余为更之曰逃禅戏作四小诗》一题及同书四二《戏作朱逃禅小影赞》有"朝扶鸾,夕降乩"之语。未知朱逃禅是否即朱全古?附记于此,以俟更考。)定入黔请命之举。七年〔癸巳〕七月,姚志卓入贵筑行营,上疏安隆,召见

慰劳赐宴,遣志卓东还,招集义兵海上。冢宰范矿以朱全古万里赴义,题授仪制司主事。八年七月,遣内臣至厦门,册封漳国公郑成功为延平王。九年三月,简封朱全古兼兵科给事中,视师海上。先是甲午秋文安之密与全古曰:"刘〔文秀〕李〔定国〕之交必合,众志皆与孙〔可望〕离,但未知事机得失如何也。我当以冬还蜀,君可以春还〔吴〕,吴楚上下流观察形势,各靖其志。"是年春,海上有警,行营吏部尚书范矿请遣使宣谕姚志卓,遂命全古。全古还吴,转渡江,由海门至前山洲。志卓已卒。全古宣敕拜奠。丁酉入楚报命。十三年六月,延平王郑成功率师围南京。

《南疆逸史》三六《姚志卓传》云:

乙未冬,入海攻崇明,殁于阵。浙东封仁武伯。

假定沈氏之言可信,姚志卓、朱全古曾于壬辰年亲至牧斋家,则钱柳复明之举动若是活跃,其诗篇后来以避忌讳删弃,殊不足怪。《投笔集·小舟惜别》云:

北斗垣墙暗赤晖,谁占朱鸟一星微?破除服珥装罗汉,(自注:"姚神武有先装五百罗汉之议,内子尽橐以资之,始成一军。")灭损斋盐饷伏飞。娘子绣旗营垒倒,(自注:"张定西谓阮姑娘:'吾当派汝捉刀侍柳夫人。'阮喜而受命。舟山之役,中流矢而殒。惜哉!")将军铁槊鼓音违。(自注:"乙未八月,神武血战,死崇明城下。")须眉男子皆臣子,秦越何人视瘠肥?(自注:夷陵文〔安之〕相国来书云云。)

据牧斋所言,河东君捐资以助姚军,应在甲午及乙未两年间事,而牧斋以姚氏战死于顺治十二年乙未与《南疆逸史》同,唯秋冬季节稍异。是志卓之死在九、十月间,故传闻微有参差耳。

至诸本列姚氏之死于前一年,鄙意牧斋为亲预此举之人,此诗又涉及河东君,其所记之年必非误记。观前论黄毓祺案牧斋被逮之年,可以推知也。至阮姑娘者,当实是女性。汪光复《明季续闻》略云:

> 己丑秋,晋阮进太子少傅。进侄浚英义将军。阮美、阮骍、阮骥俱左都督。

又云:

> 甲午春正六日,再入京口,至观音门仪真一带,擒斩参将阮姑娘。

阮姑娘究为何人,尚待考证。但其为阮进之女或侄女,似无可疑。若非然者,张名振绝不致派一男子侍柳夫人,岂不成为河东君之面首,而牧斋亦不应以定西此语相夸也。金氏《牧斋年谱》"丙申"条以牧斋《秋兴诗》自注中之阮姑娘为阮骏,而以甲午年死于京口之阮姑娘别为一人,误矣。又牧斋"娘子绣旗营垒倒"句,自是指阮姑娘。遵王《注》引唐平阳公主事为释,此世人习知之古典,尚不足了解当日之今典也。检《钓璜堂存稿》二〇《北伐命偏裨皆携室行因歌之》云:

> 浪激风帆高入云,相看一半石榴裙。箫声宛转鼓声起,江左人称娘子军。长江铁锁一时开,旌旆飞扬羯鼓催。既喜将军挥羽入,更看素女舞霓来。挥戈筑垒雨花台,左狎夫人右酒杯。笑指金陵佳丽地,只愁难带荔枝来。

《徐暗公先生年谱》"弘光元年(自注:顺治二年)乙酉"条云:

> 冬在闽娶戴氏。

《年谱》后附录黄仲友定文《东井文钞》"书《鲒埼亭集·徐暗公

传》后"云：

> 戴氏者，从亡总兵戴某女也。与暗公善，谓暗公文弱，风涛戎马，难以自全，而其女有文武才，以妻暗公。戴戎装握刀上阵，艰危奔走，卒赖其力以免。暗公卒于潮，戴上书州守，乞负骨归葬，许之。乃与其仲子永贞扶榇归松江，与暗公前妻姚，同志相守以死。至今松江人传其戎服遗像。

寅恪案：暗公之诗似讥当日复明舟师偏裨携带眷属，致妨军事之进行者。但复据黄氏所记暗公后室戴夫人事，则知当时海上复明诸军实有能戎装握刀上阵之女性，故牧斋诗自注中之阮姑娘乃女子，而非阮骏之托名，更得一旁证矣。又牧斋诗自注引文氏书语，此书疑是永历九年即顺治十二年乙未由朱全古转致者。姚氏封号，似以温书作"仁武"者为是，若"神武"则恐因吴音相近致讹也。至金氏《牧斋年谱》谓"定国退师，先生仍事联络，其志弥苦已"，所言甚是。顾氏所谓"定国师还，于是一意学佛，殚心教典，凡十年而卒"，则殊与事实不符。云美非不知牧斋在定国师还以后之复明活动，但不欲显言之，恐招致不便耳。

顺治十一年甲午牧斋集中有二作品与马进宝有关，亦即与复明之活动有关也。《牧斋外集》一〇《马总戎四十寿序》略云：

> 大元戎马，公专征秉钺，开府婺州者七载余，而春秋方四十。四月十有三日，为悬弧之辰。予以衰老，辱知于公，礼之以函丈，申之以盟好，其能不叙次一言，以效封人之祝？

寅恪案：《清史列传》二《和硕端重亲王博洛传》云：

> 〔顺治三年〕六月围金华，七月克之。

及同书八〇《马逢知传》云：

> 〔顺治〕三年，从端重亲王博洛南征，克金华，即令镇守。

故牧斋谓马氏"开府婺州者七载余",应指自顺治三年七月至十一年四月而言也。《有学集》五《绛云余烬集(下)伏波弄璋歌六首》,其五云:

> 龙旗交曳矢频悬,绣褓金盆笑胁骈。百福千祥铭汉字,浴儿仍用五铢钱。

其六云:

> 充闾佳气溢长筵,孔释分明抱送年。授记不须寻宝志,老夫摩顶是彭笺。

寅恪案:依"摸顶"句,可知马进宝生子,牧斋亲往金华致贺。其时间当在甲午秋间,观此歌前第六题为《甲午春观吴园次怀人诗卷》及同书一七《季沧苇诗序》云"甲午中秋余过兰江"句可证。又此歌前第二题为《武陵观棋六绝句》,其第一首有"初桐清露又前期"句,其第六首有"太白芒寒秋气澄"句,是牧斋此次往金华,秋间经过杭州之一旁证也。牧斋"五铢钱"句,复明之意甚显,遵王不敢注一字。检《后汉书·列传十四·马援传》云:

> 初,援在陇西,上书言,宜如旧铸五铢钱。事下三府,三府奏以为未可许,事遂寝。及援还,从公府求得前奏难十余条,乃随牒解释,更具表言,帝从之。

则牧斋之诗,不仅表示复明之微旨,实亦采用马文渊故事也。但马氏虽"爱结纳名流",实不通文墨,牧斋之深意,彼自不能了解也。(参阮葵生《茶余客话》八"马进宝"条。)

复次,《有学集诗注五》顺治十一年甲午,十二年乙未,两年所赋之诗,与苏州有关者甚多。如《甲午十月二十夜宿假我堂,梦谒吴相伍君,延坐前席,享以鱼羹,感而有述》《〔叶〕圣野

〔襄〕携伎夜饮绿水园,戏题四绝句》《冬夜假我堂文宴诗,有序》《归自吴门,〔袁〕重其复来征诗。小至日止宿剧谈,喜而有作》《甲午仲冬六日吴门舟中,饮罢放歌,为朱生维章六十称寿》《虎丘舟中戏为张五穉昭题扇,得绝句八首,穉昭少年未娶,不肯席帽北游,故诗及之》《乙未秋日许更生扶侍太公邀侯月鹭翁于止路安卿登高莫厘峰口占二首》(寅恪案:此题可参《牧斋外集》七《翁季霖诗序》)《游东山雨花台次许起文韵》《路易公安卿置酒包山官舍即席有作二首》等题,可为例证。夫牧斋家居常熟,苏州乃省会所在,其往来经过原不足怪。但牧斋此两年间复明之活动正在暗中进行,其频繁往来于常熟、苏州,终不能使人无疑。前引《广阳杂记》谓郑成功设有商店于苏州。在顺治十三年七月黄梧降清以前,尚未被清廷觉察。牧斋之屡游苏州,或与通海之举动有关。若更取与路安卿有关之两题四律证之,益为明显矣。兹录《路易公(寅恪案:涵芬楼本亦作"易公"疑"易"乃"长"字之误)安卿置酒包山官舍即席有作二首》于下。

其一云:

绿酒红灯簇纸屏,临觞三叹话晨星。刊章一老余头白,抗疏千秋托汗青。龙起苍梧怀羽翼,鹤归华表伫仪型。撑肠魄礧须申写,放箸扣胸拉汝听。

"怀羽翼"下遵王《注》云:

唐王以违禁越奏,锢凤阳高墙。崇祯癸未,路公总漕,莅任谒凤阳祖陵,怆然念天潢子孙,赐以银米。国变后,文贞护之出至南中。乙酉,圣安北狩,郑鸿逵奉唐王入闽。七月,即帝位于福州。下诏求公。曰:振飞于朕有旧恩,今携家苏之洞庭山,有能为朕致之者,官五品,赏千金。公偕次子泽浓,间行入关。十一月,诣行,拜太子太保吏部尚书兼兵部尚书文渊阁大学士。泽浓改名太平,官职方司员外郎。丙戌三月上幸延平。公居守建宁。八月仙霞关陷,上苍皇西幸,命公视师安关。公趋赴延平与乘舆相失,航海走广州。广州复陷,依国姓于厦门。戊子六月上御极端州,手诏召公。公力疾赴命,道卒于顺德。诏赠左柱国特进光禄大夫太傅,谥文贞。荫一子中书舍人。

其二云:

霜鬓飘萧念旧恩,郎君东阁重相存。饥来美馔忘偏劝,乱去清歌记旅魂。故国湖山禾黍日,秋风宾客孟尝门。灯前战垒分吴越,范蠡船头好共论。

《小腆纪传》二四《路振飞传》略云:

路振飞,字见白,曲周人。天启乙丑进士,除泾阳知县。崇祯初,征授御史。寻出按福建。海贼刘香者,数勾红夷入犯,悬千金激励将士,于是郑芝龙等破之。八年巡按苏松。常熟奸民张汉儒讦乡官钱谦益、瞿式耜贪状,〔温〕体仁主之,坐振飞以失纠,拟旨令自陈,乃白谦益、式耜无罪,而语刺体仁。体仁益恚,激帝怒,谪河南按察司检校。

寅恪案:牧斋诗题中之"路长公"即指见白长子泽溥而言。徐嘉《顾亭林先生诗笺注》五《赠路舍人泽溥》云:

东山峙太湖,昔日军所次。奉母居其中,以待天下事。

则泽溥之久居太湖东山,不归曲周故里之心事,为亭林一语道破矣。见白以祖护钱、瞿谪官,牧斋赋诗,感念旧情,溢于言表,自是应尔。但此时牧斋之与路氏兄弟往来,恐不仅怀旧之意,实兼有政治活动。盖路氏父子与郑芝龙、鸿逵、成功兄弟父子关系密切,《牧斋尺牍(上)与侯月鹭四通》,其第二通略云:

客秋至今，一往况味，如魔如病，口不能言。手教津津，一笔描尽。《河上》之歌，同病相怜，非个中人，哪能委悉如此。桑榆之收，良有厚望。拊髀叹息，知有同心。太夫人不朽之托，已承尊命，敢复固辞？（寅恪案：今涵芬楼《有学集补》载《侯母田太夫人墓志铭》，殊多删削，盖有所避忌也。）期以长夏了此功课，并《路文贞神道碑》，次第具稿。安卿昆仲，烦为致声。

其第四通〔寅恪案：此通与《牧斋外集》二二《与路（自注："名泽溥"）书》文字全同。〕略云：

> 文贞公墓隧之碑，伏承尊委，不辞固陋，谨草勒辄简呈上。切念时世改迁，物情人事，未免多所触忤。不肖老矣，头童齿豁，一无建树。惟此三寸柔翰，悉窃载笔，不用此表扬忠正，指斥奸回，定公案于一时，征信史于后世，依违首鼠，模棱两端，无论非所以报称知己、取信汗青，其如此中耿耿者何哉！谨用古人阳秋之法，据事直书。

等札，可供参证。诸书记载路氏父子事甚多，以遵王《注》关涉振飞事较详，故附录之。（《归庄集》七《路中书家传》及同书八《路文贞公行状》两文亦皆详实，可供参证。）惟不悉钱曾所据为何种资料，若谓出于牧斋所撰《路文贞公神道碑》，则恐未当。盖见白三子长泽溥，字安卿，号苏生，又作甦生。次泽淳，字闻符。少泽浓，字吾征，唐王赐名太平，牧斋似不应误以泽浓为次子也。数百年来记载路氏兄弟诸书，殊多混淆舛讹。此点可详闵尔昌《碑传集补》三五归庄撰《路中书〔泽淳〕家传》中所附闵氏自撰《书顾亭林广师后》一文，并李桓《耆献类征》三八一金德嘉代某撰《路泽浓墓志铭》等，兹不赘辨。又金氏《牧斋年谱》"己亥"条云："冬为《路文贞公神道碑》。"未知金氏何所依据。

但牧斋《致侯性尺牍》第二通"客秋"之语,当指顺治十六年己亥秋间郑延平攻南京失败之事。然则《路碑》之作成,应在顺治十七年庚子也。俟考。

复次,《有学集诗注》六《赠侯商丘若孩四首》,其一云:

残灯顾影见蹉跎,十五年来小劫过。曾捧赤符回日月,遂刑白马誓山河。闲门菜圃英雄少,朝日瓜畴宾客多。挂壁龙渊惭绣涩,为君斫地一哀歌。

其二云:

三十登坛鼓角喧,短衣结束署监门。吹箫伍员求新侣,对酒曹公念旧恩。五岭蒙茸余剩发,九疑绵亘误招魂。与君赢得头颅在,话到惊心手共扪。

其三云:

苍梧云气尚萧森,八桂风霜散羽林。射石草中犹虎伏,戛金壁外有龙吟。梦回芒角生河鼓,醉后旌旗拂井参。莫向夷门寻旧隐,要离千载亦同心。

其四云:

橘社传书近卜邻,龙宫破阵乐章新。苍梧野外三衣衲,广柳车中七尺身。世事但堪图鬼魅,人间只解楦麒麟。相逢未办中山酒,且买黄柑醉冻春。

寅恪案:《华笑庼杂笔》一"黄梨洲先生批钱诗残本"条《赠侯商丘四首》批云:

侯性,字若孩,商丘人。在广西时,有翼戴功,封祥符侯。两粤既破,遁迹吴之洞庭山。

《小腆纪传》三六《侯性传》云:

侯性,不知何处人。永历时,以总兵衔驻扎古泥关。丁亥上幸武冈,性往来迎驾。自三宫服御,至宫人衣被,皆办。上喜,口授商邱伯。

月鹭既为商丘人,又经永历口授商丘伯,故牧斋遂以此目之。(孔尚任《桃花扇》考据引钱牧斋《有学集·赠侯商丘》一题,盖误认侯商丘为侯朝宗也。)最可注意者,第四首第一句用《太平广记》四一九引《广异集》柳毅传书故事,颇疑若孩之卜居吴中太湖之洞庭山,殆有传达永历使命,接纳徒众,恢复明室之企图。然则牧斋其以钱塘君比郑延平,而期望终有"雷霆一发"之日耶?此说未敢自信,尚待详考。尤可注意者,即牧斋于顺治十一年甲午卜筑白茆港之芙蓉庄,并于十三年丙申遂迁居其地一事。葛氏《牧斋年谱》"顺治十一年甲午"条云:

是年卜筑芙蓉庄,亦名红豆庄。

及"顺治十三年丙申"条云:

是岁移居红豆村。

金氏《牧斋年谱》"〔顺治十三年〕丙申"条云:

移居白茆之芙蓉庄,即碧梧红豆庄也。在常熟小东门外三十里。先生外家顾氏别业也。(寅恪案:《柳南随笔》五云:"芙蓉庄在吾邑小东门外,去县治三十里,白茆顾氏别业也。某尚书为宪副台卿公〔玉柱〕外孙,故其地后归尚书。庄有红豆树,又名红豆庄。"可供参考。)白茆为长江口岸之巨镇,先生与同邑邓起西、昆山陈蔚村、(原注云:"常主毛子晋。")归玄恭及松江嘉定等诸遗民往还,探刺海上消息,故隐迹于此。一以避人耳目,一以与东人往还较便利也。(寅恪案:《嘉庆一统志》七八《关隘门》云:"白茆港巡司在昭文县东北九十里。宋置寨。明初改置巡司。"并龚立本《松窗快笔》一〇"白茆"条皆可证明金氏之说。)

夫牧斋于此时忽别购红豆庄于白茆港,必非出于偶然。金氏所言甚合当日事理。所不可知者,牧斋此际何以得此巨款经营新居?岂与苏州郑氏所设之商店有关耶?俟考。

兹有可注意者,即假我堂文宴,究在何年之问题是也。《有学集诗注》五《冬夜假我堂文宴诗序》云:

嗟夫!地老天荒,吾其衰矣;山崩钟应,国有人焉。于是渌水名园,明灯宵集;金闺诸彦,秉烛夜谈,相与恻怆穷尘,留连永夕。珠囊金镜,揽衰谢于斯文;红药朱樱,感升平之故事。杜陵笺注,刊削豕鱼;晋室阳秋,镌除岛索。三爵既醉,四座勿喧。良夜渐阑,佳咏继作。悲凉甲帐,似拜通天;沾洒铜盘,如临渭水。言之不足,慨当以慷。夜乌咽而不啼,荒鸡喔其相舞。美哉吴咏,诸君既裴然成章;和以楚声,贱子亦慨然而赋。无以老耄而舍我,他人有心;悉索敝赋以致师,则吾岂败。岁在甲午阳月二十有八日,客为吴江朱鹤龄长孺、昆山归庄玄恭、嘉定侯玄泓研德、长洲金俊明孝章、叶襄圣野、徐晟祯起、陈岛鹤客。堂之主人张奕绥子。拈韵征诗者,袁骏重其。(寅恪案:重其事迹可参赵尊三经达编《归玄恭先生年谱》"永历三年即顺治六年己丑十一月袁重其骏来访"条所引资料。)余则虞山钱谦益也。

朱长孺鹤龄《愚庵小稿》九《假我堂文宴记》(寅恪案:庚辰仲春燕京大学图书馆校印本《愚庵小集》九,此文仅有牧斋诗二首之二,且第七句为"文章忝窃诚何补",与《有学集》五及《小稿》不同)云:

张氏"假我堂",待诏异度公之故居也。地逼胥关,园多胜赏。丁酉冬日,牧斋先生侨寓其中。山阴朱朗诣选二十子诗以张吴越,先生见而叹焉。维时孤馆风凄,严城柝静。怅云峦之非故,悲草木之变衰,乃命袁重其招邀同好,会宴斯堂。步趾而来者,金子孝章、叶子圣野、归子玄恭、侯子砚德、徐子祯起、陈子鹤客,并余为七人。孝章谈冶城布衣,(自注:"顾子与治。")祯起述渭阳旧事(自注:"姚子文初"),玄恭征东林本末,余叩古文源流。圣野约种橘包山,砚德期垂纶练水。辨难蜂起,俳谐间发。红牙按板,紫桂燃膏。穀豆荐而色飞,酒车腾而香冽。(燕京本"冽"作"烈"。)先生久断饮,是夕欢甚,举爵无算。顾命而言曰,昔吴中宴会(燕京本"宴"作"彦"。)莫盛于祝希哲、文征仲、唐子畏、王履吉诸公。风流文采,照耀一时。今诸君子其庶几乎?可无赋诗以纪厥盛。饮罢,重其拈韵,先生首唱〔其一〕云:"奇服高冠竟起余,论文说剑漏将除。雄风正喜鹰搏兔,雌霓应怜獭祭鱼。故垒三分荒泽国,前潮半夜打姑胥。古时北郭多才子,结隐相将带月锄。"〔其二〕云:"岁晚颠毛共惜余,明灯促席坐前除。风尘极目无金虎,(燕京本"尘"作"烟"。)霜露关心有玉鱼。草杀绿芜悲故国,花残红烛感灵胥。退耕自昔能求士,惭愧荒郊自荷锄。"翼日,余七人各次和一首,先生再叠前韵一首。次日,(燕京本"次日"作"翼日"。下同。)余七人又各次和一首,先生又每人赠诗一首。次日余七人又各次和一首。(自注:"诗多不录。")先生之诗如幽燕老将,介马冲坚。吾辈乃以羸师应战,(燕京本"应"作"诱"。)有不辙乱旗靡者哉?先生顾不厌以隋珠博燕石,每奏一章辄色喜,复制序弁其端。都人诧为美谈,好事之徒,传之剞劂。迄今未及一纪,而朗诣圣野鹤客砚德皆赴召修文,先生亦上乘箕尾矣。南皮才彦,半化烟云。临顿唱酬，空存竹树。后之君子登斯堂者，当必喟然有感于嘉会之难再也。悲夫！

寅恪案："假我堂"即在张士伟渌水园中，异度与牧斋之交谊详见《初学集》五四《张异度墓志铭》。今绎钱、朱两人所言，明是一事，而牧斋以为在顺治十一年"甲午阳月二十有八日"，长孺以为在顺治十四年"丁酉冬日"，两者相差三年。鄙意《有学集》第五卷诸诗排列先后颇相衔接，似无讹舛。或者长孺追记前事，偶误"甲午"为"丁酉"欤？俟考。至长孺记中"余叩古文源流"一语，恐非偶然。盖《有学集诗注》五《和朱长孺（七律）》自注云："长孺方笺注杜诗。"与序中"杜陵笺注，刊削豕鱼"之语符合。长孺不道及注杜事，殆有所讳，可谓欲盖愈彰者矣。一笑！

复有可附论者，牧斋顺治十一年至苏州，阴为复明活动，表面则共诸文士游宴，征歌选色，斯不过一种烟幕弹耳。今详检此时之作品中，亦有非政治性质者，如《有学集诗注》五《敬他老人集（下）题柳枝春鸟图》云：

> 婀娜黄金缕，春风上苑西。灵禽能啸侣，（寅恪案：涵芬楼本"啸"作"笑"，非。）先拣一枝栖。

此图不知何人所绘，细玩后两句之辞旨，殆与惠香公案相关涉。"灵禽"指河东君先归己身，然后可啸召女伴，如卞玉京、黄皆令辈。假定所揣测不误，此图岂是河东君所绘耶？姑附妄说于此，以资谈助。

葛氏《牧斋年谱》"顺治十二年乙未"条云：

> 冬有宝应淮阴诸诗，时三韩蔡魁吾为总漕。又自记小至日宿白塔寺，与介立师兄夜话。长干度岁，偕介丘道人同榻，有诗。

寅恪案:蔡魁吾名士英,事迹附见《清史稿》二六二其次子《蔡毓荣传》及钱仪吉纂《碑传集》六一《蔡士英传》。今检《有学集诗注》六有《宝应舟次寄李素臣年侄》《题黄甫及舫阁》《寄淮上阎再彭春西草堂》《竹溪草堂歌为宝应李子素臣作》等题,并《有学集》二六乙未嘉平月所撰之《竹溪草堂记》皆与牧斋顺治十二年乙未冬间访蔡氏于淮甸有关之作。更检《牧斋尺牍·致蔡魁吾四通》之二略云:

> 自老公祖旌节还朝,不肖弟瞻企德辉,云泥迥绝。顷者恭闻荣命,再莅长淮。岁聿云暮,未能即叩堂阶,谨裁里言,具粗币,附敝相知黄甫及便邮,奉候万福。

初视之,似与牧斋此次访蔡有关。但检《清史稿》二〇三《疆臣年表一》"总漕"栏载:

顺治十二年乙未蔡士英总督漕运。

顺治十三年丙申蔡士英。

顺治十四年丁酉蔡士英八月戊戌召。九月辛丑亢得时总督漕运,巡抚凤阳。

顺治十五年戊戌亢得时。

顺治十六年己亥亢得时七月庚辰溺死。八月癸巳蔡士英总督漕运,巡抚凤阳。

顺治十七年庚子蔡士英。

顺治十八年辛丑蔡士英病免。

则牧斋此札乃顺治十六年己亥八月以后蔡氏重任漕督时所作,与此次访蔡无关。因札中涉及黄甫及,恐读者误会,附辨之于此。总之,牧斋此行必与复明运动相涉,观《寄李素臣诗》"冠剑丁年唐进士",寄《阎再彭诗》"西向依风笑,南枝择木谋"等句,可知李、阎皆心怀复明之人。至《题黄甫及舫阁》"且试灯前一局棋",复与前引牧斋寄瞿稼轩书中所谓"棋枰三局"之意符合。由此推之,牧斋以老耄之年,奔走道途,远游淮甸,其非寻常干谒酬应之举动,抑又可知。惟钱、蔡二人之关系及何人为之介绍,今不易考。检闵尔昌《碑传集补》五九《列女》一载徐世昌撰《卢龙蔡琬传》(参《清史稿》五〇八《列女传·高其倬妻蔡〔琬〕传》及杨钟羲《雪桥诗话》三"高文良"条)云:

蔡琬者,字季玉。绥远将军卢龙蔡毓荣之女,高文良其倬之继妻也。初,吴三桂宠姬有八面观音者,与圆圆同称国色。吴亡,归毓荣,(寅恪案:此点可参奕赓撰《佳梦轩丛著》之一《东华录缀言》三"吴三桂先世"条。)生琬,明艳娴雅,淹贯群书。其倬章疏移檄,多出其手裁,号为闺中良友。(参沈归愚德潜《国朝诗别裁》三一"蔡琬"条。)其倬抚苏州,与总督〔赵芸书宏恩〕不合,卓然孤立,屡为所倾陷,尝咏《白燕诗》得"有色何曾相假借"之句,琬应声代对之曰"不群仍恐太分明"。盖规之也。琬素工诗,著有《蕴真轩小草》。沈德潜《别裁集》称其掷地有声。张裕莘《序》则谓其事姑相夫训子皆至贤孝,身处崇高,跬步守法,友爱仕恤,有古丈夫风焉。君子曰:"琬之母一吴家姬耳,而生女贤明若此,可谓出淤泥不染者矣。"诗曰:"委委佗佗,如山如河。"氏有之焉。

蔡季玉琬《蕴真轩诗钞(上)滇南为先大夫旧莅之地。四十年后,余随夫子督滇,目击胜概犹存,而大人之墓有宿草矣。抚今忆昔,凄然有感,因得八长句,用志追思之痛》,其第五首《九峰寺》云:

萝壁松门一径深,题名犹记旧铺金。苔生尘鼎疏烟歇,经蚀僧厨古木森。赤手屠鲸千载事,白头归佛一生心。征南部曲皆星散,剩有孤僧守故林。

沈确士选此诗,评云:

> 绥远将军平吴逆后,随获谴谷,归空门以终。(又杨子勤先生亦引毓荣犹子蔡若璞班守《素堂集·重经香界寺》诗,以证"白头归佛"之句。)

寅恪案:今检《蕴真轩诗钞》,惟此《滇南八律》最佳,其余诸诗皆未能及。盖具真感情也。假定季玉母实为吴月所之宠姬者,则与陈畹芬同是一流人物。仁庵之获谴,与此点有关(可参《清史列传》七及《清史稿》二六二《蔡毓荣传》),故季玉于滇南感旧诸诗,言之犹有隐痛焉。夫八面观音与畹芬俱在昆明平西王邸第,畹芬又曾与河东君同居苏州之临顿里。时越数十年,地隔数千里,可云似同而实异也。然八面观音独能生此季玉,通文艺,工政事,颇与河东君相仿佛。仁庵白头归佛,复与牧斋之老归空门相类似,殆所谓异中有同、同中有异者耶?吾人今日读旧时载记见钱柳之婿赵管既不如高章之,管妻复更不及蔡季玉,则不暇为蔡仁庵及八面观音羡,而深为钱柳之不幸悲也。综合上引材料,足知蔡氏一门,虽源出明代辽东降将,然汉化甚高。牧斋与魁吾之往来颇密,实有理由。故钱、蔡之关系与钱、佟(国器)之关系,约略相似,而与钱、马(进宝)之关系大不同也。

复次,牧斋顺治十二年乙未冬间访蔡魁吾于淮甸,其诗什所涉及诸人之中,唯李素臣与黄甫及,须略论之于下。

《有学集》六《宝应舟次寄李素臣年侄》云:

> 冠剑丁年唐进士。

同书一八《李黼臣甲申诗序》云:

> 〔黼臣〕以书生少年,当天崩地坼之时,自以受国恩,抱物

耻,不胜枕戈跃马之思。其志气固已愤盈喷薄,不可遏抑矣。

同书二六《竹溪草堂记》略云:

李子薄游燕赵,凭吊陵市,毁车束马,结隐挫名。览斯山也,陵阜延亘,草木蒙笼,部娄隐蔽,岂其上有许由冢乎?临斯湖也,朝而浴日焉,夕而浴月焉,咸池丹渊,犹在吾池沼乎?乙未嘉平月记。

《渔洋感旧集》四"李藻先"条云:

藻先,字黻臣,江南宝应县顺治丁酉举人,右通政茂英之子。有《甲申诗》《湖外吟》《南游草》。

后附案语云:

是科江南场屋弊发,按验得白者,藻先及陆其贤、沈旋三人而已。龚芝麓赠诗云:"名成多难后,心白至尊前。"(寅恪案:孝升此诗见《定山堂诗集》一三《送李素臣孝廉归宝应四首》之一。)

道光修《宝应县志》一六《李茂英传》略云:

李茂英,字君秀,万历三十九年进士。(寅恪案:"九"为"八"字之误。盖万历三十九年无会试故也。又牧斋乃万历三十八年庚戌进士,其诗题称李素臣为"年侄",更可证知牧斋与君秀为同年矣。)子藻先,字素臣,顺治〔十四年〕丁酉举于乡。科场难起,按验得白者三人,藻先其一也。

寅恪案:李藻先为明室故家。依上引资料,则其人亦是有志复明者。但后来变节,恐亦与侯朝宗同类,皆不得已而为之者耶?(可参第四章引《壮悔堂文集》所附侯洵撰《年谱》"顺治八年辛卯"条及所论。)至素臣是否与蔡魁吾有关,尚待详考。《有学集诗注》二《秋槐支集·己丑岁暮宴集连宵,于时豪客远来,乐府骈集,纵饮失日,追欢忘老,即事感怀,慨然有作,凡四首》云:

> 风雪填门噪晚鸦,偏偏书剑到天涯。何当错比扬雄宅,恰似相逢剧孟家。夜半壮心回起舞,酒阑清泪落悲笳。流年道尽哪堪伐,却喜飞腾莫景斜。
>
> 送客留髡促席初,履交袖拂乐方舒。酒旗星上天犹醉,烛炬风敲岁旋除。霜隔帘衣春盎盎,月停歌板夜徐徐。舣船莫惜频频劝,已是参横斗转余。
>
> 风光如梦夜如年,如此欢娱但可怜。曼衍鱼龙徒瞥尔,醉乡日月故依然。漏移惊鹤翻歌吹,霜压啼乌杀管弦。曲宴未终星汉改,与君坚坐看桑田。
>
> 扶风豪士罄追欢,楚舞吴歌趁岁阑。银箭鼓传人惝恍,金盘歌促泪汍澜。杯衔落日参旗动,炬散晨星劫火残。明发昌门相忆处,两床丝竹夜漫漫。

同书同卷《蜡日大醉,席上戏示三王生,三生乐府渠帅,吴门白门人也》诗云:

> 美人杂坐酒盈觞,雪虐风饕避画堂。卒岁世犹存八蜡,当场我自看三王。兰膏作树昏如昼,竹叶生花醒亦狂。大笑吴呆愁失日,漫漫长夜复何妨。

寅恪案:牧斋于顺治六年己丑春得免于黄案之牵累,被释还家。是年冬,忽有此盛会,甚可注意。初读此两题,亦不知"豪客"及"扶风豪士"所指为何人,又不解吴门、白门乐府渠帅之三王生何以忽于此际骈集牧斋之家,作此慰劳之举。后检《有学集》二三《黄甫及六十寿序》及同书二六《舫阁记》,并杜于皇《变雅堂诗集》二《书黄甫及册子因赠(七古)》、龚芝麓《定山堂集》六

《赠黄甫及和〔陈〕百史册中韵（五律）》等，始豁然通悟钱文及杜、龚诗，即牧斋此两题之注脚。又检计用宾六奇《明季南略》四所载"黄澍笏击马士英背"条及"黄澍辩疏"条附记等。取与上列诸诗文参较，更得推知牧斋己丑岁暮及蜡日诗之本事矣。

兹录诸材料于下，并稍加诠释，或可借是勘破此重公案欤？牧斋《记》略云：

> 黄子甫及谢监军事，退居淮安，于其厅事之左，架构为小楼，颜之曰"舫阁"，而请余为记。淮为南北孔道，使车游展，过访黄子者，未尝不摄衣登阁，履齿相蹑，皆相与抚尘拂几，饮酒赋诗，如高斋砥室，流连而不忍去。尝试穴窗启棂，旋而观之，淮阴垂钓之水，漂母之祠，跨下之桥，遗迹历然，栏槛之下，可指而数也。又遥而瞩之，长淮奔流，泗水回复，芒砀云起之地，钟离龙飞之乡，山河云物，前迎后却，枌榆禾黍，极目骋望，未尝不可歌而可泣也。黄子坐斯阁也，伊吾谷蠡，鸣横剑之壮心，得无有猎猎飞动者乎？宿昔之筹边说剑，骨腾肉飞，精悍之色，犹在眉宇间。固将如浮云、如昔梦，释然而无所有矣。客有笑于旁者曰："昔者韩淮阴贫行，乞食俛首，为市人所姗笑。及其葬母，则曰度其傍可置万家。今黄子架阁，如鸡窠鹊巢耳，以酒炙啖过客，使载笔而书之，如楚之岳阳、黄鹤，又抉摘欧阳公之文以为口实。淮阴人好大言，多夸诩，自秦、汉以来，其习气犹未艾乎？"黄子笑曰："夫子之言，则高矣美矣；客之揶揄，亦可供过客一解颐也。请书之以为记。"

牧斋《序》云：

> 余尝谓海内多故，非纤儿腐儒可倚办，得一二雄骏奇特非常之人，则一割可了。兵兴以来，求之弥切，而落落不可见。

既而思之,召云者龙,命律者吕。今吾以媮懦迟缓蚩蚩横目之民,而访求天下雄骏奇特非常之人,翳雉媒而求龙友,其可几乎！己丑之冬,逼除闭户,黄君甫及自金陵过访。寒风打门,雪片如掌。俄为余张灯开宴,吴下名娼狡童,有三王生,取次毕集。清歌妙舞,移日卜夜。酒酣耳热,衔杯忾叹,余击壶诵《扶风豪士歌》,赋四诗以纪事。余自此眼中有一人矣。甫及自金陵归淮安,余再过其居,疏窗砥室,左棋右书,庭竹数竿,自汲水灌洗,有楚楚可怜之色。名刺谒门,宾从填塞。轩车之使,弹铗之客游闲沦落之徒,奔趋望走,如有期会。甫及通行为之亭舍,典衣裘、数券齿,倾身僇力,皇皇如也。太史公称郑当时置驿马,请谢宾客,夜以继日,其慕长者,如恐不称。甫及庶几似之。客或谓余："是何足以名甫及。甫及以身许国,持符节、监军事、磨盾草檄、传签束伍,所至弭盗贼、振要害,风雷雨雹,攫拿发作于指掌之中。一旦束身谢事,角巾归里,削铓逃影,窜迹毡裘毳衣中,眉睫栩栩然不可辨识,是何足以名甫及哉！"余观骊山老姥《三元甲子》《阴符秘文》,知天地翻覆,木生火克之候,士之乘杀机而出者,往往倏忽闪现,使人不得见其首尾。陆放翁纪靖康城下之役,姚平仲乘青驴走数千里,隐于青城山。而南渡后如张惟孝、龙可、赵九龄之流,所举不就,安知其不遁迹仙去,如其不去,则毁车杀马,弃甲折箭,出入市朝,相随斗鸡走狗间,人固不得而物色之也。季咸有言："子之先生不齐,吾无得而相之。"余何以相甫及哉？明年二月,甫及六十初度之辰也。江淮之间,俊人豪士、从甫及游者,相与烹羊系鲜,合乐置酒。于时风物骀荡,草浅弓柔。长淮汤汤,芒砀千里,览淮阴钓游之迹,咏圣予鱼腹之篇,殆必有踟蹰迎却、相顾而不舍然者。于是相与谋曰："知甫及者,莫如

> 虞山蒙叟,盍请一言,申写英雄迟暮之意,为甫及侑一觞乎?"余自顾常人也,何足以张甫及者?授简阁笔,茫然自失者久之。众君子闻而笑曰:"吾辈举常人也则已,果以为非常人也,则何以敛眉合喙而乞言于叟?叟之善自誉也,亦侈矣哉!有酒如淮,请遥举大白以浮叟,而后更起为甫及寿。"笑语卒获而罢。

于皇《诗》云:

> 杜陵寂寞将欲死,刘郎赠我淮南子。淮南为人卓且真,磊落不染半点尘。读书一目数行下,说剑凛凛如有神。云霄不垂韩信钓,徐泗正与黄公邻。桥边堕履臭味合,台上落帽风致亲。如此之人恨不相逢早,吴宫未埋幽径草,京都繁华未销歇,健儿身手各未老。于今万事皆雨散,才士相看唯有叹。虽然才士变化乌得知,学仙学佛犹尔为。

芝麓诗四首之一云:

> 畴昔金门地,盈庭谇妇姑。子云犹戟陛,东观已钳奴。(自注:"黄子宦燕邸时,予正得罪系司败狱。")江海孤蓬合,兵戈万事殊。浮踪耽胜晚,经乱郁为儒。

用宾"黄澍笏击马士英背"条云:

> 黄澍,字仲霖,徽州人。丙子举浙闱,丁丑登进士,授河南开封推官,以固守功,擢御史,巡按湖广,监左良玉军。甲申弘光立。六月二十日丙子,澍同承天守备太监何志孔入朝,求召对。既入见,澍面纠马士英权奸误国,泪随语下,上大感动。

又"黄澍辩疏"条后《附记》云:

乙酉,大兵下徽州,闽相黄道周拒于徽州之高堰桥。自晨至暮,斩获颇多。澍以本部邑人,习知桥下水深浅不齐,密引大清骑三十,由浅渚渡,突出闽兵后,骤见骇甚,遂溃。徽人无不唾骂澍者。后官于闽,谋捣郑成功家属,以致边患,遂罢。

依以上诸材料及通常名与字号之关系,可以推知黄甫及即黄仲霖澍。甫及之称,殆黄澍后来所自改也。又芝麓诗自注"黄子宦燕邸时,予正得罪系司败狱"。据《定山堂诗余·菩萨蛮·〔崇祯十六年癸未〕初冬以言事系狱》及《万年欢·〔崇祯十七年甲申〕春初系释二题》,足知芝麓以劾时宰下狱之时,正仲霖在京任御史之日也。牧斋《序》之"持符节监军事"即用宾文中之"监左良玉军"。钱《序》云"一旦束身谢事,角巾归里,削铓逃影,窜迹毡裘毳衣中,眉睫栩栩然不可辨识",疑即计氏《附记》中所言乙酉年澍密引清骑,由浅渚渡水,击溃黄道周之师于徽州高堰桥之事。此等材料,更可证明黄甫及即黄澍也。

于皇《诗》谓甫及"云霄不垂韩信钓,徐泗正与黄公邻。桥边堕履臭味合,台上落帽风致亲",似黄氏在明南都倾覆后,复入满人或降清汉人之幕。钱《诗》云"夜半壮心回起舞,酒阑清泪落悲笳"及"曲宴未终星汉改,与君坚坐看桑田"。并《记》中所云:"黄子坐斯阁也,伊吾谷蠡,鸣横剑之壮心,得无有猎猎飞动者乎?宿昔之筹边说剑,骨腾肉飞,精悍之色,犹在眉宇间。"则甫及虽混迹满人或降清汉人幕中,似仍怀复明之志。又牧斋序文中言甫及于"己丑之冬,自金陵过访。俄为余张灯开宴,吴下名娼狡童,有三王生,取次毕集。清歌妙舞,移日卜夜",是甫及之后面,必有强大势力为之支拄,使能作此盛会。且此盛会除慰劳牧斋外,必别有企图也。兹再略引史料,试论之于下。

《清史列传》七八《贰臣传(甲)张天禄传》略云:

张天禄,陕西榆林人。明末与弟天福以义勇从军,积功至总兵官。福王时,大学士史可法督师,为瓜州前锋,驻瓜州。本朝顺治二年五月,豫亲王多铎下江南,福王就擒,天禄及天福率所部三千人随忻城伯赵之龙迎降。豫亲王令以原官随征,后隶汉军正黄旗。时,明佥都御史金声家居休宁,受唐王聿键右都御史兼兵部侍郎,纠乡勇十余万据徽州。贝勒博洛遣都统叶臣往剿,天禄从。十月,偕总兵卜从善、李仲兴、刘泽泳等由旌德县进,连破十余寨。至绩溪县,生擒声及中军吴国祯等,谕降不从,斩于军。徽州平。十二月,明唐王大学士黄道周率兵犯徽州。天禄击斩其将程嗣圣等十余人,擒总兵李管先等。三年正月,大败道周兵于婺源,擒黄道周,谕降不从,斩之。二月,加都督同知,授徽宁池太总兵官。五月,赐一品冠服。四年四月,授江南提督。五年三月,叙投诚功,授三等轻车都尉。八年五月,晋三等子爵。九年十月,海贼围漳州,天禄奉命赴闽援剿。抵延平,会都统金砺已解漳州围,天禄留驻延平,剿各山贼。十一年,明鲁王定西侯张名振由浙江犯崇明,天禄驰还松江,调将出洋扑剿。正月,夺稗沙老营,追至高家嘴。名振遁入浙,寻乘潮突犯吴淞深淘港,伤兵焚船。天禄坐是降三级,戴罪剿贼。十二年,总督马明佩以深淘港告警时,多失炮械及舟师三百余,天禄匿不报,疏劾之。而闽浙总督佟泰亦奏自洋逃回兵称,天禄与名振通书诏。并下刑部讯,通书无据,以隐匿罪革提督,降子爵为三等轻车都尉。十六年卒。

《小腆纪年附考》一一"顺治二年乙酉九月我大清兵克绩溪,明右都御史右侍郎金声等死之"条略云:

声起兵后,拜表闽中,王命中书童赤心,授声右都御史,兵部右侍郎,总督南直军务。遂拔旌德、宁国诸县。王师攻绩溪,江天一登陴守御,间出迎战,杀伤相当。降将张天禄以少骑牵制天一于绩溪,间道从新岭入,守岭者先溃。是月二十日,徽故御史黄澍诈称援兵,声见其著故衣冠,而发未剃也。信之。城遂破。声被擒。

同书同卷"我大清兵克徽州明推官温璜死之"条略云:

璜既闻金声败,方严兵登陴,而黄澍已献城矣。

同书同卷"十二月壬寅(二十四日)明督师黄道周败绩于婺源,遂被执"条略云:

秋九月,道周至广信府,闻徽州破。婺源令某者,亦门人也,伪致降书,道周信之,决计深入。十二月,进兵至童家坊。遂前次明堂里,仅三百人,马十四,粮三日。壬寅天微曙,我提督张天禄(原注:"考曰天禄本史阁部将。")率兵猝至,道周挥赖继谨等督师鏖战,参将高万荣请引兵登山,凭高可恃。正移师间,骑兵从间道突出,(可参上引计氏《明季南略》"黄澍辩疏"条附记。)箭如雨,从者俱散。道周曰:"吾死此矣!"遂被执。

据此,则甫及自顺治二年乙酉降于张天禄,又助其杀害金声、温璜、黄道周等,疑必常依傍张氏。仲霖既怀归明之意,而张氏于顺治四年四月任江南提督后,既如上引《瞿忠宣公集》五《留守封事》所云:

彼中现在楚南之劲〔敌〕,惟辰常马蛟麟为最,传闻此举(寅恪案:"此举"指清兵将进取两粤事。详见上引)将以蛟麟为先锋。幸蛟麟久有反正之心,与江浙〔虏〕提镇张天禄、田雄、马进宝、卜从善辈,皆平昔关通密约,各怀观望。此真为楚则楚胜,而为汉则汉胜也。

则天禄为当日降将中"关通密约,各怀观望"之一,可知其本为明总兵官,又曾在史可法部下,自亦具有反清之志者。此点于其后来被劾与张名振通书诏事,虽云无据,仍足证明其非真能忠于建州也。由是言之,己丑岁暮,张天禄令黄澍至牧斋家作此联络,乃必然之举动。盖斯为明末清初降于建州诸汉人,每怀反覆之常态也。

兹有一问题,即此次牧斋家中之宴集,张天禄是否与黄澍同来?牧斋诗文引用李太白《扶风豪士歌》(见《全唐诗》第三函李白六)之"扶风豪士"以比拟己丑岁暮远来其家之"豪客"。此"豪客"究为何人?或谓后魏曾置扶风郡于安徽境,(见《魏书》一○六中《地形志》载:"霍州扶风郡治乌溪城。")与甫及之著籍安徽有关,故牧斋取以指黄氏。此说亦可通。但张天禄为陕西人,自较仲霖更为适切于"扶风豪士"之称号。故不能不疑张氏亦曾与黄氏同来,不久即离去也。未敢决言,姑附记于此,以俟更考。至牧斋己丑岁暮诗题,所以不欲明著张氏及黄氏之姓名,必因当时尚有避忌,与后来作《甫及寿序》及《舫阁记》时情势大异,自可著仲霖之姓及别字。此可取与牧斋顺治十四年作《梁慎可母寿序》,不讳言河东君曾寄居雕陵庄之事,相参证也。

又谈迁《枣林杂俎仁集·逸典类》"黄澍"条云:

歙人黄澍年少轻悔,作叶子格,品第宗妇之貌,见忤于族,走杭州,通籍郡庠。丙子举于乡,明年成进士,授开封推官。壬午御流寇,开渠转粟,河水秋溢,因灌汴城,祸自渠始。又搜民间藏粟并金钱夺之,汴人切齿。内召,先帝面问开渠者谁也?委之流寇。利口迅舌,人莫能难。以御史按楚,未及瓜,遽入朝,意觊开府,借马士英为市。盖平贼将军左良玉嗛马氏,故大言清君侧之恶。辄示人良玉手书,挟重镇劫之。其廷攻也,一言一涕,甚倾宸听。士英伏阶下愧死。澍退,捐九万金助饷,自云世橐。高相国〔弘图〕问予,彼卓郑也哉?予曰,否,否。彼补杭郡诸生,父为人管质库,小才贪诈,不足信也。澍还按楚,士英阴遣人购良玉,而澍孤矣。寻免其官,畏祸匿良玉所,女归其子。按臣通婚本镇,向未之有也。明年,左氏称兵犯阙,荡覆我公室,虽士英之罪擢发难数,而谁生厉阶,至今为梗?哀哉!

寅恪案:依上引材料及孺木此条所载,黄氏人品如此卑劣,为当时所鄙弃。牧斋之不著其名,此亦是别一原因也。

复次,牧斋以姚平仲比甫及。平仲事迹见《宋史》三三五《种师道传》及《庶斋老学丛谈》中卷上"姚将军靖康初以战败亡命"条等,并陆放翁《剑南诗稿》七《寄题青城山上清宫》诗。

陆诗及序云:

> 姚将军靖康初,以战败亡命。建炎中,下诏求之不可得。后五十年,乃从吕洞宾、刘高尚往来名山,有见之者。予感其事,作诗寄题青城山上清宫壁间。将军倘见之乎?
>
> 造物困豪杰,意将使有为。功名未足言,或作出世资。姚公勇冠军,百战起西陲。天方覆中原,殆非一木支。脱身五十年,世人识公谁。但惊山泽间,有此熊豹姿。我亦志方外,白头未逢师。年来幸废放,倘遂与世辞。从公游五岳,稽首餐灵芝。金骨换绿髓,欻然松杪飞。

寅恪案:牧斋之意,岂谓与黄氏共谋复明,若事败,则可与之同游五岳,如放翁欲从平仲之比耶?

综观上所引述,可知牧斋自顺治六年己丑冬至顺治十二年乙未冬赋《题黄甫及舫阁》诗时(见《有学集》六《秋槐别集》)与仲霖之关系迄未中断。

牧斋诗云：

> 文练萦窗香篆迟,舫斋恰似舣舟时。垂帘每读淮阴传,卷幔长怀漂母祠。落木云旗开楚甸,夕阳日珥抱钟离。鄂君绣被歌谁和,且试灯前一局棋。

此诗之典故及辞旨与《舫阁记》颇多类似,应为同时所作。第六句"夕阳日珥抱钟离"及第八句"且试灯前一局棋"尤可注意。盖牧斋此次访蔡魁吾并与李素臣、黄甫及等作此联络,乃一局棋中之数著,未可分别视之也。

复次,康熙修《徽州府志》九《选举志上·科第门》"明崇祯九年丙子乡试"栏(可参《结邻集》六"黄澍"条下注"仲霖次公劬庵浙江钱塘籍,江南休宁人"等语)载：

> 黄澍,字次公,休宁龙湾人,钱塘籍,〔崇祯十年〕丁丑进士。为文有奇气,落笔千言,出入秦汉,不假思索。历御史,入国朝,至福建副使。

可取与上引《明季南略》四"黄澍辩疏"条《附记》所言"后官于闽,谋搤郑成功家属,以致边患,遂罢"等语相参证。

牧斋此次游淮访蔡,竟至归途留滞,在金陵度岁,可见其负有重大使命,观《有学集诗注》六《长干送松影上人楚游,兼柬楚中郭尹诸公二首》,时嘉平二十四年(寅恪案："年"应作"日")。其一云：

> 吴头楚尾一军持,断取陶轮右手移。四钵尚擎殷粟米,七条还整汉威仪。毗蓝风急禅枝定,替戾声残咒力悲。取次庄严华藏界,护龙河上落花时。

其二云：

孤篷微霰浪花堆,眉雪茸茸抖擞来。跨海金铃依振锡,缘江木柹衬浮杯。九疑旭日扶头见,三户沉灰按指开。唤起吕仙横笛过,岳阳梅柳蚤时催。

《乙未除夕寄内》云:

赪尾劳劳浪播迁,长干禅榻伴僧眠。鱼龙故国犹今夕,鸡犬新丰又一年。瓦注腊醅村舍酒,柴门松火佛前钱。团围儿女应流涕,老大家翁若个边。

《长干偕介邱道人守岁》云:

明灯度岁守招提,去殿宫云入梦低。怖鸽有枝依佛影,惊鸟无树傍禅栖。塔光雪色恒河象,天醒霜空午夜鸡。头白黄门熏宝级,香炉曾捧玉皇西。

寅恪案:松影游楚,当与前引沈佳《存信编》文安之告朱全古"吴楚上下流观察形势"之语有关。否则值此岁暮,似无急急首途之理。介邱乃髡残之字,即明画家石溪也。《小腆纪传》五九《髡残传》略云:

髡残,字介邱,号石溪,武陵刘氏子。至白门,遇一僧言已得云栖大师为剃度,因请大师遗像,拜为师。返楚,居桃源某庵,久之,忽有所悟,心地豁然。再往白门,谒浪杖人,一见皈依。所交游皆前朝遗逸,顾炎武其一也。

至《与介邱守岁》诗末二句,初未能确定其辞意所在,后检《有学集诗注》八《长干塔光集·丁酉仲冬十有七日长至礼佛大报恩寺,偕石溪诸道人燃灯绕塔,乙夜放光应愿欢喜,敬赋二十韵记事》诗,有"科头老衲惊呼急,秃袖中官指顾详"两句,则"黄门"当作宦者解。足见与石溪诸道人同在大报恩寺者,亦有中官。疑大报恩寺曾有皇帝亲临降香之事,此皇帝或即福王,亦未可知。此类宦者,殆为先朝所遗留者耶?遵王《注》以"黄门"为给事中,似认介邱曾任桂王之给事中,恐非。盖今无载记可以证明也。诸居寺中之明室遗民,虽托迹方外,仍不断为恢复之活动。牧斋与此类遗民亲密如是,必有待发之覆。其除夕寄河东君诗,隐藏此次报国忘家之旨。当时河东君亦必参预斯事,而谅其不能还家度岁与儿女团圞之苦心也。

夫牧斋于顺治十二年乙未既在金陵度岁,十三年丙申及十四年丁酉又连岁来往虞山、金陵之间,则其与金陵之密切关系必非仅限于游览名胜、寻访朋旧而已。《牧斋尺牍(上)与吴梅村三通》之三"论社"略云:

> 顷与阁下在郡城晤言,未几遽分鹢首,窃有未尽之衷,不及面陈。比因沈生祖孝雪樵、魏生耕雪窦、顾生万庶其三子,欲进谒门下之便,敢以其私所忧者,献于左右。三子者,李翱、曾巩之亚,今世士流,罕有其俦。而朴厚谨直,好义远大,可与深言。

寅恪案:牧斋于此三人,可谓极口赞誉。沈、顾两氏,兹姑不论。唯魏耕者,实与牧斋之频繁往来金陵有关,请略述之于下。

《鲒埼亭集》八《雪窦山人坟版文》(可参杨大瓢〔宾〕《杂文残稿·祁奕喜李兼汝合传》及《魏雪窦传》等。杨氏所记,虽较详备,但不言及白衣致书延平请率舟师攻取南都之计划,故兹从略)略云:

> 雪窦山人魏耕者,原名璧,字楚白。甲申后改名,又别名甦,慈溪人也。世胄,顾少失业,学为衣工于苕上,然能读书。有富家奇其才,客之,寻以赘婿居焉,因成诸生,国亡,弃去。先生所交皆当世贤豪义侠,志图大事。与于苕上起兵之役,事败,亡命走江湖,妻子满狱弗恤也。久之,事解,乃与归安

钱缵曾居苕霅。闭户为诗,酷嗜李供奉。长洲陈三岛尤心契之。东归,游会稽,有张近道者,好黄、老、管、商之术,以王霸自命。见诗人则唾之曰,雕虫之徒也。而其里人朱士稚与先生论诗,极倾倒。近道见之,亦辄痛骂不置。然三人者,交相得。因此并交缵曾、三岛,称莫逆。先生又因此与祁忠敏〔彪佳〕公子理孙、班孙兄弟善,得尽读"淡生堂"藏书,诗日益工。久之,先生又遣死士致书延平〔郑成功〕,谓海道甚易,南风三日可直抵京口。己亥延平如其言,几下金陵,已而退军。先生复遮道留张尚书〔煌言〕,请入焦湖,以图再举。不克。是役也,江南半壁震动。既而闻其谋出于先生。于是逻者益急。缵曾以兼金贿吏,得稍解。癸卯有孔孟文者,从延平军来,有所求于缵曾,不餍,并怨先生,以其蜡书首之。先生方馆于祁氏,逻者猝至,被执至钱塘,与缵曾俱不屈以死,妻子尽殁,班孙亦以是遣戍。初,诸子之破产结客也,士稚首以是倾家,近道救之,得出狱,而近道竟以此渡江遇盗而死。己亥之役,三岛亦以忧愤而死。真所谓白首同归者矣。先生之居于苕上,为晋时二沈高士故山,故有"息贤堂",因名其集曰《息贤堂集》。

同书《外编》四四《奉万西郭问白衣息贤堂集书》略云:

按白衣原名璧,字曰楚白。后改名耕,别字白衣。又改名更,称雪窦山人。白衣少负异才,性轶荡,傲然自得,不就尺幅。山阴祁忠敏公器之,为遍注名诸社中。既丁国难,麻鞋草屦,落魄江湖,遍走诸义旅中。当是时,江南已隶版图,所有游魂余烬,出没山寨海槎之间,而白衣为之声息。复壁飞书,空坑仗策,荼毒备至,顾白衣气益厉。癸卯以海上降卒至,语连白衣。白衣遁至山阴,入梅里祁氏园。时,忠敏子班孙谋募死士为卫,间道浮海,卒为踪迹所得。缚到军门,抗词不屈,死于会城菜市。

寅恪案:魏氏为顺治十六年己亥郑延平率舟师攻南京之主谋者,今检牧斋著述中,除上引《与吴梅村尺牍》外,尚有《有学集诗注》五《敬他老人集》顺治十一年冬在苏州所赋《赠陈鹤客兼怀朱朗诣》一首云:

> 雀喧鸠闹笑通津,横木为门学隐沦。名许诗家齐下拜,姓同孺子亦长贫。风前剪烛尊无酒,雪后班荆道少人。却忆西陵有羁客,荒鸡何处警霜晨。

据全谢山所撰《魏氏坟版文》,陈三岛、朱士稚与魏氏关系密切,则牧斋此诗题中虽不涉及魏氏,要是间接亦与魏氏有联系之一旁证。前言牧斋此数年间屡至苏州,绝非仅限于文酒清游,实有政治活动。观其假我堂文宴互与酬和之人,皆属年辈较晚阴谋复明者,如归玄恭、徐祯起等,可以推知(可参《小腆纪传》五八《徐枋及归庄传》等)。当时魏氏或亦曾参与此会,但以郑延平攻南京失败之后,清廷追究主谋,魏氏坐死,同党亦被牵累,后来编《有学集》者,殆因白衣之名过于显著,遂删去牧斋与其唱和之作耶? 俟考。

顺治十二年乙未冬,牧斋赴淮甸访蔡魁吾后,不径还常熟度岁而留滞金陵,至次年丙申约在三月间始归虞山。其何以久留金陵之理由,必有不可告人之隐情。检《有学集诗注》六,此年春间之诗有《就医秦淮寓丁家水阁绝句三十首》,大抵为与当日南京暗中作政治活动者相往还酬唱之篇什。其言就医秦淮不过掩饰之辞,自不待辨。兹择录有关诸首,并略加诠释于下。

《丙申春就医秦淮,寓丁家水阁浃两月,临行作绝句三十首,留别留题,不复论次》,其一云:

> 数茎短发倚东风,一曲秦淮晓镜中。春水方生吾速去,真令江表笑曹公。

其二云:

> 秦淮城下即淮阴,流水悠悠知我心。可似王孙轻一饭,它时报母只千金。

其三云:

> 舞榭歌台罗绮丛,都无人迹有春风。踏青无限伤心事,并入南朝落照中。

寅恪案:以上三首,乃此三十首之总序。《三国志》四七《吴书》二《孙权传》云:

> 〔建安〕十八年正月,曹公攻濡须,权与相拒月余,曹公望权军,叹其齐肃,乃退。

裴《注》引《吴历》略云:

> 权为笺与曹公曰:"春水方生,公宜速去。"曹公语诸将曰:"孙权不欺孤。"乃撤军还。(寅恪案:遵王《注》已节引。)

据郑氏《近世中西史日表》,顺治十三年丙申三月十日为清明。第三首遵王《注》"踏青"引李绰《岁时记》云:

> 上巳赐宴曲江,都人于江头禊饮,践踏青草,曰踏青。

然则牧斋在南京度岁后,留滞至三月初旬始还家。此可与诗题"浃两月"之语相印证。更疑牧斋在弘光元年上巳时节,曾预赐宴之列。今存是年之官书,阙载此事。或又曾偕河东君并马、阮辈作踏青之游,因《有学集》关于此时期之作品皆已删除,故亦无从考见。果尔,则此首乃述其个人之具体事实,而非泛泛伤春之感也。第二首前二句谓其至淮甸访蔡魁吾及久留金陵作复明活动之事,与后二句出《史记》九二《淮阴侯传》及《汉书》三四《韩信传》,实能糅合今典古典,足见其文心之妙。后二句又谓他时果能恢复明室,则所以酬报今日之地主,当远胜王孙之于漂母。据此可知丁继之与牧斋关系之密切。观此岁之前十年,即顺治四年丁亥,牧斋受黄案牵累,出狱后即与河东君迁于丁氏河房(见前所考论)。此岁之后五年,即顺治十八年辛丑,于"干戈满地舟舰断,五百里如关塞长。阛阓城上昼吹角,闵宫清庙围棋枪。腥风愁云暗天地,飞雁不敢过回塘。况闻戍守连下邑,埘鸡篱犬皆惊惶"之情况中,丁氏特至常熟贺牧斋八十生日两事(见《有学集诗注》一一《红豆三集・丁老行送丁继之还金陵兼简林古度》)尤可证知。鄙意牧斋所以于丙申春初由大报恩寺移寓丁氏水阁者,以此水阁位于青溪笛步之间,地址适中,与诸有志复明之文士往来较大报恩寺为便利。由是言之,丁氏水阁在此际实为准备接应郑延平攻取南都计划之活动中心,而继之于此活动中亦居重要地位,可不待言也。

其四云:

苑外杨花待暮潮,隔溪桃叶限红桥。夕阳凝望春如水,丁字帘前是六朝。

其五云:

梦到秦淮旧酒楼,白猿红树蘸清流。关心好梦谁圆得,解道新封是拜侯。

寅恪案:以上二首皆为河东君而作。第四首前二句谓河东君此时在常熟与己身不能相见。"暮潮"有二意。一即用李君《虞江南》词"嫁得瞿塘贾,朝朝误妾期。早知潮有信,嫁与弄潮儿"(见《全唐诗》第五函李益二),言己身不久归去,不致如负心之李十郎也。二即明室将复兴,如暮潮之有信。与第六首之后两句,同一微旨也。第五首之作梦人乃河东君。此首兼用王少伯《青楼曲二首》之二"驰道杨花满御沟,红妆缦绾上青楼。金章紫绶千余骑,夫婿朝回新拜侯"及《闺怨》诗"闺中少妇不曾愁,春日凝妆上翠楼。忽见陌头杨柳色,悔教夫婿觅封侯"(俱见《全唐诗》第二函《王昌龄》四)。用其"拜侯"之旨,而反其"悔教觅封侯"之意,正所以见河东君志在复明,非寻常妇女拘牵离情别绪者可比也。又综合第三首及第四首观之,与李义山诗"刻意伤春复伤别,人间唯有杜司勋"者何异?(见《李义山诗集(上)杜司勋(七绝)》。)第二章论黄媛介事,引吴梅村诗"不知世有杜樊川"之句,然则牧斋之刻意伤春伤别一至于此,不仅其名字与樊川相同,其心事亦与司勋相合矣。

其六云:

东风狼藉不归轩,新月盈盈自照门。(自注:"梦中得二句。")浩荡白鸥能万里,春来还没旧潮痕。

其七云:

后夜燔经烛穗低,首楞第十重开题。数声喔喔江天晓,红药阶前旧养鸡。

寅恪案:以上两诗皆牧斋自述其此时在金陵之旅况心情。第六首第一句用李太白"东风春草绿,江上候归轩"之句(见《全唐诗》第三函李白一七《送赵判官赴黔府中丞叔幕》),盖谓河东君望其归家之意,并用韩退之"狂风簸枯榆,狼藉九衢内"之句(见《全唐诗》第五函韩愈七《感春三首》之二),"九衢"指南都。其易"狂风"为"东风"者,即前引《初学集》二〇上《东山诗集三·秋夕燕誉堂话旧事有感》诗"东房游魂三十年"之"东房"也。第二句"新月"指"桂王",即作此诗之次年,顺治十四年丁酉所赋《燕子矶归舟作(七律)》"金波明月如新样,铁锁长江是旧流"

之旨。第三、第四两句,即"铁锁长江是旧流"之义。观"万里"之语,其企望郑延平之成功及己身自许之心情,可以想见矣。第七首前两句谓其此时第二次草《楞严蒙钞》已至最后一卷。考牧斋之作此《疏》,起于顺治八年辛卯,成于十八年辛丑,首尾凡五削草。其著书之勤,老而不倦,即观此诗及《牧斋尺牍(中)与含光师》诸札,可以推知。后二句固是写实,但亦暗寓复明之志。末句用《文选》三〇谢玄晖《直中书省》诗"红药当阶翻"句,不忘故国故君之意也。

其八云:

多少诗人堕劫灰,佺期今免冶长灾。阿师狡狯还堪笑,翻搅沙场作讲台。(自注:"从顾与治问祖心《千山语录》。")

寅恪案:关于顾梦游及祖心事,前已备论,今不赘述。顾、韩二人固皆有志复明者也。

其九云:

牛刀小邑亦长编,朱墨纷披意惘然。要使世间知甲子,摊书先署丙申年。(自注:"乳山道上修志溧水。")

其十云:

(诗略。)

寅恪案:以上二首皆关涉林古度者,林氏事迹前已详述,今不重论。第十首诗于第四章论绛云楼《上梁诗》第一首时已全引,故从略。唯可注意者,那子居金陵最久,交游甚广,牧斋此际与有志复明之人相往来,凡此诸人,大抵亦为乳山道士之友朋也。

其十一云:

虚玄自古误乾坤,薄罚聊司洞府门。未省吴刚点何易,月中长守桂花根。(自注:"薛更生叙《易解》云,王辅嗣解《易》

未当,罚作洞府守门童子。")

其十二云:

天上羲图讲贯殊,洞门犹抱韦编趋。沉沉紫府真人座,曾授希夷一画无。(自注:"更生云,吾注《易》成,将以末后句,问洞府真人也。")

寅恪案:以上二首俱为薛正平而作。《有学集》三一《薛更生墓志铭》略云:

君讳正平,字更生,华亭人也。晚以字行,字那谷,号旻老夫。少为儒,长为侠,老归释氏。死石头城下,葬于方山之阳。年八十有三。子二人,长逢,次晖。君怀奇负气,粪溲章句小儒,每自方阿衡太师。崇祯末,主上神圣忧勤,将相非人,国势日蹙。君早夜呼愤,草万言书上之,冀得旦夕召见平台,清问从何处下手,庶几国耻可振,而天步可重整也。取道北海,经牢山,闻国变,恸哭欲投海死,同行者力挽之归。叹曰:"吾今日真薛更生矣。"更名,所以志也。故宫旧京,麦秀雉雊,登台城,瞻孝陵,望拜悲歌,彷徨野哭。又以其间观星占象,占风角,访求山泽椎埋屠狗之夫,人咸目笑君:"八十老翁,两脚半陷黄土,不知波波劫劫何为也?"平生好著书,横竖钩贯,学唐之覃季子。(寅恪案:"唐之覃季子"事迹,见柳宗元《河东先生集》一一《覃季子墓铭》。)《金刚》《周易》《阴符》《老庄》,下及程朱、孙吴,各有纂述。作《孝经通笺》,发挥先皇帝表章至意,取陶靖节《五孝传》附焉。谓靖节在晋、宋间,不忘留侯五世相韩之义,古今之通孝,不外于此,激而存之,以有立也。其用意深痛如此。病聩滋甚,画字通语。勖伊法师城南开讲,辄侧耳占上座。躄躄二十里,凭老苍头肩以行,如邛邛负蹷。然道未半,饥疲足趿,则又更相扶也。丁酉腊月八日,长干熏塔,薄暮冒雨追余,持《薛公自传》,拜而属铭。十九日,送余东还,入清凉,憩普德,累日而后返,持经削牍如平时。廿四日,晨起呼逢诵《道德指归序》。问曰:"孔子称老子犹龙,是许老子未许老子?"逢未答。曰:"我方思熟睡,汝姑去。"丙夜呼灯起坐,称佛号者三,顾逢曰:"今日睡足如意。"转身倚逢面,撼之逝矣。长干僧敛钱庀葬具,皆曰:"修行人临行洒然,得如薛老足矣。"铭曰:君之亡也,介丘道人评之曰:贫则身轻。老而心轻,放脚长往,生死亦轻。达哉斯言,取以刻铭。

述薛氏事迹者,牧斋之文较备,故稍详引之。据钱氏所言,则更生志在复明,尤为接应郑延平攻取南都,有助力之人。且与长干诸僧交谊切挚,与牧斋之共方外有志复明者相往来之情事,更相适合也。至此两首所用典故,遵王《注》多已解释,不须更赘。唯第十一首第三句"未省吴刚点何易"之"点"字,疑是"黜"字之讹。据《酉阳杂俎前集》一《天咫门》云:

> 旧言月中有桂,有蟾蜍,故异书言,月桂高五百丈,下有一人常斫之,树创随合。人姓吴名刚,西河人。学仙有过,谪令伐树。

则吴刚学仙有过,谪令伐树,与《广异记》所述王辅嗣以未能精通《易》义,被罚守门者(见《太平广记》三九《神仙门》三九"麻阳村人"条。遵王《注》已节引),正复相同。但牧斋诗意,更别有所在,"月中长守桂花根"句之"月中桂花根"即暗指明桂王由榔而言,与《投笔集(上)后秋兴之五》第八首"丹桂月舒新结子,苍梧云护旧封枝"之句,可以互相印证也。

其十三云:

> 欹斜席帽五陵稀,六代江山一布衣。望断玉衣无哭所,巾箱

自折蹇驴归。(自注:"重读纪懋叟诗。")

寅恪案:纪懋叟映钟事迹,诸书颇多记载,兹不备引。《有学集》四七《题纪伯紫诗》略云:

> 海内才人志士,坎壈失职,悲劫灰而叹陵谷者,往往有之。至若沉雄魁垒,感激用壮,哀而能思,愍而不怼,则未有如伯紫者也。涕洒文山,悲歌《正气》,非西台痛哭之遗恨乎?吟望阅江,徘徊玉树,非水云送别之余思乎?芒鞋之间奔灵武,大冠之惊见汉仪,如谈因梦,如观前尘。一以为曼倩之射覆,一以为君山之推纬,愀乎忧乎?杜陵之一饭不忘,渭南之家祭必告,殆无以加于此矣。余方锒铛逮系,累然楚囚,诵伯紫之诗,如孟尝君听雍门之琴,不觉其欷歔太息,流涕而不能止也。虽然,愿伯紫少闷之,如其流传歌咏,广赍焦杀之音,感人而动物,则将如师旷援琴而鼓最悲之音,风雨至而廊瓦飞,平公恐惧,伏于廊屋之间,而晋国有大旱赤地之凶,可不慎乎?可不惧乎?

盖牧斋初读伯紫诗,在黄案未了时至顺治十三年丙申春间,懋叟复以诗示牧斋,故云"重读"。第三句用《杜工部集》一〇《行次昭陵》诗。"玉衣"之典,见杜诗蒙叟《注》。又《定山堂文集》六有《纪伯紫金陵故宫诗跋》一篇,其文多所删削,颇难详知其内容。但观"钟山一老,徘徊吟眺,麦秀之感,苞桑之惕,凛乎有余恫焉"等语,疑与牧斋此诗所指者有关。俟考。伯紫在黄案以前,疑已有"芒鞋间奔灵武,大冠惊见汉仪"之事,及顺治六年己丑至十三年丙申之间,仍作复明之举,卒至失望归返金陵,欲以终老欤?又,陈田《明诗纪事》辛签一二"纪映钟"条所选伯紫诗中有"兵至",自注云:"闽中旧作"及"同戈驿",自注云:"太宗起兵处。"两诗皆可供参证也。

其十四云：

钟山倒影浸南溪，静夜欣看紫翠齐。小妇妆成无个事，为怜明月坐花西。（自注："寒铁道人余怀居面南溪，钟山峰影下垂，杜诗半陂已南纯浸山是也。"）

其十五云：

河岳英灵运未徂，千金一字见吾徒。莫将拷黍人间饭，博换君家照夜珠。（自注："澹心方有采诗之役。"）

寅恪案：以上二首俱为鬘持老人而作。老人所著《板桥杂记》，三百年来人所习读。其事迹亦多有记载，故不赘引。惟录涉及复明运动者一二条，以见牧斋此际与澹心往来，不仅限于文酒风流好事之举也。《板桥杂记（中）丽品门》略云：

余生万历末年，及入范大司马〔景文〕莲花幕中为平安书记者，乃在崇祯庚辛以后。

然则余氏既曾入质公之幕，则其人原是明末有匡世之志者，未可以寻常文士目之也。又《明诗纪事》辛签一四"余怀"条，所选澹心诗中有《送别剩上人还罗浮》云：

万里孤云反故关，一帆春草渡江湾。几年浪迹干戈里，何处藏身瓢笠间。愁听笳声吹白日，苦留诗卷伴青山。罗浮此去非吾土，须把蓬茅手自删。

前论千山于顺治三年丙戌曾两次返粤，此诗乃关于春间之一次者，余、韩关系如此，澹心之为复明运动中之一人，自不待论。此诗末二句复明之辞旨，尤为明显矣。至牧斋诗自注所注"采诗之役"一语，即指《板桥杂记》中选录牧斋及诸人此时前后所赋之诗，如上卷《雅游门》选《有学集》八《长干塔光集·金陵杂题绝句二十五首》之五首,及中卷后附《珠市名妓门》"寇湄"条,录牧斋本题,即《丙申春留题水阁三十绝句》之末一首是也。

其十六云:

麦秀渐渐哭早春,五言丽句琢清新。诗家轩冕今谁是,至竟离骚属楚人。(自注:"杜于皇近诗多五言今体。")

其十七云:

著论峥嵘准过秦,龙川之后有斯人。滁和自昔兴龙地,何处巢居望战尘。(自注:"于皇弟苍略挟所著史论,游滁和间。")

寅恪案:以上二首为杜氏兄弟而作。第十六首谓于皇乃有志复明之诗人。今《茶村诗文集》俱在,例证极多,不须备引,即就《变雅堂诗集》二《赠剩公》及同书三《孔雀庵初度又申置酒与冶剩公过谈》言之,足知于皇与祖心梦游志节相同,可取与牧斋此首互证。故此时钱、杜往来唱酬,必非止寻常文酒之交际。第四章论牧斋崇祯十三年庚辰秋季曾游苏州节,已引皇赠牧斋五古一首。复检《变雅堂诗集》七《丁叟河房用钱虞山韵》即和《有学集》一《题丁家河房亭子》者(此诗前已引),然则钱、杜本为旧相识,又是患难之交,其诗什唱酬实不开始于此年甚明。但《小腆纪传补遗》四《杜濬传》云:

求诗者踵至,多谢绝。钱谦益尝造访,至闭门不与通。(寅恪案:《变雅堂文集》附录一引李元度先正事略亦同。)

其违反事实,可不须辨。盖自乾隆时,牧斋为清帝所深恶,世人欲为茶村湔洗,殊不知证据确凿,不能妄改也。更有可笑者,黄秋岳濬《花随人圣庵摭忆》云:

相传牧斋宴客,杜茶村居上坐,伶人曩演垓下之战,牧斋索诗,茶村援笔立书曰:"年少当筵意气新,楚歌楚舞不胜情。八千子弟封侯去,只有虞兮不负心。"牧斋为之怃然。

今检《变雅堂诗集》九《龚宗伯座中赠优人扮虞姬绝句》云:

年少当场秋思深,座中楚客最知音。八千子弟封侯去,唯有虞兮不负心。

据《清史稿》一八六《部院大臣年表二上》"礼部汉尚书"栏载:

康熙八年己酉五月乙未,龚鼎孳礼部尚书。
康熙十二年癸丑,龚鼎孳九月戊辰乞休。

故于皇此诗题中之"宗伯"乃龚鼎孳非钱谦益。世人习知牧斋称"宗伯",而不知芝麓亦曾任礼部尚书可称"宗伯",遂至混淆也。至于皇此诗,究是何年所作,尚待详考。因龚氏之为礼部尚书,虽在康熙八年五月以后,但如《板桥杂记(中)丽品门》"顾媚"条云:

岁丁酉〔合肥龚〕尚书挈〔顾〕夫人重游金陵。

据《清史稿》一八五《部院大臣年表一下》"都察院承政汉左都御史"栏载:

顺治十一年甲午五月丙午,龚鼎孳左都御史。
顺治十二年乙未,龚鼎孳十一月戊子降。

同书一八六《大臣年表二上》"刑部汉尚书"栏载:

康熙三年甲辰,十一月癸丑龚鼎孳刑部尚书。
康熙五年丙午,龚鼎孳九月丙申迁。

同书同卷同表"兵部汉尚书"栏载:

康熙五年丙午九月丙申,龚鼎孳兵部尚书。

然则顺治十四年丁酉,龚、顾同在金陵时,芝麓尚未任尚书之职,而澹心竟以尚书称之者,足证《板桥杂记》乃后来追记之文也。惟于皇赋此诗时是否在康熙八年五月以后,其诗题中之"龚宗伯"乃是芝麓现职,抑或与《板桥杂记》同为追述之辞,未敢遽决。至黄书所引杜氏之诗必非原作,盖茶村当日赋诗,固不依平水韵,然亦不致近体诗廿八字内,真、庚、侵三部同用也。

复次,《蘼芜纪闻(上)》引冯见龙《绅志略》云:

> 龚鼎孳娶顾媚,钱谦益娶柳如是,皆名妓也。龚以兵科给事中降闯贼,受伪直指使。每谓人曰:"我原欲死,奈小妾不肯何?"小妾者,即顾媚也。

夫芝麓既不能死,转委过于眉生以自解,其人品犹不及牧斋。于皇于芝麓座上赋诗,绝不能以虞姬比眉生,更不便借此诮芝麓。黄氏之说,殊失考矣。

又《蘼芜纪闻(上)》引钮琇《临野堂集》云:

> 牧斋与合肥龚芝麓,俱前朝遗老。遇国变,芝麓将死之,顾夫人力阻而止。牧斋则河东君劝之死,而不死。城国可倾,佳人难得,盖情深则义不能胜也。二公可谓深于情矣。及牧斋殁,河东君死之。呜呼!河东君其情深而义至者哉!

钮氏谓眉生劝芝麓不死,河东君劝牧斋死,两人适相反。假定钮氏所记为事实者,则于皇亦不便于芝麓座中赋诗以讥诮之。鄙意于皇盖以"虞姬"自比,"八千子弟"乃目其他楚人,如严正矩辈耳。妄陋之见,未敢自信,谨以质诸论世知人之君子。第十七首注谓"苍略挟所著史论,游滁和间"。牧斋此时适自淮甸访蔡士英,归涂中久住金陵,即使苍略与蔡氏无关,但牧斋必有取于绍凯文中论兵复明之旨也。

检《有学集》八《金陵杂题绝句二十五首》之十一云:

> 水榭新诗替戒香,横陈嚼蜡见清凉。五陵年少多情思,错比横刀浪子肠。(自注:"杜苍略和诗有'只断横刀浪子肠'之句。"寅恪案:杜氏原诗见下引。)

及同书三八《答杜苍略论文书》、《再答苍略书》并同书四九《题杜苍略自评诗文》等,可见绍凯与牧斋之关系矣。

其十八云:

> 掩户经旬春蚕齐,盈箱傍架自编题。卞家坟上浇花了,闲听东城说斗鸡。(自注:"胡静夫好闲关。")

寅恪案:此首为胡澂而作。《吾炙集》"旧京胡澂静夫"条选胡诗三题。其第三题《虞山桧歌上大宗伯牧斋夫子(七古)》云:

> (上略。)七年遥隔杜鹃梦,二月重逢杨柳丝。花雾霏微旧陵阙,白头乔木两含悲。

同集"侯官许友有介"条云:

> 又题〔有介诗〕曰:"数篇重咀嚼,不愧老夫知。本自倾苏涣,何嫌说项斯。解嘲应有作,欲杀岂无词。周处台前月,长悬下令祠。"余时寓清溪水阁,介周台卞祠之间,故落句云尔。

又《有学集》二二《赠别胡静夫序》略云:

> 往余游金陵,胡子静夫方奋笔为歌诗,介〔林〕茂之以见予。予语茂之:"是夫也,情若有余于文,而言若不足于志,其学必大,非聊尔人也。"为序其行卷,期待良厚。别七年,再晤静夫,其诗卓然名家,为时贤眉目,余言有征矣。静夫屏居青溪,杜门汲古,不汲汲于声名,翛然退然,循墙顾影。其为诗情益深,志益足,蜜迹自娱,望古遥集。视斯世喧豗訾謷,

非有意屏之,道有所不谋,神有所不予也。静夫属余序其近诗,且不敢自是,乞一言以相长。余闻之,古之学者,莫先于不自是。不自是莫先于多读书。多读书,深穷理。严氏之绪言也,请以长子。趣与静夫言别,聊书此以附赠处之义。少陵之诗曰:"青眼高歌望吾子,眼中之人吾老矣!"吾之有望于静夫者远矣。

胡《诗》、钱《文》中"七年"之语,若自顺治十三年丙申算起则为康熙元年壬寅。此时在郑延平攻南京失败之后不久,南京至常熟之间,清廷防御甚严,旅行匪易,观前引牧斋"丁老行"可证。静夫之至常熟访牧斋,疑是报告金陵此际之情况。牧斋序文末段,表面上虽是论文评诗之例语,恐亦暗寓清室旧主既殂、幼帝新立,明室中兴之希望尚在也。钱序中"静夫屏居清溪,杜门汲古"与题许有介诗所谓"余时寓清溪水阁,介周台卞祠之间"等,皆可与第十八首自注参证。大约胡氏所居,亦与丁家水阁相近也。

又朱绪曾编《国朝金陵诗征》一"胡其毅"条云:

其毅,字致果。一名澂,字静夫,上元人日从之子。有《静拙斋诗选》《微吟集》。

寅恪未得见胡氏诗集,但即就朱氏所选二十题中如《咏古为顾与治征君赋》及《林征君归隐乳山歌》两题观之,已足证胡氏与顾与治、林茂之同流,皆有志复明之人也。

其十九云:

青豀孙子美瑜环,也是朱衣抱送还。盛世公卿犹在眼,方颐四乳坐如山。(自注:"倪灿暗公,文僖、文毅之诸孙,相见每述祖德。")

寅恪案:此首为倪灿而作。其事迹见《清史列传》七〇《文苑传·倪灿传》等,兹不备引。倪氏为明室乔木故家,与朱竹玲彝尊同类。暗公早年或亦有志复明,殆后见郑延平失败,永历帝被杀,因而改节耶? 俟考。

其二十云:

一矢花砖没羽新,诸天塔庙正嶙峋。长干昨夜金光诵,手捧香炉拜相轮。(自注:"康孝廉小范偶谈清江公守赣故事。")

寅恪案:此首为康范生及杨廷麟而作。廷麟江西清江人,故云"清江公"。《梅村家藏稿》五八附《诗话》(参《有学集》一〇牧斋己亥所作《赠同行康孝廉(七律)》及同书六《为康小范题李长蘅画》诗,并《明诗纪事》辛签二〇"康范生"条所载《嘉定寓舍感赋》诗)略云:

杨廷麟,字伯祥,别字机部,临江〔府清江县〕人。机部后守赣州,从城上投濠死。

杨机部殉节后,云已无子。康小范孝廉来吴门,携机部在赣州诗十余首,并言其子尚在。小范与机部同事,兵败,被缚下狱,濒死而免。吴门叶圣野赠之诗曰:"卢谌流落刘公死,回首章门一惘然。"亦侠士也。

《明史》二七八《杨廷麟传》(参《小腆纪传》二五《杨廷麟传》)略云:

杨廷麟,字伯祥,清江人。顺治二年,南都破,江西诸郡惟赣州存。唐王手书加廷麟吏部右侍郎。九月,大兵屯泰和,副将徐必达战败,廷麟、〔刘〕同升乘虚复吉安、临江,加兵部尚书兼东阁大学士,赐剑,便宜从事。十月,大兵攻吉安,必达赴水死。会广东援兵至，大兵退屯峡江，已而万元吉至赣。十二月同升卒。三年，廷麟招峒蛮张安等四营，降之，号龙武新军。廷麟闻王将由汀州赴赣，将往迎王，而以元吉代守吉安。无何，吉安复失。元吉退保赣州。四月，大兵逼城下，廷麟遣使调广西狼兵，而身往雩都趣新军张安来救。五月望，安战梅林，再败，退保雩都。廷麟乃散其兵，以六月入赣，与元吉凭城守。未几，援兵至，围暂解，已复合。八月，水师战败，援师悉溃。及汀州告变，赣围已半年，守陴皆懈。十月四日，大兵登城，廷麟督战，久之，力不支，走西城投水死。

据上引材料，知牧斋此首乃用《昌黎先生文集》一三《张中丞传后叙》，以张巡守睢阳比杨廷麟守赣，以南霁云比康范生，以霁云所射之佛寺浮图比上报恩寺塔。又，韩文云：

城陷，贼以刃胁降巡，巡不屈，即牵去，将斩之，又降云，云未应，巡呼云曰："南八，男儿死耳！不可为不义屈。"云笑曰："欲将以有为也。公有言，云敢不死！"即不屈。

梅村诗"小范与机部同事，兵败，被缚下狱，濒死而免"，然则小范之不死，亦即南八之所谓"欲将以有为"之意。其在金陵与牧斋所商谈者，必关涉复明之举动，亦即准备接应郑延平攻取南都之事，抑又可知矣。

其二十一云：

江草官花洒泪新，忍将紫淀谥遗民。旧京车马无今雨，桑海茫茫两角巾。（自注："张二严季筏为其兄文峙请志。"）

寅恪案：此首为张氏兄弟而作。张文峙事迹第四章论杨宛节已略引。《金陵通传》二〇《张如兰传》附子可度传云：

可度,字二岩。既自登奉母归,亦隐居不出,号屬筏老人。

《有学集补·明士张君文峙墓志铭》略云:

> 张君名可仕,字文峙,以字行,改字紫淀。书文峙,从其初也。岁在甲午四月初八日卒,年六十有四。文峙卒,四方之士会哭,议铭其旌,胥曰:"古之遗民也。"或有言曰:"遗民之名,《宋》《元》二史无征,名氏瞖然,声景仿佛。"新安著录,代沉人飞,东都西台之君子,收魂毕命,在此录也。〔寅恪案:"新安著录"指明休宁程敏政所撰《宋遗民录》见《四库总目提要(史部)传记类》存目三并可参《有学集》四九《书广宋遗民录后》。〕躔晕珥,舍奔彴,木门有向,著雍犹视。推文峙之志,其忍媲杞肄湘累,(寅恪案:"肄"疑是"妇"字之讹,俟觅善本校之。)遗身后名,汙竹素而尘沧海乎?必也正名,易之曰明士其可。比葬,则又曰:"呜呼!齐有二客,鲁有两生,明有士焉,谁居?文峙士矣,请征所以士文峙者。"于是文峙之弟二严,立《紫淀先生传》,而谒铭于余。余泫然流涕曰:"士哉文峙!明士哉文峙!余旧史官也,其忍辞?"

牧斋此首第二句,谓不当以遗民目文峙,即前论其编《列朝诗集》止于"丁集"之旨,兹不备述。至其文中"躔晕珥,舍奔彴,木门有向,著雍犹视。推文峙之志,其忍媲杞妇湘累,遗身后名,污竹素而尘桑海乎"等语,则须略加诠释。检《隋书》一九《天文志上》云:

> 马迁《天官书》及班氏所载,妖星晕珥,云气虹蜺,存其大纲,未能备举。自后史官更无纪录。《春秋传》曰:"公既视朔,遂登观台,凡分至启闭必书云物。神道司存,安可诬也。"

《尔雅·释天》略云：

> 大岁在戌曰著雍。大岁在子曰困敦。奔星为彴约。

邢昺《疏》云：

> 奔星为彴约者，奔星即流星。

《左传·僖公五年》载：

> 春王正月辛亥朔，日南至，公既视朔，遂登观台以望，而书，礼也。凡分至启闭，必书云物，为备故也。

同书《襄公廿七年》载：

> 〔子鲜〕遂出奔晋，公使止之，不可。及河，又使止之。止使者而盟于河，托于木门，不乡卫国而坐。木门大夫劝之仕，不可。曰："仕而废其事，罪也。从之，昭吾所以出也。将谁诉乎？吾不可以立于人之朝矣。"终身不仕。

金氏《牧斋年谱》"顺治五年戊子"条云：

> 《岁晚过林茂之有感》云："先祖岂知王氏腊，胡儿不解汉家春。"按：当时海上有二朔，皆与北历不同也。又："三秦驲铁先诸夏，九庙樱桃及仲春。"又，"秦城北斗回新腊，庾岭南枝放早春"。按是年姜瓖奉永历年号，传檄秦、晋。王永强据榆林，方窥西安。而江西、湖南等地，亦归明也。故先生有喜而作云。

同书"顺治六年己丑"条云：

> 元日试笔："春王正月史仍书"云云。按《行朝录》，此为监国鲁四年正月辛酉朔，永历三年正月庚申朔也。

并《三国志》五七《吴书十二·陆绩传》裴《注》引《姚信集》云：

士之有诔,鲁人志其勇。杞妇见书,齐人哀其哭。

依据上引资料,可以约略推测牧斋之意旨,盖谓建州虽已入关渡江,而永历之正朔尚存。戊子年秦晋且曾一度奉其年号。文峙虽在清人统治下之南都,仍倾向桂王,故明社犹未屋,不可以杞妇湘累比之也。总之,牧斋学问固极渊博,但此文亦故作僻奥之句法,借以愚弄当日汉奸文士之心目耳。然则牧斋作此题之第二十一首时,以为明室尚未尽亡,仍有中兴之希望。张氏兄弟亦同此意旨也。

其二十二云:

龙子千金不治贫,处方先许别君臣。悬蛇欲疗苍生病,何限刳肠半腐人。(自注:"余就医于陈古公。")

寅恪案:此首为陈元素而作。题中"就医秦淮"之语,与此首自注"余就医于陈古公"可相印证。诗中皆用医家华敷、孙思邈之典故,自是应题之作。但第二句暗示陈氏乃不承认建州之统治权者。牧斋之称就医于陈古公,不过表面掩饰之辞。其实恐亦与之暗中商议接应郑延平之事也。寅恪初不知陈古公为何人,后检《有学集》一八《陈古公诗集序》略云:

陈子古公自评其诗曰:"意穷诸所无,句空诸所有。"闻者河汉其言。余独取而证明之,以为今之称诗可与谈弹斥淘汰之旨,必古公也。古公之诗,梯空蹑玄,霞思天想,无盐梅芍药之味,而有空青金碧之气,世之人莫能名也。李邺侯居衡山闻残师中宵梵唱,先凄惋而后喜说,知其为谪堕之人。吾今而后,乃知古公矣夫!

及黄宗羲《思旧录》"陈元素"条云:

陈元素,字古白。余时作诗,颇喜李长吉。古白一见即切戒之,亦云益友。

取牧斋《序》所言古公论诗之旨,与梨洲之语相参较,可知"古公"即"古白"之别称。

又检《定山堂集》四○《牧斋先生及同学诸子枉送燕子矶。月下集饮,口号四首》(此题可参《有学集诗注》八《金陵杂题绝句二十五首》之九自注:"丁酉秋日与龚孝升言别金陵。")及同书二○《陈古公追送淮干和答》云:

尔自白衣侪上相,天容丹灶补苍生。

芝麓此七律"白衣上相"之语,乃用李邺侯故事(见《新唐书》一三九《李泌传》及《资治通鉴》二一八《唐纪·肃宗纪》"至德元载七月上欲以泌为右相"条)。其作此七律时,似已见牧斋之序者。龚氏此次北行,在顺治十四年冬间,然则牧斋之序当作于芝麓答古公诗之前,颇疑牧斋此第二十二首与此序为同时作品,若不然,两者作成时间亦相距不甚远也。俟考。

至陈氏之事迹,则邹流绮漪《启祯野乘一集》一四《陈隐君传》略云:

公名元素,字古白,南直长洲人也。生平多客游,抚公亦虚馆延聘,简敕无所干。问字屦恒满户外。公内行纯备,不仅以文章重一时。后偶客芜湖,竟死。学者称贞文先生。

论曰,余不识陈先生。吾友徐祯起亟称其慎取与,重然诺。盖孝弟廉让人也。去世之称吴人者,不过谓风流蕴藉已耳,如先生者,可多得哉?

邹氏称元素为"隐君",牧斋与芝麓皆以"著白"之"山人"李邺侯泌为比,尤可证"古公"即"古白",似无可疑也。

其二十三云:

五行祥异总无端,九百虞初亦饱看。清晓家人报奇事,小儿指碗索朝餐。(自注:"闽人黄帅先博学奇穷,戏之,亦纪实也。")

寅恪案:此首为黄师正而作。《明诗纪事》辛签一六"黄澂之"条,选帅先《小桃源山居诗五首》,其《小传》云:

澂之初名师正,字帅先。改名后,字静宜,又字波民。建阳人。

此条下注引陈庚焕《惕园初稿》云:

王贻上尝传澂之《小桃源山居》一诗。(见王渔洋《感旧集》一六及《明诗纪事》所选之第一首。)小桃源为武夷最胜处,详其诗语,澂之盖尝以黄冠归故乡,其后出游大江南北。

又引《全闽诗儁》云:

静宜为史公可法幕府上客,才如王景略,节如谢皋羽,诗笔妍丽,不类其人。

《有学集》八《长干塔光集·读建阳黄帅先小桃源记戏题短歌》(《吾炙集》选《小桃源山居诗四首》,较《明诗纪事》所选少第一首)云:

未为武夷游,先得《桃源记》。小桃源在幔亭旁,别馆便房列仙治。黄生卜筑才十年,七日小劫弥烽烟。山神氉甿请回驾,洞口仍封小有天。揭来奔窜冶城左,手指诗记挪揄我。选胜搜奇在尺幅,食指蠕动颐欲朵。彭篯之后武夷君,我是婆留最小孙。包茅欲作干鱼祭,卧榻哪容鼻鼾存。老夫不似刘子骥,仙源但仗渔人指。凭将此记作券书,设版焦瑕自今始。君不见三千铁弩曾射潮,汉东弹丸亦如此。

据此,黄氏之为反抗建州者,固不待论。其出游大江南北,在冶城与牧斋初次相聚,牧斋即作此七绝第二十三首,其后更赋七古长篇赠之。故波民于复明活动有所策划,自无可疑也。

其二十四云:

> 寒窗檐挂一条冰,灰陷垆香对病僧。话到无言清不寐,暗风山鬼剔残灯。(自注:"乙未除夕,丙申元旦元夜,皆投宿长干,与介邱师兄同榻。")

寅恪案:此首为介邱而作。关于介邱之事,除前已论者外,尚有《有学集》八《示藏社介丘道人,兼识乩神降语》及《腊月八日长干熏塔,同介道人孙鲁山薛更生黄信力盛伯含众居士二题》。其第一题"并舟分月人皆见,两镜交光汝莫疑"一联,第二题"腊改嘉平绕塔来"句,皆与复明之意有关,可注意也。

其二十五云:

> 风掩篱门壁落穿,道人风味故依然。莫拈瓠子冬瓜印,印却俱胝一指禅。(自注:"曾波臣之子剃发住永兴寺。")

寅恪案:牧斋此首为曾氏父子而作。《明画录》一《人物门》略云:

> 曾鲸,字波臣。闽晋江人,工写照,落笔得其神理。万历间名重一时。子沂,善山水,流落白门。后于牛首永兴寺为僧,释号懒云。

可与牧斋自注相参证。此诗第三四两句,遵王已引《大慧语录》及《五灯会元》等为释,兹不必详赘。但《大慧语录》载:

> 天台智者大师读《法华经》至是真精进,是名真法,供养如来,悟得《法华》三昧,见灵山一会,俨然未散,山僧常爱老杲和尚,每提唱及此,未尝不欢喜踊跃,以手摇曳曰:"真个

有怎么事,亦是表法。你每冬瓜瓠子,哪里得知?"

等语,牧斋之意,以为明社实未曾屋,其以明室为真亡者,乃冬瓜瓠子头脑之人也。

又有可注意者,《宋史》三七四《张九成传》略云:

张九成,字子韶。其先开封人,徙居钱塘。游京师,从杨时学,权贵托人致币,曰:"肯从吾游,当荐之馆阁。"九成笑曰:"王良尚羞与嬖奚乘,吾可为贵游客耶?"绍兴二年,上将策进士,诏考官直言者,置高等。九成对策,擢置首选。金人议和,九成谓赵鼎曰:"金实厌兵,而张虚声以撼中国。因言十事,彼诚能从吾所言,则与之和,使权在朝廷。"鼎既罢,秦桧诱之曰:"且成桧此事。"九成曰:"九成胡为异议?特不可轻易以苟安耳。"桧曰:"立朝须优游委曲。"九成曰:"未有枉己而能直人。"上问以和议。九成曰:"敌情多诈,不可不察。"因在经筵,言西汉灾异事,桧甚恶之,谪邵州。先是径山僧宗杲善谈禅理,从游者众,九成时往来其间。桧恐其议已,令司谏詹大方论其与宗杲谤讪朝政,谪居南安军。

咸淳《临安志》七〇《僧门宗杲传》略云:

〔宗杲〕,字昙晦,本姓奚。丞相张浚命主径山法席,学徒一千七百人,来者犹未已。敞千僧阁以居之,号临济中兴。张九成与为方外交,秦桧疑其议已,言者论其诽谤朝政,动摇军情。九成唱之,宗杲和之。绍兴十一年五月诏毁僧牒,编置衡州。二十年移海州。四方衲子忘躯命往从之。二十五年特恩许自便。明年复僧伽梨,奉朝旨住阿育山。逾年复居山。三十一年求解院事。得旨,退居明月堂。隆兴改元,八月示寂。宗杲虽林下人,而义笃君亲,谈及时事,忧形于色,或至垂涕。时名公巨卿如李邴、汪藻、吕本中、曾开、李光、汪应辰、赵令衿、张孝祥、陈之茂,皆委己咨叩,而张浚雅相推重。宗杲有《正法眼藏》三卷,又有《武库》若干卷。其徒纂《法语》前后三十卷,浚为《序》。淳熙初,诏随《大藏》流行。

《新续高僧传四集》一二《南宋临安径山寺沙门释宗杲传》云:

〔绍兴〕十一年五月,秦桧以杲为张九成党,毁其衣牒,窜衡州。二十六年十月,诏移梅阳。不久,复其形服,放还。

然则宗杲为宋时反对女真之人。此际参与复明运动者,如懒云等,亦与之同一宗旨,可以推知。牧斋诗之用宗杲语录,殊非偶然也。

其二十六云:

荒庵梅老试花艰,酹酒英雄去不还。月落山僧潜掣泪,暗香枝挂返魂幡。(自注:"城南废寺老梅三株,传是国初孙炎手植。")

寅恪案:此首固为废寺老梅而作,实暗寓孙炎事(见《明史》二八九《孙炎传》),意谓建康城虽暂为建州所占有,而终将归明也。末句遵王引东坡《岐亭道上见梅花》诗"返魂香入岭头梅",甚合牧斋微旨,盖谓桂王必当恢复明室也。

其二十七云:

子夜乌啼曲半讹,隔江人唱后庭多。篱边兀坐村夫子,端诵尚书五子歌。(自注:"歌者与塾师比邻,戏书其壁。")

寅恪案:此首疑为龚芝麓之塾师而作。《有学集诗注》八《长干塔光集·龚孝升求赠塾师戏题二绝句》云:

都都平丈教儿郎，论语开章笑哄堂。何似东村赵学究，只将半部佐君王。

鲁壁书传字不讹，兔园程课近如何。旅獒费誓权停阁，先诵虞箴五子歌。

以牧斋《赠孝升塾师》两诗之第二首所用之辞旨与此第二十七首相符同推之，此塾师当是一人。诗中全用《尚书》故实，想此塾师正以《书经》课蒙童也。所可注意者，《旅獒》《费誓》皆《书经》篇名。《旅獒》为交外，《费誓》为平内。牧斋以建州本为明室旧封之酋长，故以"费誓"比之也。又《左传·襄公四年》引"虞人之箴"曰：

芒芒禹迹，画为九州，经启九道。民有寝庙，兽有茂草，各有攸处，德用不扰。在帝夷羿，冒于原兽，忘其国恤，而思其麀牡。武不可重，用不恢于夏家。兽臣司原，敢告仆夫。

及蔡沈《书经集传·夏书·五子之歌序》云：

太康尸位，以逸豫灭厥德，黎民咸贰。乃盘游无度，畋于有洛之表，十旬弗反。有穷后羿，因民弗忍，距于河。厥弟五人，御其母以从，徯于洛之汭。五子咸怨，述大禹之戒以作歌。

由是言之，牧斋之意，盖谓清世祖荒于游畋，耽于歌乐，即遵王引《白氏文集》四五《与元九书》中"闻五子洛汭之歌，则知夏政荒矣"之旨。今检《梅村年谱》四"顺治十三年丙申"条云：

春，上驻跸南苑阅武，行蒐礼，召廷臣恭视，赐宴行宫。先生赋五七言律诗，五七言绝句，每体一首应制。圣驾幸南海子，遇雪大猎，先生恭纪七律一首。

更参以第三章论清世祖询梅村秣陵春传奇参订者宜园主人

事及第四章论董小宛未死事,则知牧斋之诗皆是当时史实。若清政果衰,则明室复兴可望。其寓意之深,用心之苦,不可以游戏文章等闲视之也。

其二十八云:

> 粉绘杨亭与盛丹,黄经古篆逼商盘。史痴画笥徐霖笔,弘德风流尚未阑。

寅恪案:此首为杨亭盛丹而作。牧斋之意,以为杨盛之艺术,可追弘治正德承平之盛,与史忠、徐霖媲美,斯亦明室仍可复兴之微意。《金陵通传》一四《高阜传》云:

> 时江宁以画隐者杨亭,字元章,居东园。家贫品峻,以丹青自娱。晚无子,与瞽妻对坐荒池草阁,虽晨炊数绝,啸咏自若,不妄干人。

彭蕴灿《历代画史汇传》三一云:

> 黄经清,如皋人,字维之,一字济叔。别字山松。工诗词,善书法及篆刻,尤善画山水。(原注:《图绘宝鉴续纂》《栎园画录》《桐阴论画》〔《清画录》《国朝画识等》〕。)

盛丹事迹见《金陵通传》一四《盛鸾传》附宗人胤昌传所载。第三章论河东君爱酒节已引。据此可知元章、伯含、维之皆隐逸之流,不仕建州者。至史忠、徐霖之事迹,遵王《注》已详述,并可参《金陵通传》一四二人本传,不须赘引。唯徐霖之故实与武宗幸南都有关,牧斋之诗旨与前引其《致瞿稼轩书》所谓"若谦益视息余生,奄奄垂毙,唯忍死盼望銮舆拜见孝陵之后,槃水加剑,席稿自裁"等语及《投笔集(下)后秋兴之九》"种柳十围同望幸"句,皆希望桂王之得至南京也。

其二十九云:

旭日城南法鼓鸣,难陀倾听笑曹腾。有人割取乖龙耳,上座先医薛更生。(自注:"旭伊法师演《妙华》于普德,余颇为卷荷叶所困,而薛老特甚。")

寅恪案:此首可参第十一及十二两首论薛更生事。不过前二首以薛更生为主,而此首以旭伊为主,更生为宾耳。

其三十云:

寇家姊妹总芳菲,十八年来花信违。今日秦淮恐相值,防他红泪一沾衣。

寅恪案:此首为寇白门姊妹而作。《板桥杂记(中)》附《珠市名妓门》载:

寇湄,字白门。钱牧斋诗云〔云〕,(寅恪案:牧斋诗即此题第三十首,故从略。)则寇家多佳丽,白门其一也。白门娟娟静美,跌宕风流,善画兰,粗知拈韵。能吟诗,然滑易不能竟学。十八九时,为保国公购之,贮以金屋,如李掌武之谢秋娘也。甲申三月,京师陷,保国生降,家口没入官。白门以千金予保国赎身,匹马短衣,从一婢而归。归为女侠,筑园亭,结宾客,日与文人骚客相往还。酒酣耳热,或歌或哭,亦自叹美人之迟暮,嗟红豆之飘零也。既从扬州某孝廉,不得志,复还金陵。老矣,犹日与诸少年伍。卧病时,召所欢韩生来,绸缪泣,欲留之同寝。韩生以他故辞,执手不忍别。至夜,闻韩生在婢房笑语,奋身起唤婢,自棰数十,咄咄骂韩生负心禽兽行,欲啮其肉。病甚剧,医药罔效,遂死。蒙叟杂题有云:"丛残红粉念君恩,女侠谁知寇白门。黄土盖棺心未死,香丸一缕是芳魂。"(寅恪案:此诗见《有学集诗注》八《长干塔光集·金陵杂题绝句二十五首》之十。)

可取与此首相证发也。

综观此三十首诗,可以知牧斋此次留滞金陵,与有志复明诸人相往还,当为接应郑延平攻取南都之预备。据《金陵通传》二六《郭维翰传》略云:

> 郭维翰,字均卫,一字石溪,上元人。父秀厓,诸生。考授典史。明亡,以隐终。国朝顺治中,郑成功犯江宁,满帅疑有内应,欲屠城。维翰力言于知府周某转白总督而止。(寅恪案:嘉庆重刊康熙修《江宁府志》一六《职官表》"知府"栏,无周姓者。岂此"周某"非实缺正授,抑或记载有误耶?俟考。)军士乘乱掠妇女,维翰又以为言,乃放还。方是时,江上纷然,六合知县遁去,百姓汹汹欲乱,县人余量字德辅,独棹小舟,冒风穿营而渡,泣叩总督,给榜安民,一县赖以无恐。

尤可证明鄙说之非妄也。

《有学集》七为《高会堂诗集》。其中绝大部分乃游说马进宝响应郑成功率舟师攻取南都有关之作。《清史列传》八〇《逆臣传·马逢知传》略云:

> 马逢知,原名进宝,山西隰州人。顺治三年,从端重亲王博洛南征,克金华,即令镇守。六年,命加都督佥事,授金华总兵,管辖金衢严处四府。十三年,迁苏松常镇提督。

寅恪案:马进宝之由金华总兵迁苏松常镇提督,在顺治十三年丙申何月虽不能确知,但以牧斋至松江时日推之,当是距离九月不远。《有学集诗注》七《高会堂诗集》有《丙申重九海上作》一题,似马氏必于九月以前已抵新任。又同卷《高会堂酒阑杂咏序》末云:

岁在丙申阳月十有一日,蒙叟钱谦益书于青浦舟中。

则牧斋留滞松江,实逾一月之久。其间策划布置甚费时日,可以想见也。牧斋《高会堂酒阑杂咏序》云:

是行也,假馆于武静之高会堂,遂以名其诗。

第三章引王沄《云间第宅志》云:

河南〔徐〕陟曾孙文学致远宅,有师俭堂。申文定时行书。西有生生庵别墅,陟子太守琳放生处。

颇疑牧斋所谓高会堂,即徐武静之师俭堂,乃其平日家属所居者,与生生庵别墅,自非一地。崇祯八年春间,河东君与陈卧子同居于生生庵,顺治十三年丙申秋冬间,牧斋又寄寓武静之师俭堂。第三章曾引宋辕文《致牧斋书》,其痛加诋毁,盖由宋氏之情敌陈、钱两人先后皆居于武静宅内。书中妒忌愤怒之语,今日观之殊觉可笑也。至此集涉及之人颇不少,皆与复明运动有关者。兹不能详论,唯择其最饶兴趣数题录之,并略加考释于下。

《有学集诗注》七《高会堂诗集·高会堂酒阑杂咏序》云:

不到云间,十有六载矣。水天闲话,久落人间;花月新闻,已成故事。渐台织女,机石依然;丈室维摩,衣花不染。点难陀之额粉,尚指高楼。被庆喜之肩衣,犹看汲井。顷者菰芦故国,兵火残生,衰晚重游,人民非昔。朱门赐第,旧燕不飞。白屋人家,新乌谁止?儿童生长于别后,竞指须眉;门巷改换于兵前,每差步屧。常中逵而徙倚,或当飨而欷歔。若乃帅府华筵,便房曲宴。金釭银烛,午夜之砥室生光;檀板红牙,十月之桃花欲笑。横飞拇阵,倒卷白波;忽发狂言,惊回红粉。歌间《敕勒》,只足增悲;天似穹庐,何妨醉倒。

又若西京宿好,耳语慨慷;北里新知,目成婉娈。酒阑灯炧,月落乌啼。杂梦呓以兴谣,蘸杯盘而染翰。口如衔缫,常思吐吞。胸似碓舂,难名上下。语同谰谜,词比俳优。语云惟食忘忧,又曰溺人必笑。我之怀矣,谁则知之?是行也,假馆于武静之高会堂,遂以名其诗。亦欲使此邦同人,抠衣倾盖者,相与继响,传为美谈云尔。岁在丙申阳月十有一日,蒙叟钱谦益书于青浦舟中。

寅恪案:牧斋此序,其所用典故,遵王《注》解释颇详,读者可取参阅,兹不复赘。惟典故外之微旨则略表出之,以供参证。此《序》可分为五段:

第一段自"不到云间"至"犹看汲井",意谓于崇祯十四年六月,与河东君在茸城结缡,共历十六年,风流韵事,远近传播,今已早成陈迹。河东君茸城旧居之处,如徐武静之别墅生生庵等,依然犹在。但己身与河东君近岁以来,非如前者之放浪风流,而转为假借学道、阴图复明之人,与《维摩诘经》中诸菩萨衣花不染相同,不似诸大弟子花著不堕。若取与牧斋答河东君《半野堂初赠诗》"沾花丈室何曾染"句相比较,足知此十七年间,钱柳已由言情之儿女,改为复国之英雄矣。前论顺治七年庚寅牧斋经河东君、黄太冲之怂恿,赴金华游说马进宝反清。其事颇涉危险,牧斋以得还家为幸。今则马氏迁督松江,此地为长江入海之扼要重镇,尤与牧斋频年活动,以响应郑延平率舟师攻取南京有关,自不能不有此行。但马氏为人狡狯反覆,河东君当亦有所闻知,中心惴惴,望其早得还家。据"点粉""汲井"之语,则牧斋所以留滞松江逾一月之久实出于不得已,盖其间颇有周折,不能及早言旋也。所可笑者,"点难陀之额粉,尚指高楼"二句,既目河东君为难陀之妻孙陀利,则此"高楼"殆指庚寅冬焚毁之绛云楼耶?果尔,则"尚指"之"尚",更有著落矣。

第二段自"顷者"至"歆歔",意谓此次之重至松江,大有丁令威化鹤归来之感。"旧燕"指明室旧人,"新乌"指清廷新贵。本卷最后一题《丙申至日为人题华堂新燕图》云:

主人檐前海燕乳,差池上下衔泥语。依约呢喃唤主人,主人开颜笑相许。主人一去秋复春,燕子去作他家宾。新巢非复旧庭院,旧燕喧呼新主人。新燕频更主人面,主人新旧不相见。多谢华堂新主人,珍重雕梁旧时燕。

此诗中之"新燕""旧燕",即指汉人、满人而言,可与序文互相参证。此《题华堂新燕图》前一题为《长至前三日吴门送龚孝升大宪颁诏岭南兼简曹秋岳右辖四首》。据《清史列传》七九《贰臣传·龚鼎孳传》云:

上以鼎孳自擢任左都御史,每于法司章奏,倡生议论,事涉满汉,意为轻重。敕令回奏。鼎孳具疏引罪,词复支饰。下部议,应革职。诏改降八级调用。寻以在法司时,谳盗事,后先异议。又曾荐举纳贿伏法之巡按顾仁,再降三级。十三年四月补上林苑蕃育署署丞。(寅恪案:可参《吴诗集览》六上《送旧总宪龚孝升以上林苑监出使广东》诗,并附严沆《送龚芝麓使粤东》诗。)

然则"新燕""旧燕"即清帝谕旨所谓"事涉满汉"之"满汉"。颇疑此诗题中《为人题华堂新燕图》之"人",乃龚孝升也。俟考。

第三段自"若乃"至"醉倒",意谓当日在松江筵宴之盛况。"帅府华筵"指马进宝之特别招待,"便房曲宴"指陆子玄、许誉卿等之置酒邀饮,"红粉""桃花"俱指彩生,"敕勒"指北方之歌曲,"穹庐"指建州之统治中国也。

第四段自"又若"至"知之",意谓筵席间与座客隐语戏言,商讨复明之活动,终觉畏惧不安,辞不尽意也。"西京宿好"指许霞城辈,"北里新知"亦指彩生也。

第五段自"是行"至"云尔",则说明《高会堂集》命名之故。并暗指此行实徐武静为主动人,或者武静当日曾参加马进宝之幕府耶?俟考。

《云间诸君子肆筵合乐,飨余于武静之高会堂,饮罢苍茫,欣感交集,辄赋长句二首》,其一云:

> 授几宾筵大飨同,秋堂文宴转光风。岂应江左龙门客,偏记开元鹤发翁。酒面尚依袍草绿,烛心长傍剑花红。他年屈指衣裳会,牛耳居然属海东。

其二云:

> 重来华表似前生,梦里华胥又玉京。鹤唳秋风新谷水,雉媒春草昔茸城。尊开南斗参旗动,席俯东溟海气更。当飨可应三叹息,歌钟二八想升平。

寅恪案:此题为《高会堂集》之第一题,自是牧斋初到云间,松江诸人为牧斋接风洗尘之举。主人甚众,客则只牧斋一人即俗所谓"罗汉请观音,主人数不清"者也。故第一首第一联上句之"江左龙门客"乃云间诸人推崇牧斋之辞。钱氏为明末东林党渠魁,实与东汉李元礼无异。河东君《半野堂初赠》诗云"今日沾沾诚衔李",甚合牧斋当日身份,并搔著其痒处也。下句"开元鹤发翁"乃牧斋自比,固不待论。综合上下两句言之,意谓此时江左第一流人物尚有他人,何竟推我一人为上客耶?乃其自谦之语也。第七、第八两句意指徐武静,"海东"指徐氏郡望为东海也。第二首第二联谓时势将变,郑延平不久当率舟师入长江也。第七句用《左传·昭公二十八年》"梗阳人有狱"条云:

退朝,〔阎没女宽〕待于庭。馈入,〔魏子〕召之。比置,三叹。既食,使坐。魏子曰:"吾闻诸伯叔,谚曰,唯食忘忧,吾子置食之间,三叹,何也?"同辞而对曰:"或赐二小人酒,不夕食。馈之始至,恐其不足,是以叹。中置,自咎曰,岂将军食之,而有不足?是以再叹。及馈之毕,顾以小人之腹,为君子之心,属厌而已。"献子辞梗阳人。

颇疑高会堂此次之筵宴,其主人中亦有马进宝。故"将军"即指马氏。否则此时云间诸人,皆与"将军"之称不合也。第八句遵王《注》已引《左传·襄公十一年》晋侯以歌钟女乐之半,赐魏绛事以释之,甚是。然则综合七、八两句言之,更足征此次之盛会马进宝必曾参预,若不然者,诗语便无著落矣。

《云间董得仲投赠三十二韵依次奉答》云:

(诗略。)

寅恪案:此诗前述国事,后言家事,末寓复明之意。以辞繁不录,读者可自取读之。嘉庆修《松江府志》五六《董黄传》云:

董黄,字律始,号得仲,华亭人,隐居不仕,著《白谷山人集》。陈维崧《序》其集云:"托泉石以终身,殉烟霞而不返。"可得其仿佛焉。

足知得仲亦有志复明之人也。

《丙申重九海上作四首》,其三云:

去岁登高莫釐顶,杖藜落落览吴洲。洞庭雁过犹前旅,橘社龙归又一秋。飓母风欺天四角,鲛人泪尽海东头。年年风雨怀重九,晴昊翻令日暮愁。

其四云:

故园今日也登高,荬熟荼香望我劳。娇女指端装菊枕,稚孙头上搭花糕。(寅恪案:"搭花糕"事,见谢肇淛《五杂俎(上)》二《天部》二。)含珠夜月生阴火,拥剑霜风长巨螯。归与山妻翻海赋,秋灯一穗掩蓬蒿。

寅恪案:第三首前四句指同书五《乙未秋日许更生扶侍太公邀侯月鹭翁于止路安卿登高莫厘峰顶口占二首》之第二首末两句"夕阳橘社龙归处,笑指红云接海东"而言。"红云""海东"谓郑延平也。第四首之第一、第二两句谓河东君在常熟,而己身则在松江,即王摩诘"独在异乡为异客,每逢佳节倍思亲"之意(见《全唐诗》第二函《王维》四九月九日忆山东兄弟)。第三句"娇女"指赵微仲妻。(寅恪案:赵管字微仲。见《有学集》一二《东涧诗集(上)壬寅三月十六日即事》诗题。考河东君婿所以名管字微仲之故,实取义于《论语·宪问篇》"微管仲,吾其被发左衽矣"之语。河东君复明之微旨,于此益可证明矣。)"稚孙"指其长孙佛日。(寅恪案:《有学集》九《红豆初集·桂殇四十五首序》云:"桂殇,哭长孙也。孙名佛日,字重光,小名桂哥。生辛卯孟陬月,殇以戊戌中秋日。"前论河东君和牧斋《庚寅人日示内诗二首》之二"佛日初晖人日沉"句,以"佛日"指永历。牧斋其次年正月喜得长孙,以"佛日"命名,实取义于河东君之句。字以"重光",乃用《乐府诗集》四○陆机"日重光行"之典。即明室复兴之意。小名"桂哥",亦暗寓桂王之"桂"。由此观之,则钱柳复明之意,昭然若揭矣。)牧斋家属虽不少,但其所关心者,止此三人,据是可以推知。第四句用木玄《虚海赋》,暗指郑延平。盖河东君亦参预接郑反清之谋。第五句用左太冲《吴都赋》。此两句皆与第七句相应。又二赋俱出《文选》,非博闻强记、深通选学如河东君者,不足以当之也。

兹有最饶兴趣之三题,皆关涉松江妓彩生者,故不依此集先后次序,合并录之,略试考释,以俟通人之教正。

《陆子玄置酒墓田丙舍,妓彩生持扇索诗,醉后戏题八首》,其一云:

霜林云尽月华稠,雁过乌栖暮欲愁。最是主人能慰客,绿尊红袖总宜秋。

其二云:

金波未许定眉弯,银烛膏明对远山。玉女壶头差一笑,(涵芬楼本"玉女壶"作"阿耨池"。)依然执手似人间。

其三云:

釭花欲笑漏初闻,(涵芬楼本"漏初闻"作"酒颜醺"。)白足禅僧也畏君。上座巍峨许给事,缁衣偏喜醉红裙。

其四云:

残妆池畔映余霞,漏月歌声起暮鸦。枯木寒林都解语,海棠十月夜催花。

其五云:

口脂眉黛并氤氲,酒戒今宵破四分。莫笑老夫风景裂,看他未醉已醺醺。

其六云:

银汉红墙限玉桥,月中田地总伤凋。秋灯依约霓裳影,留与银轮伴寂寥。

其七云:

老眼看花不耐春,裁红缀绿若为真。他时引镜临秋水,霜后芙蓉忆美人。

其八云：

交加履舄袜尘飞，兰泽传香惹道衣。北斗横斜人欲别，花西落月送君归。

《霞城丈置酒同鲁山彩生夜集醉后作》云：

沧江秋老夜何其，促席行杯但诉迟。丧乱天涯红粉在，友朋心事白头知。朔风凄紧吹歌扇，参井微茫拂酒旗。今夕且谋千日醉，西园明月与君期。

《霞老累夕置酒，彩生先别，口占十绝句，纪事兼订西山看梅之约》，其一云：

酒暖杯香笑语频，军城笳鼓促霜晨。红颜白发偏相殢，都是昆明劫后人。

其二云：

兵前吴女解伤悲，霜咽琵琶戍鼓催。促坐不须歌出塞，白龙潭是拂云堆。

其三云：

促别萧萧班马声，酒波方溢烛花生。当筵大有留欢曲，何苦凄凉唱渭城。

其四云：

酒杯苦语正凄迷，（涵芬楼本"杯"作"悲"。）刺促浑如乌夜栖。欲别有人频顾烛，凭将一笑与分携。

其五云：

会太匆匆别又新，相看无泪可沾巾。绿尊红烛浑如昨，（涵芬楼本"绿"作"金"。）但觉灯前少一人。（自注："河东评云,唐人诗,但觉尊前笑不成。又云,遍插茱萸少一人。")

其六云:

汉宫遗事剪灯论,共指青衫认泪痕。今夕惊沙满蓬鬓,始知永巷是君恩。(自注:"鲁山赠诗,伤昔年放逐,有千金不卖《长门赋》之句。"寅恪案:涵芬楼本此自注作"鲁山赠诗有千金不买《长门赋》,伤先朝遗事也"。遵王本"卖"应作"买"。)

其七云:

渔庄谷水并垂竿,烽火频年隔马鞍。从此音书凭锦字,小笺云母报平安。

其八云:

缁衣居士(自注:"谓霞老。")白衣僧,(自注:"自谓。")世眼相看总不应。断送暮年多好事(涵芬楼本此句作"消受暮年无个事"),半衾暖玉一龛灯。

其九云:

国西营畔暂传杯,笑口憕腾嗉半开。数(自注:"上声")日西山梅万树,漫山玉雪迟君来。

其十云:

江村老屋月如银,绕涧寒梅破早春(涵芬楼本"破"作"绽"),梦断罗浮听剥啄,扣门须拉缟衣人。

寅恪案:许霞城事迹见《明史》二五八、嘉庆修《松江府志》五五及《小腆纪传》五六本传、李清《三垣笔记》中"许光禄誉卿所纳名妓王微有远鉴"条并《投笔集(上)后秋兴之四》其第五首"石龟怀海感昆山,二老因依板荡间"句下自注"怀云间许给事也。

陆机诗,石龟尚怀海,我宁忘故乡。盖不忘宗国之词"等。孙鲁山事迹见马其昶《桐城耆旧传》五,其文略云:

> 孙公讳晋,字明卿,号鲁山。始祖福一自扬州迁居桐城。〔左忠毅光斗〕以兄子妻之。天启五年成进士,授南乐令,调滑县,报最,擢工科给事中。以疏劾大学士温体仁任所私人典试事,乱祖制。被谪。体仁败,复起为给谏。累迁大理寺卿,特疏出刘公宗周、金公光宸于狱,荐史公可法于吏部。总兵黄得功被逮,疏请释之,得出镇凤阳。其后江左一隅,竟赖史、黄二公之力。时贤路阏塞,公在朝岳岳,诸君子咸倚赖之,推桐城左公后一人也。寻以兵部侍郎出督宣大。越二年以疾乞归,凡节饷十余万,封识如初,即日单车归金陵。亡何,京师陷。马士英拥立福藩,出史公可法于外。逆党亦攀附骤用,兴大狱,目公为党魁。乃仓皇奉母,避雠仙居。筮得遁之咸,因自号余庵,又曰遁翁。国朝举旧臣,强起之,不可。筑室龙眠山,率子弟读书其中。年六十八卒。

并可参《有学集》八《长干塔光集·腊月八日长干薰塔同介道人孙鲁山薛更生黄舜力盛伯含众居士》一题。关于陆子玄,则须略加考释。《列朝诗集》丁集三《陆永新粲小传》云:

> 粲字子余,一字浚明。长洲人。

后附其弟《陆秀才采小传》略云:

> 采字子玄,给事中子余之弟。年四十而卒。

寅恪以为牧斋诗题中之子玄,必非陆采,其理由有二。一、陆采既是长洲人,其墓田丙舍似不应在松江也。二、前论《列朝诗集》虽非一时刊成,大约在顺治十一年甲午已流布广远,今未发见附见"陆采"一条为后来补刻之证据。故牧斋顺治十三年丙申冬既能与采游宴,则采于是时尚生存,《小传》中自不能书"年四十而卒"。若此子玄非陆采者,则应是别一松江人。检《说梦》一"君子之泽"条云:

> 陆文定公(原注:"名树声,字兴吉,号平泉。嘉靖辛丑会元,大宗伯。")名德硕望,脍炙人口。生劬思。(原注:"名彦章,字伯达。万历己丑进士,官少司寇。")劬思生公美。(原注:"名景元。存问谢恩,特荫未仕。")公美生子玄。(原注:"名庆曾。")仅四世。而子玄虽登顺治丁酉贤书,以此贾祸,为异域之人。

《陈忠裕全集·年谱(上)》"崇祯八年乙亥"条附录李雯《会业序》云:

> 今年春,暗公、卧子读书南园,余与勒卣、文孙辈,或间日一至,或连日羁留。

同书一五《几社稿·同游陆文定公墓舍》题下附考证引《松江府志》云:

> 文定公陆树声墓在北城濠之北。万历三十三年赐葬。

同书一六《平露堂集·八月大风雨中游泖塔,连夕同游者宋子建尚木陆子玄张子慧》题下考证引《江南通志》云:

> 陆庆曾,字子玄。

同书同卷《送陆文孙省试金陵时当七夕》题下附考证引《复社姓氏录》云:

> 金山卫陆庆曾,字文孙。

董阆石《含莼乡赘笔(上)》"徙巢"条云:

> 陆文定公孙庆曾,素负才名。居丙舍,颇擅园亭之胜,以序

贡入都中式。事发,遣戍辽左。先是,陆氏墓木悉枯,栖鸟数日内皆徙巢他往。

娄东无名氏《研堂见闻杂记》"科场之事"条云:

陆庆曾子玄,云间名士平泉公之后。家世贵显,兄弟鼎盛。年五十余矣,以贡走京师。慕名者皆欲罗致门下,授以关节,遂获售。亦幽囹圄,拷掠无完肤。一时人士,相为惋惜嗟叹。

王胜时《云间第宅志》末一条略云:

北门外,陆文定公树声赐墓,左有庐目墓田丙舍,堂中以朱文公"耕云钓月"四字为额。公孙景元常居焉。

信天翁《丁酉北闱大狱记略》(寅恪案:关于庆曾事迹,可参孟森《明清史论著集刊下·科场案》"顺天闱"条)略云:

岁丁酉,大比贡士于乡,旧典也。权要贿赂,相习成风。二十五关节中,首为陆庆曾。系二十年名宿,且曾药愈〔房师李〕振邺。借中式以酬医,而非入贿者,亦即逮入,不少恕。

然则此名庆曾之陆子玄,即牧斋诗题之"陆子玄",并与舒章《会业序》中之"文孙"及卧子《送陆文孙省试金陵》诗之"陆文孙"同是一人无疑也。据卧子《游陆文定公墓舍》诗及阎石胜时所记,可知陆子玄之墓田丙舍与牧斋之拂水山庄性质颇相类,故能邀宴友朋、招致名姝也。又牧斋此次至松江,本为复明活动,其往还唱酬之人多与此事有关,故子玄亦必是志在复明之人。但何以于次年即应乡试?表面观之,似颇相矛盾。前论李素臣事,谓其与侯朝宗之应举,皆出于不得已。子玄之家世及声望约略与侯、李相等,故疑其应丁酉科乡试,实出于不得已,盖建州入关之初,凡世家子弟、著声庠序之人若不应乡举,即为反清之一种表示，累及家族或致身命之危险。否则陆氏虽在明南都倾覆以后，其旧传田产犹未尽失，自可生活，不必汲汲干进也。关于此点，足见清初士人处境之不易。后世未解当日情势，往往作过酷之批评，殊非公允之论也。至彩生之事迹，则不易考知。牧斋《高会堂诗序》有"北里新知，目成婉娈"之语，可见牧斋前此并未与之相识。又观上列第三题第五首，牧斋自注特载河东君评语，可见河东君与彩生深具同情，绝无妒嫉之意。取与顺治九年牧斋第一次至金华游说马进宝时，竟不敢买婢者大异。足证彩生亦是有志复明之人。又此题第九首第三句之"西山"指虞山，盖拂水岩在虞山南崖，而虞山在常熟县西北，故牧斋可称之为"西山"（见刘大沛《虞书》"虞山"及"拂水岩"条）。与第四章所论《〔辛巳〕冬至后京江舟中感怀八首》之八及《〔癸未〕元日杂题长句八首》之七两诗中之"西山"指苏州之邓尉者不同。拂水山庄梅花之盛，屡见于牧斋之诗文。可参第四章论《东山酬和集·除夕山庄探梅》诗等。第十首第二句"绕涧"之"涧"，即虞山之桃源涧（见《虞书》"桃源涧"条）。第三四两句自是用东坡《十一月二十六日松风亭下梅花盛开》诗中"海南仙云娇堕砌，月下缟衣来扣门"之语（见冯应榴《苏文忠公诗合注》三八）。窥牧斋之意欲霞城偕彩生同至其家，与河东君相见，绝无尹、邢不能觌面之畏惧。则此二女性，俱属有志复明之人，复可以推知矣。《有学集》一二《戴东涧集（上）》康熙元年壬寅春间所赋《茸城吊许霞城（七律）》第二联云："看花无伴垂双白，压酒何人殢小红。"上句谓己身，下句谓彩生。可取与上列第三题相参证也。呜呼！建州入关，明之忠臣烈士、杀身殉国者多矣。甚至北里名媛、南曲才娃，亦有心悬海外之云（指延平王），目断月中之树（指永历帝），预闻复楚亡秦之事者。然终无救于明室之覆灭，岂天意之难回，抑人谋之不臧耶？君子曰：非天也，人也！

关于上列三题中许誉卿、孙晋、陆庆曾及彩生诸人之事迹，约略考证既竟，兹再就三题中诸诗，择其可注意者，稍诠释之于下。

第一题第四首"漏月歌声起暮鸦"句之"漏月"，遵王《注》有"琴女名漏月"之语，但未言出于何书。检孙星衍《平津馆丛书》中之《燕丹子》，源出《永乐大典》本，渊如复校以他书，故称善本，独未载"漏月"之名。复检《有学集诗注》一四《东涧集（下）病榻消寒杂咏四十六首》之三十七《和刘屏山〔汴京纪事〕师师垂老绝句》中"十指琴心传漏月"句，"漏月"下遵王《注》引杨慎《禅林钩玄》云：

> 漏月事见《燕丹子》，漏月传意于秦王，果脱荆轲之手。相如寄声于卓氏，终获文君之身。皆丝桐传意也。秦王为荆轲所持，王曰："乞听琴声而死。"琴女名漏月，弹音曰："罗縠单衣，可掣而绝。三尺屏风，可超而越。鹿卢之剑，可负而拔。"王如其言，遂斩荆轲。

始知牧斋所赋，遵王所注，殆皆出《禅林钩玄》。鄙意杨用修为人，才高学博，有明一代罕有其比。然往往伪造古书，如《杂事秘辛》即是一例。故其所引《燕丹子》漏月之名，果否出于古本，尚是一问题也。此首"海棠十月夜催花"句，谢肇淛《五杂俎（上）》二云：

> 十月谓之阳月，先儒以为纯阴之月，嫌于无阳，故曰阳月，此臆说也。天地之气，有纯阳，必有纯阴，岂能讳之？而使有如女国讳其无男，而改名男国，庸有益乎？大凡天地之气，阳极生阴，阴极生阳。当纯阴、纯阳用事之日，而阴阳之潜伏者，已骎骎萌蘖矣。故四月有亢龙之戒，而十月有阳月之称。即天地之气，四月多寒，而十月多暖，有桃李生华者，俗

谓之小阳春,则阳月之义,断可见矣。

《红楼梦》第九十四回《宴海棠贾母赏花妖》节云:

大家说笑了一回,讲究这花(指海棠)开得古怪。贾母道:"这花儿应在三月里开的,如今虽是十一月,因节气迟,还算十月,应着小阳春的天气,因为和暖,开花也是有的。"

《太平广记》二五《乐门》"玄宗"条云:

〔玄宗〕尝遇二月初诘旦,巾栉方毕,时宿雨始晴,景色明丽,小殿内亭,柳杏将吐,睹而叹曰:"对此景物,岂可不与他判断之乎?"左右相目,将命备酒,独高力士遣取羯鼓。上旋命之,临轩纵击一曲,曲名《春光好》,上自制也。神思自得,及顾柳杏,皆已发拆,指而笑谓嫔嫱内官曰:"此一事,不唤我作天公可乎?"皆呼万岁!

丁传靖辑《宋人轶事汇编》一二引《春渚纪闻》云:

东坡在黄日,每有燕集,醉墨淋漓,不惜与人。至于营妓供侍,扇题带画,亦时有之。有李琪者,(原注:《清波杂志》作李绮。《庚溪诗话》作李宜。)少而慧,颇知书,时亦每顾之,终未尝获公赐。至公移汝,将祖行,酒酣,琪奉觞再拜,取领巾乞书。公熟视久之,令其磨研。墨浓,取笔大书云"东坡七载黄州住,何事无言及李琪"即掷笔袖手,与客谈笑。坐客相谓,语似凡易,又不终篇,何也?至将撤具,琪复拜请,坡大笑曰:"几忘出场。"继书云:"恰似西川杜工部,海棠虽好不留诗。"一座击节。

综合上引材料,推测牧斋此诗意旨,殆与前论《戏赠塾师》诗有相似之处。清世祖征歌选色,搜取江南名姝,以供其耳目之娱,第四章论董小宛事已言及之。此辈女性,即牧斋诗所谓漏月之流,牧斋此诗列于《丙申重九海上作》之后、《徐武静生日》之前,(寅恪案:陈乃乾、陈洙编《徐暗公先生年谱》"万历四十二年甲寅"条云:"九月二十日,弟致远生。")可证乃九月中旬所赋。海棠于小阳春之十月,本可重开。今赋诗在九月,故用李三郎羯鼓催花之典。海棠用东坡赠李琪诗语,亦指彩生。意谓惜彩生不能与董、白之流被选入宫,否则可借以复仇如苎萝村女之所为,而与漏月之暗示秦王拔剑斩荆轲者大异其趣。颇疑牧斋此诗之意,即当时最后与彩生所谈之语。是耶?非耶?姑妄言之,以俟更考。

第一题第六首"银汉红墙限玉桥,月中田地总伤凋"二句,意谓松江与桂王统治之西南区域隔离颇远,且迫蹙一隅,土地民众皆不及江南之富庶。"秋灯依约霓裳影,留与银轮伴寂寥"二句,意谓今夕吾辈之文宴,实聚商反清复明之事,聊可告慰于永历帝也。

第二题第一联"丧乱天涯红粉在,友朋心事白头知"可与上引《茸城吊许霞城》诗"看花无伴垂双白,压酒何人殢小红"相参证。第五句"朔风凄紧吹歌扇",亦暗寓彩生不甘受清人压迫之意。观此,知牧斋推崇彩生甚至,而彩生之为人又可想见矣。

第三题第一首"红颜白发偏相殢,都是昆明劫后人"二句,盖牧斋之意,以彩生与霞城同具复明之志,故能亲密如此,非寻常儿女之私情可比也。第二首"兵前吴女解伤悲,霜咽琵琶戍鼓催"二句,意谓清廷驻重兵于松江以防海。"吴女"指彩生也。"促坐不须歌出塞,白龙潭是拂云堆"二句,谓当时置酒于白龙潭上,而白龙潭所在之松江已归清室统治,与塞外之拂云堆无异。己身与霞城辈之身世,亦与王昭君相似。其感慨沉痛,实有甚于白乐天《琵琶引》"同是天涯沦落人"句(见《白氏文集》一二)及东坡《定惠院海棠》诗"天涯沦落俱可念"者矣(见冯氏

《苏文忠公诗合注》二〇并可参《容斋五笔》七"琵琶行海棠诗"条)。《全唐诗》第八函杜牧四《题木兰庙》诗云:

> 弯弓征战作男儿,梦里曾经与画眉。几度思归还把酒,拂云堆上祝明妃。

今彩生身世类于明妃,而心事实同于木兰。牧斋下笔时,必忆及小杜此诗无疑也。

第四首"欲别有人频顾烛,凭将一笑与分携"亦用《全唐诗》第八函杜牧四《赠别二首》之二(《才调集》四题作《题赠》)云:

> 多情却似总无情,惟觉尊前笑不成。蜡烛有心还惜别,替人垂泪到天明。

而微反其意。以其出处过于明显,故河东君不依第五首之例,标出之耳。

第六首"汉宫遗事剪灯论,共指青衫认泪痕"二句,亦用白香山《琵琶行》之语,以指于崇祯时,两人共忤温体仁,曾被黜谪事。但当时虽被革退,尚在明室统治之中国,犹胜于今日神州陆沉、胡尘满鬓。孙鲁山是否不效陈皇后以千金买《长门赋》,借求汉武帝之复幸,未敢决言。至牧斋被黜还家后屡思进取,终至交结马、阮身败名裂,前已详论,兹不复赘。今读此诗,不觉令人失笑也。

第八首"断送暮年多好事,半衾暖玉一龛灯"二句,牧斋老归空门,又与河东君偕隐白茆港之红豆山庄,自是切合。至霞城虽"国变后,祝发为僧"(见《小腆纪传》五六《许誉卿传》),但若未贮彩生于金屋,则"半衾暖玉"一语,恐尚不甚适当也。

牧斋顺治十三年丙申秋冬间之游松江,乃住于徐武静家。前言武静实为此次复明活动之中心人物。故牧斋《赠武静生日诗》乃《高会堂集》中重要篇什。兹以其诗过长,节略于下并略加释证。但诗中原注云"有本事,详在自注中"之语,今诸本此"自注"皆已删去,无从考知,甚为可惜。姑以意妄加揣测,未知当否?博雅通人,幸有以教正之也。

《有学集诗注》七《高会堂诗集·徐武静生日置酒高会堂赋赠八百字》云:

> 丰苕根滋大,澧兰叶愈芳。长离仍夭矫,二远并翱翔。视草征家集,探花嗣国香。(自注:"已上记徐氏阀阅之盛,次述板荡凄凉。")时危人草草,运往泪浪浪。丧乱嗟桑梓,分携泣枌棠。午桥虚绿野,甲第裂仓琅。毳帐围廛里,穹庐垎堵墙。上楹残网户,遥集俨堂皇。藻井欹中霤,交疎断两厢。骆驼冲燕寝,雕鹫扑回廊。绿水供牛饮,青槐系马柳。金扉雕绮绣,玉轴剔装潢。筚篥吹重阁,胡笳乱洞房。重来履道里,旋忆善和坊。灭没如前梦,低回对夕阳。老夫殊匪氅,吾子剩飞扬。(自注:"已下叙武静生日置酒。")奕叶违东阁,诛茅背北邙。赐书传鼓箧,遗笏贮牙床。著作推徐干,交游说郑庄。驾从千里命,诺许片言偿。故国鱼龙冷,高天鸿雁凉。抚心惟马角,策足共羊肠。(自注:"上四语兼怀暗公。")四十年华盛,三千风力强。开筵千日酒,初度九秋霜。上客题鹦鹉,佳儿蜡凤凰。寒花宜晚节,淡月似初旸。且共谋今夕,相将抗乐方。铙歌喧柱渚,鼓吹溢余皇。(自注:"于时有受降之役。")积气嘘阳焰,冲风决土囊。纷纷争角觚,往往捉迷藏。身世双樊笼,乾坤百戏场。拔河群作队,蹀堶巧相当。(自注:"蹀堶抛砖戏也。")粤祝刀头沸,伥童撞末忙。倒投应共笑,殒绝又何妨。丸剑纷跳跃,虺蛇莽陆梁。雉媒声呃喔,鸡距羽飘扬。蚊翼飞军橄,龟毛算土疆。蚁酣床下斗,鼠怯穴中僵。左角封京观,南柯缺斧斨。西垣余落日,东牖湛清觞。鹆首天还醉,旄头角尚芒。楚弓

亡自得,郑璧假何常。颂德牛腰重,横经马肆详。(原注:"有本事,详在自注中。")酒兵天井动,饮器月氏良。噩梦难料理,前尘费忖量。糟床营壁垒,茗碗拣旗枪,乍可歌鹛鸹,宁辞典骕骦。持筹征绿醑,约法听红妆。笑口灯花烂,灰心烛泪行。有言多谬误,无处诉颠狂。授色流眉睞,传杯啮口肪。漏残河黯淡,舞罢斗低昂。班马宵喧撄,邻鸡晓奋吭。莫嫌相枕籍,旭日渐煌煌。

寅恪案:此时牧斋及武静之任务,可于永历与徐孚远、张元畅两敕文中见之,兹全录两敕文于下。

《徐暗公先生年谱》"永历六年即顺治九年壬辰条永历自黔遣官赍敕谕先生偕张肯堂等进取"下附《敕》曰:

皇帝谕论赞理直浙恢剿军务兼理粮饷都察院左佥都御史徐孚远。朕以凉德御宇,崎岖险阻,六载于兹。每念贞臣志士,抗节迍邅,茹荼海表,不禁寝食为废。兹以黔方地控上游,爰于今春二月,暂跸安龙,用资调度。赖秦王(指孙可望)朝宗,力任尊攘,分道出师,数月之间,川楚西粤相次底定。事会既有可为,策应自不宜缓。尔孚远贞心独立,忠节性成,履重险而不回,处疾风而愈劲。前晋尔都察院右佥都御史,赞理恢剿军务,久有成命。顷览督辅臣肯堂及尔来奏,知尔与枢司臣徐致远等潜联内地,不避艰危,用间伐谋,颇有成绪。朕心嘉尚。用敕国姓成功提师北上,进规直浙。尔其与督辅肯堂,鼓励诸师,承时进取。或联合山海义旅,张我犄角。或招徕慕义伪帅,间其心腹,务期荡平膻秽,密奏收京,俾朕旋轸旧都,展谒陵庙。惟时尔庸若宋臣范仲淹,以天下为己任。故其文章气节彪炳一时,至今尚之,尔其勉旃,慰朕至望。钦哉!特敕。永字一万一千十三号。

又附有陈洙《按语》云：

> 直浙即江南浙江，盖江南为明之直隶省，是时肯堂已先一年殉国舟山，桂王尚未之知，故敕中又及"督辅肯堂"字样。

同书"永历八年即顺治十一年甲午条永历遣官赍敕谕先生及张元畅"下附《敕》曰：

> 皇帝敕谕佥宪臣徐孚远，枢司臣张元畅，朕跸安龙垂及三载，每念我二三忠义，戮力远疆，艰危备历，不禁寝食为废。尔佥宪臣孚远履贞抗节，历久不渝。近复深入虏窟，多方联络，苦心大力，鉴在朕心。尔枢司臣张元畅，不惮险远，间关入觐，去春衔命东归，百罹并涉，卒能宣德达情，克将使命。用是特部议予孚远赞理直浙恢剿军务，兼理粮饷关防。予元畅直浙督师军前监军理饷关防，俾尔疏通远近，以便奏报。方今胡氛渐靖，朕业分遣藩勋诸师，先定楚粤，建瓴东下。漳国勋臣成功亦遣侯臣张名振等统帅舟师，扬帆北上。尔务遥檄三吴忠义，俾乘时响应，共奋同仇。仍一面与勋臣成功商酌机宜，先靖五羊，会师楚粤。俟稍有成绩，尔等即星驰陛见，以需简任，尚其勉旃，慰朕属望。钦哉！特敕。

据上引永历六年即顺治九年敕文"招徕慕义伪帅，间其心腹"之语，复检《清史列传》八〇《马逢知传》云：

> 〔顺治七年〕十一月，土贼何兆隆啸聚山林，外联海贼，为进宝擒获。随于贼营得伪疏稿，谓进宝与兆隆通往来，疏请明鲁王颁给敕印。又得伪示，称进宝已从鲁王。进宝以遭谤无因，白之督臣陈锦，以明心迹。锦疏奏闻。得旨：设诈离间，狡贼常情。马进宝安心供职，不必惊惧。

此事虽在前二年，且颁敕印者为鲁王而非桂王，然情状实相类似,可以互证。故招徕慕义伪帅之责,如牧斋声望年辈及曾迎降清兵者,最足胜任。况牧斋复经瞿稼轩之荐举从事此种工作乎?又据此《敕》文"尔与枢司臣徐致远等潜联内地,不避艰危,用间伐谋,颇有成绪"等语,则知武静早已游说伪帅反清复明稍有成绪矣。其称之为"枢司臣"者,正如顾亭林,鲁王曾授以兵部司务事,后唐王复以职方郎召之例(见《清史稿》四八七《儒林传》二《顾炎武传》)。但《顾亭林诗笺注》前附清国史馆旧《传》,改"鲁王"及"唐王"为"福王",盖有所避忌也。此种低级官衔,大抵加诸年辈资格较浅之人,武静亭林即其证也。

又关于顾亭林受南明诸主官秩事,更牵及汪琬与归庄争论"布衣"问题,如《尧峰文钞》三三《与归元恭书》第二通云:

人主尚不能监谤,足下区区一布衣,岂能尽箝士大夫之口哉?

同书同卷《与周汉绍书》略云:

仆再托致元恭手札,力辨改窜《震川集》非是。彼概置不答,而辄澜词诟詈。又闻指摘最后札中"布衣"二字,谓仆简傲而轻彼。于是诉诸同人,播诸京师士大夫之口,则元恭亦甚陋矣。仆不审元恭所诉何词,士大夫何故一口附和也。由仆言之,布衣之称,不为不尊,不为不重,不为不褒且誉也。仆原书具在,上文借引人主,下文用布衣比拟,正与庄、荀文义略同。以此缪相推奉,使元恭或局踏忸怩而不敢当,斯则宜矣。而顾谓简傲,彼虽甚陋,岂奔走干谒之暇,全未寓目诸书乎?记有之,学然后知不足,彼之所以怼然诟詈至于再四,而莫止者,夫孰非不学之故与?窃愿元恭少留意于学也。抑仆又妄加揣摩,得毋元恭间从宦游,亦既授有官秩,而仆忽忘之耶?则仆生稍晚,自世祖章皇帝以来,即从事本朝,为郎官为小吏于京师,是故只知本朝官秩而已,若元恭所历,实不能知也。以此罪仆简傲,又奚逭焉?元恭交游甚广,其声焰气埶,皆足杀仆,不得不自白于足下,幸足下代为雪之。

《归庄集》五《再答汪苕文》略云:

二月八日布衣归某顿首苕文民部先生执事。自正月二十一日,连得二书。甚怪!执事第二书,谓仆斥之为戆,为杜撰,为取笑。且谓仆以区区一布衣,欲钳士大夫之口,而咆哮抵触。戆字,仆书初未尝有,而横诬之。若杜撰,取笑,则诚不能讳。昔王文恪公〔鏊〕罢相归里门,〔陆〕贞山先生〔粲〕尚为诸生,相与质难文义,宛如平交。文恪心折于陆,每注简端云,得之子余。前辈之忘势,而虚怀若此,今执事不过一郎官耳,遂轻仆为区区一布衣,稍有辨难,便以为咆哮抵触。人之度量相越,乃至于此。执事每言作文无他妙诀,唯有翻案。夫翻案者,如人在可否之间,事涉是非之介,不妨任人发论。然昔人尚有以好奇害理为戒,今执事乃故宽肆意删改之罪,而锻炼苦心订正之人,此不得谓之翻案,乃是拂人之性耳。仆前书气和而辞逊,执事顾谓其咆哮抵触,今则诚不能无抵触矣。盖欲执事知区区布衣,亦有不可犯者,毋遂目中无人,而概凌轹之也。

夫玄恭与亭林同时起兵抗清,鲁王既授亭林以官职,则玄恭亦必有类似之敕命(可参《小腆纪传》五三《儒林》一《顾炎武传》及同书五八《归庄传》)。钝翁应知恒轩曾受明之虚衔,故挟此以要胁恫吓。其用心狠毒,玄恭发怒,即由于此。至《与周汉绍书》,自"抑仆又妄加揣摩"至"实不能知也"一段,汉奸口吻,咄咄逼人,颜甲千重,可谓不知世间有羞耻事矣。特标出之,以告读恒轩尧峰之集者。

又永历六年《敕》"用敕国姓成功提师北上,进规直浙"及永历八年《敕》"漳国勋臣成功亦遣侯臣张名振等统帅舟师,扬帆北上,尔务遥檄三吴忠义,俾乘时响应,共奋同仇"等语,足证牧斋诸人之谋接应延平,亦实奉永历之命而为之,非复明诸人之私自举动也。永历六年敕"务期荡平膻秽,密奏收京,俾朕旋轸旧都,展谒陵庙"等语,足证牧斋之频繁往来南京,甚至除夕不还家渡岁,河东君亦能原谅之者,盖牧斋奉有特别使命之故也。抑更有可笑者,永历六年《敕》为"特敕。永字一万一千十三号"。以区区之小朝廷,其官书之繁多如此。唯见空文,难睹实效,焉得不终归覆灭哉?

复次,牧斋诗中有略须释证者"长离仍夭矫,二远并翱翔"一联,指徐氏兄弟三人。"长离"谓暗公仲弟圣期。《徐暗公先生年谱》"万历二十九年辛丑"条云:

四月弟圣期凤彩生。

同书"永历十一年即顺治十四年丁酉"条云:

七月先生弟凤彩卒。

牧斋称凤彩为"长离"者,盖《汉书》五七下《司马相如传·大人赋》云:

前长离而后矞皇。(原注:"师古曰,长离灵鸟也。")

及旧题伊世珍撰《琅嬛记》云:

南方有比翼鸟,(寅恪案:《佩文韵府》"八霁"所引,"鸟"作"凤"。)飞止饮啄,不相分离。雄曰野君,雌曰观讳。总名曰长离。言长相离着也。此鸟能通宿命,死而复生,必在一处。

牧斋赋此诗在顺治十三年丙申九月,是时圣期尚健在。但《钓璜堂存稿·徐暗公先生年谱》附录王沄《东海先生传》略云:

> 东海先生姓徐氏,名孚远,字暗公,华亭人。父太学公尔遂,生三子,长即先生,仲凤彩,少致远。先生出亡时,湖海风涛,家门岌岌不自保,仲弟遂以忧卒。少弟为世所指名,几滨于危。奔走急难,倾身下士,由是家门得全,家益中落,劳瘁失志,亦以忧卒。

然则圣期与武静兄弟二人,谨慎豪侠,各有不同(可参《钓璜堂存稿》一〇《武静弟》及同书一一《闻圣期二弟没赋哀六首》之二及五等诗)。武静当日寿筵,牧斋及其他宾客皆反清复明好事之人,以意揣之,圣期未必与此辈往还。其弟生日时或竟不预坐,亦未可知。唯牧斋寿武静诗,历叙徐氏家门之盛,兼怀暗公,自不能不言及圣期耳。

牧斋诗自"丧乱嗟桑梓"至"低回对夕阳"一段,指徐氏第宅为清兵占据毁坏之凄凉状况。《云间地宅志》所记徐阶、徐陟兄弟及其子孙之屋舍甚多,恐牧斋诗中所述乃指徐阶赐第即王氏书中略云:

> 南门内新桥河西。仙鹤馆西徐文贞公阶赐第,有章赐世经二堂,门有额曰,三赐存问。

是也。其他徐氏第宅,或以较为狭小,不足供驻兵之用,遂幸得保存,如武静之高会堂即是其一。《莼乡赘笔(上)》"议裁提督"条云:

> 吾松郡制吴淞总兵一员驻防,其余沿海如金山卫川沙等处,各设参戎。形势联络,海滨有警,一呼俱应,最为得策。自国朝虑海氛飘忽,专设提督,坐镇府城。去海百余里,分防

诸弁往来请命,缓急不能即赴,贼往往乘隙扬帆突入,屡遭劫掠,逮遣兵而已无及矣。况提镇衔尊势重,坐享荣华,糜兵耗饷,有害无益,兼之兵民杂处,尤属不安,百姓房屋,半成营伍。洪内院承畴议撤提督,以总兵驻吴淞。科臣亦有筹及此者,何时得复旧制,使郡中士庶复睹升平之象耶?

足知当日提督驻在松江府城,其部下侵占及毁坏民间房屋之情形。故阎石所记,亦可视为牧斋诗此段之注脚也。牧斋诗"重来履道里,旋忆善和坊"上句指武静之高会堂,下句指文贞赐第。"履道里"用白香山典故,固不待言。"善和坊"出柳子厚《与许孟容书》。牧斋意谓高会堂幸存,而赐第被占也。"里""坊"两字可以通用,况上句既用"里"字,下句不当重复。且"坊"字为此诗之韵脚,不能更用他字。遵王《注》"善和坊",并列《云溪友议》及柳文两出处,而不加择别,盖范书作"善和坊",柳文作"善和里"之故。殊不知范书所言乃是扬州之倡肆,岂可以目宰相之赐第耶?读遵王《注》至此,真可令人喷饭也。"铙歌喧枉渚,鼓吹溢余皇"一联,下注云:"于时有受降之役。"《清史稿》五《世祖本纪二》略云:

〔顺治十三年丙申七月〕戊申(初二日),官军败明桂王将龙韬于广西,斩之。庚戌(初四日),郑成功将黄梧等以海澄来降。八月壬辰(十七日),封黄梧为海澄公。

然则此联上句指龙韬之败死,下句指黄梧之降清。牧斋所谓"于时有受降之役"即指海澄氏而言。黄氏之降关系明清之兴亡者甚大,故牧斋自注特标出之。清廷发表两事在七月及八月。牧斋得闻知,当在八九月,距赋此诗时甚近也。或更谓《清史稿》五《世祖本纪二》载:

〔顺治十三年丙申正月〕己亥(廿日),郑成功将犯台州,副将马信以城叛,降于贼。

牧斋所谓受降之役即指此事,盖以郑延平受马信之降也。但牧斋自注既不详言,故未敢决定,姑备一说,以俟续考。牧斋诗"蚊翼飞军檄,龟毛算土疆"联,上句遵王《注》引东方朔《神异经》"南方蚊翼下有小蜚虫焉"等语以释之,是。牧斋之意,不过谓此时南方尚用兵也。下句遵王《注》引任昉《述异记》"夏桀时,大龟生毛,而兔生角,是兵角将兴之兆"以为释,自亦可通。但鄙意牧斋"龟毛"之语盖出佛典,如《楞严经》之类。其义谓虚无不足道。推牧斋诗旨,盖谓南明此时疆土虽有损失,亦无害于中兴之大计也。"颂德牛腰重,横经马肆详"一联,下原注云:"有本事,详在自注中。"夫歌功颂德之举,乃当日汉奸文人所习为者,渊明诗之所慨叹,亦建州人关之初,汉族士子依附武将聊以存活之常事,殊不足怪。但牧斋此联必有具体事实,非泛指一般情况。其自注今不可见,甚难确言也。"持筹征绿醑,约法听红妆"一联,下句之"红妆"当有彩生在内。末两句"莫嫌相枕籍,旭日渐煌煌"盖谓此时预会诸人,虽潦倒不得志,但明室渐有中兴之望,聊可自慰。牧斋斯语,不独可为此诗之结语,亦《高会堂集》诸诗之主旨也。

《有学集诗注》七《云间诸君子再觞于子玄之平原北皋(见遵王"陆机山"注)子建斐然有作,次韵和答四首》云:

> 松江蟹舍接鱼湾,箬笠拿舟信宿还。爱客共寻张翰酒,开筵先酹陆机山。吹箫声断更筹急,舞袖风回么鼓闲。沉醉尚余心欲拚,江城悲角隐严关。

其二云:

> 征歌选胜梦华年,装点清平觉汝贤。灯下戏车开地脉,(自注:"优人演始皇筑长城事。")尊前酒户占天田。吴姬却诉

从军苦,禅客偏拈赠妓篇。看尽秋容存老圃,莫辞醉倒菊花前。

其三云:

秋漏沉沉夜鏊移,余杭新酒熟多时。笙歌气暖灯花早,宴语风和烛泪迟。上客紫髯依白发,佳人翠袖倚朱丝。(自注:"鲁山公次余坐,彩生接席。")频年笑口真难得,黄色朝来定上眉。

其四云:

几树芙蓉伴柳条,平川对酒碧天高。湘江曲调传清瑟,(涵芬楼本"曲调"作"一曲"。)汉代词人谧洞箫。(寅恪案:"谧"疑是"咏"字之讹。)自有风怀销磊块,定无筹策到渔樵。停杯且话千年事,(涵芬楼本"且"作"莫"。)黄竹谁传送酒谣。(自注:"席中宋子建作致语,有云,借箸风清,效伏波之聚米。非道人本色,五六略为申辨,恐作千古笑端耳。")

寅恪案:前论《云间诸君子觞余于高会堂》诗,谓牧斋初至松江,云间诸友为之洗尘,故合宴之于高会堂。今此诗题《再觞于子玄平原北皋》,则当是共为饯行之举也。子建者,宋存标之字。光绪修《华亭县志》一六《人物门》云:

宋存标,字子建,号秋士,尧武孙,明崇祯十五年副贡。子思玉,字楚鸿。思宏,字汉鹭。思璟,字唐鹮。

在《再觞》诗前,牧斋有《次韵答宋子建》及《次韵答子建长君楚鸿》两题,不过酬应之作,故不备录。此题则云间诸人以其来松游说马进宝反清略告一段落,将归常熟,公钱席间,子建赋诗并作致语,贺其成就,故牧斋次韵和答寓有深意。与前此两题仅为寻常酬应之作者,大不相同也。第一首七、八两句,言当日清廷驻重兵于长江入海要地之松江以防郑成功。《毛诗》一二《小雅·小弁》云:

> 踧踧周道,鞫为茂草。我心忧伤,惄焉如捣。

《传》云:

> 周道,周室之通道。(可参钱饮光澄之《田间诗学》此篇引陈式语。)

盖长江为通南都之大道,与其次年所作"铁锁长江是旧流"句(见《有学集诗注》八《燕子矶归舟作》)。同一辞旨也。第二首第二联,下句指上引《彩生持扇索诗戏题八首》等同类之篇什。"禅客"牧斋自称也。上句自指彩生。其诉从军苦者,必非泛说。观《题彩生扇八首》之八"北斗横斜人欲别,花西落月送君归"句,及《霞老累夕置酒彩生先别》一题,知彩生往往不待席终即先别去,似有拘束所致。岂彩生乃当日营妓耶?俟考。

偶检徐电发釚《本事诗》一○载毛驰黄先舒《赠王采生诗四首(并序)》云:

> 盖闻柴桑高韵,非无西轩之曲。(见涵芬楼影宋刊本笺注《陶渊明集》六《闲情赋》。)楚士贞心,亦有东邻之赋。(见《文选》一九《宋玉登徒子好色赋》。)虽托兴于艳歌,实权舆于大雅者也。同郡范子,天情高逸,风调霁朗,埋照浊世,混迹嚚尘。莫愁湖畔,屡变新声。阮籍垆头,何疑沉醉。尔乃偶然命屐,瞥尔逢仙。地多松柏,上宾邀除径之欢。门掩枇杷,才子乃扫门(眉)之客。其人也,产自鹤沙,侨居凤麓。收束近禁中之态,散朗饶林下之风。若乃妙能促柱,雅工垂手。丹唇乍启,毫发崩云。响屧初来,甗甀如水。感此倾城之好,遂叶同声之歌。白门柳下,夜夜藏乌。油壁车边,朝朝骑马。是以红笺十丈,写幽艳以

难穷。白纻千丝,萦繁愁而欲断。茂矣美矣,婉兮姿兮。南方故多佳人,而西陵洵称良会者也。于是传诸好事,递撰新篇,既美一绪之联文,且惊诸体之竞爽。昔者啰啧曲高,镜湖开色。善和笔妙,雪岭更题,总标美于青楼,均流音于斑管。以兹方昔,将无过之。仆忧病无方,风流殆尽。聊宣短叙,并制韵文。悔其少作,敢借口于扬云。辄冠群贤,终汗颜于李白云尔。

昨日非今日,新年是旧年。迷人春半草,相望隔江烟。
鸭卧香炉暖,蜂憎绣幕垂。何当寒食雨,著意湿花枝。
吴绡吹梦薄,楚簟压娇多。宿鬓擎松处,教谁唤奈何。
柳汁匀晨黛,桃脂助晚妆。谁怜薄命妾,不负有心郎。

寅恪案:"同郡范子"者,疑是范骧。《清史列传》七〇《文苑传·柴绍炳传》附毛先舒传略云:

毛先舒,字稚黄,〔浙江〕仁和人。初以父命为诸生,改名骙。父殁,弃诸生,不求闻达。少奇慧,十八岁著《白榆堂诗》,陈卧子见而奇赏之,因师子龙。复著有《歊景楼诗》,子龙为之序。又从刘宗周讲学。

民国修《海宁州志稿》二九《文苑门·范骧传》略云:

范骧,字文白,号默庵。书法效锺、王。环堵萧然,著述不辍。俄以史祸被逮,已而得释,志气如常。令下郡国辑修邑乘,骧考献征文,书将成而卒,年六十八。

吴修《昭代名人尺牍小传》七《范骧传》云:

范骧,字文白,号默庵,海宁人,诸生。工书,有《默庵集》。

文白事迹第三章论《采花酿酒歌》已略及之外,今更稍详述之。文白既与牧斋交好,又曾为南浔庄氏史案所牵累,卒以与陆圻、查伊璜同自首之故,得免于祸(见《痛史》第四种《庄氏史案》

附陆缵任莘行撰《老父云游始末》)。当日列名庄氏史书诸人,大抵皆江浙文士不归心建州者。观陆查志行,亦可以推知范氏之旨趣矣。稚黄师事陈子龙,又从刘宗周讲学,则其人当亦反清之流,与文白同气类者。由是言之,毛、范之粉饰推誉彩生,殆有政治关系,不仅以其能歌善舞也。"鹤沙"即上海县之鹤沙镇。上海为松江府属县之一,萨都敕《吴姬曲》云"郎居柳浦头,妾住鹤沙尾。好风吹花来,同泛春江水"(见顾嗣立《元诗选》"初集""戊集"所选萨天锡《雁门集》)。稚黄"产自鹤沙"之语,即用此古典,亦是当日之今典;复与牧斋诗"吴姬却诉从军苦"之吴姬相合。"凤麓"者,指凤凰山麓而言,即谓松江府城,盖松江有凤凰山。第三章论陈卧子《癸酉长安除夕》诗"曾随侠少凤城阿"节,已详引证,兹不复赘。毛氏又言:"传诸好事,递撰新篇,既美一绪之联文,且惊诸体之竞爽。"则《赠彩生诗》必有专刊传播,如《东山酬和集》之类。此乃明末清初社会之风气也。"啰唝曲高,镜湖开色"者,范摅《云溪友议(下)》"艳阳词"条略云:

安人元相国应制科之选,历天禄畿尉,则闻西蜀乐籍有薛涛者,能篇咏,饶词辩,常悄悒于怀抱也。及为监察,求使剑门,以御史推鞫,难得见焉。〔后〕,廉问浙东,别涛已逾十载。方拟驰使往蜀取涛,乃有俳优周季南,季崇及妻刘采春,自淮甸而来,善弄陆参军,歌声彻云,篇韵虽不及涛,容华莫之比也。元公似忘薛涛,而赠《采春诗》曰:"新妆巧样画双蛾,幔裹恒州透额罗。正面偷轮光滑笏,缓行轻踏皱文靴。言词雅措风流足,举止低回秀媚多。更有恼人肠断处,选词能唱望夫歌。"望夫歌者,即罗唝之曲也。(原注:"金陵有罗唝楼,即陈后主所建。")《采春》所唱一百二十首,皆当代才子所作。其词五六七言,皆可和矣。词云:"昨日胜今日,今年老去年。黄河清有日,白发黑无缘。"(寅恪案:

其词共七首,只录其第五首,余皆从略。)采春一唱是曲,闺妇行人莫不涟泣。且以稿砧尚在,不可夺焉。

故稚黄诗四首之一,即仿《采春》所唱七首之五。颇疑毛氏此首之第一、第二两句之意,暗寓明社已屋,清人入关,虽标顺治之年号,实仍存永历之纪年也。况《云溪友议》有"刘采春"之名,毛氏更可借用"采"字以指"彩生"。镜湖在越州,元微之为浙东观察使,镜湖在其治所,毛氏《序》因云"镜湖开色"也。又"善和笔妙,雪岭更题"者,《云溪友议》中"辞雍氏"条略云:

崔涯者,吴楚之狂生也,与张祜齐名。每题一诗于倡肆,无不诵之于衢路。誉之,则车马继来;毁之,则杯盘失错。嘲李端端〔曰〕:"黄昏不语不知行,鼻似烟窗耳似铛。独把象牙梳插髻,昆仑山上月初生。"端端得此诗,忧心如病。〔盐铁〕使院饮回,遥见二子蹑屐而行,乃道傍再拜竟灼曰:端端只候〔张〕三郎〔崔〕六郎,(见岑仲勉先生《唐人行第录》。)伏望哀之。又重赠一绝句粉饰之,于是大贾居豪,竞臻其户。或戏之曰:"李家娘子,才出墨池,便登雪岭。何期一日,黑白不均?"红楼以为倡乐,无不畏其嘲谑也。祜涯久在维扬,天下晏清,篇词纵逸,贵达钦惮,呼吸风生,畅此时之意也。赠诗云:"觅得黄骝被绣鞍,善和坊里取端端。扬州近日浑成差,一朵能行白牡丹。"

毛氏用典颇妙,但王家娘子绝非本出墨池,自不待稚黄辈为之引登雪岭也。一笑!

牧斋《和答子建》诗第三首第二联上句"上客紫髯依白发"即自注"鲁山公次余坐"之意。盖用《三国志·吴书》二《孙权传》"权乘骏马,越津桥得去"句下裴《注》引《献帝春秋》曰:

张辽问吴降人:"向有紫髯将军,长上短下,便马善射是谁?"降人答曰:"是孙会稽。"辽及乐进相遇,言不早知之,急追自得。举军叹恨。

"上客紫髯"指鲁山,"白发"牧斋自谓也。下句"佳人翠袖"指彩生,"朱丝"即朱弦,谓所弹之乐器也。由是观之,此次云间诸子饯别牧斋,推鲁山为主要陪宾,倩彩生专事招待,又使子建特作致语,国士名姝齐集一堂,可称盛会。颇疑此举非仅出于武静辈之私人交谊,实亦因永历帝欲借郑延平兵力以取南都,而牧斋为执行此政策之一人有以致之欤?

牧斋诗第四首第一联上句"湘江曲调传清瑟",用钱起故事,遵王《注》已释,乃牧斋自谓。下句"汉代词人谥(?)洞箫"用徐陵《玉台新咏序》:

东储甲观,流咏止于洞箫。变彼诸姬,聊同弃日。猗与彤管,丽以香奁。

王褒作《洞箫赋》(可参《汉书》六四下《王褒传》及《文选》一七王子渊《洞箫赋》并《徐孝穆全集》四《玉台新咏序》吴显令兆宜《笺注》),"王"为彩生之姓,故此句指彩生而言。牧斋以己身与彩生并举,其推重彩生至于此极,必有深意,非偶然也。第二联上句"自有风怀销磊块",即谓与彩生等文宴而已,非有其他作用。下句"定无筹策到渔樵"及自注,乃掩饰其此行专为游说马进宝反清之事,所谓欲盖弥彰者也。又云间杜让水登春《尺五楼诗集》二《武静先生席上赠钱牧翁宗伯》云:

孺子宾留老伏虔,叩钟辄应腹便便。南朝事业悲歌里,北固衣冠怅望前。帐内如花真侠客,囊中有券自蛮天。酒酣绪论堪倾耳,莫使迂儒缩舌还。

寅恪案:让水此诗第二联,上句指河东君,第四章已引。下句

"券"字即"丹书铁券"之"券"借作"诏"字,疑指牧斋实受有永历密旨。第七八两句,则指武静席上牧斋与诸人共谈复明之事也。故牧斋此次至松江之企图,得让水此诗,益可证明矣。牧斋诗第七、第八两句,用《穆天子传》五所云:

> 日中大寒,北风雨雪,有冻人。天子作诗三章,以哀民曰:"我徂黄竹,□员閟寒,帝收九行。嗟我公侯,百辟冢卿。皇我万民,旦夕勿忘。我徂黄竹,□员閟寒,帝收九行。嗟我公侯,百辟冢卿。皇我万民,旦夕勿穷。有皎者鵌,翩翩其飞。嗟我公侯,□勿则迁。居乐甚寡,不如迁土,礼乐其民。"天子曰:"余一人则淫,不皇万民。"□登乃宿于黄竹。

牧斋以桂王迁播西南,比之周穆王西巡。黄竹诗中"帝收九行,皇我万民"乃恢复神州以慰遗民想望故国故君之意。"有皎者鵌",借"鵌"以指鹭门,即厦门(见《小腆纪年附考》一三"顺治三年十一月丙寅明郑彩奉监国鲁王次中左所寻改次长垣"条所云:"中左所亦名鹭门即厦门也。"并可参《钓璜堂存稿》五《鹭山》诗"鹭门之山如剑戟"句)。"居乐甚寡,不如迁土。"谓郑成功局处海隅,不如率师以取南都也。穆天子往往有献酒之语,如卷三"命怀诸𤦲献酒"之类,但未见有"送酒"之辞。岂牧斋欲以此次在松江游说马进宝反清之情况遣人往告永历帝及延平王耶?牧斋诗旨隐晦,颇难通解,姑备一说,殊未敢自信也。

《茸城惜别思昔悼今,呈云间诸游好,兼与霞老订看梅之约共一千字》云:

> (上略。)许椽来何暮,徐娘发未宣。华颠犹踯躅,粉面亦迍邅。月引归帆去,风将别袂褰。无言循鹤发,有泪托鹍弦。身世缁尘化,心期皓首玄。魂由天笠予,命荷鬼生全。此日忧痝首,何时笑拍肩。临行心痒痒,苦语泪溅溅。去矣思虾

菜,归欤老粥馇。可知沦往劫,还许问初禅。燕寝清斋并,明灯绣佛燃。早梅千树发,索笑一枝嫣。有美其人玉,相携女手卷。冲寒罗袖薄,照夜缟衣妍。领鹤巡荒圃,寻花上钓船。白头香冉冉,素手月娟娟。搔首频支策,长歌欲扣舷,莫令渔父櫂,芦雪独夤缘。

寅恪案:范锴《华笑庼杂笔》一"黄梨洲先生批钱诗残本茸城惜别诗"条云:

柳姬定情,为牧老生平极得意事。缠绵吟咏,屡见于诗。

太冲此语,殊为确评。牧斋平生所赋长篇五言排律如《有美诗》《哭稼轩留守相公》及此诗等,皆极意经营之作,而此篇中以蒙古比建州,所用典故如"诈马""只孙""怯薛"等,岂俭腹之妄庸巨子自称不读唐以后书者所能办。第四章已引此诗"十六年来事"至"落月九峰烟"一节,兹不重列,仅录此诗末段,并略加诠论,以其与河东君有关故也。"许掾来何暮,徐娘发未宣"一联,上句以许询比霞城(见《世说新语》中《赏誉下》"许掾尝诣简文"及"支道林问孙兴公,君何如许掾"等条)。下句以徐娘昭佩比河东君。当牧斋赋此诗时,河东君年已三十九,发尚全黑,自是事实。但《南史》一二《后妃下·梁元帝徐妃传》云:

帝左右暨季江有姿容,又与淫通。季江每叹曰:"柏直狗虽老犹能猎,萧溧阳马虽老犹骏,徐娘虽老,犹尚多情。"

此则断章取义,不可以以辞害意也。"华颠犹踯躅,粉面亦迍邅"一联,上句牧斋自谓,下句指河东君。牧斋作此诗末段邀霞城赴虞山拂水山庄看梅,恐是邀其与河东君面商复明计划。霞城若至牧斋家,河东君自是女主人,应尽招待之责。且此段与首段皆关涉河东君,措意遣辞,如常山之蛇,首尾相应,洵为佳作也。

复次,关于王彩生之资料,今所得尚不充足。姑先戏附一诗,以结他生之后缘云尔。

　　戏题有学集高会堂诗后
竹外横斜三两枝,分明不是暮春期。未知轻薄芳姿意,得会衰残野老思。万里西风吹节换,夕阳东市索琴迟。可怜诗序难成谶,十月桃花欲笑时。

顺治十三年丙申秋冬间,牧斋往松江游说马进宝反清告一段落。次年复往金陵,盖欲阴结有志复明之人,以为应接郑延平攻取南都之预备。其流连文酒,咏怀风月,不过一种烟幕弹耳。此年之诗,前已多引证,兹择录《有学集诗注》八《长干塔光集》中顺治十四年丁酉所作诸诗最有关复明运动及饶有兴趣者诠论之于下。

《櫂歌十首为豫章刘远公题扁舟江上图》,其一云:

家世休论旧相韩,烟波千里一渔竿。扁舟莫放过徐泗,恐有人从圯上看。(自注:"远公故相文端公之孙,尚宝西佩〔斯玮〕之子。"寅恪案:并可参同书同卷《金陵杂题绝句二十五首》之二十二自注及《华笑廎杂笔》一黄梨洲先生此题批语。)

其三云:

吴江烟艇楚江潮,濑上芦中恨未消。重过子胥行乞地,秋风无伴自吹箫。

寅恪案:远公为刘一燝之孙。《明史》二四〇《刘一燝传》略云:

刘一燝,字季晦,南昌人。光宗即位,擢礼部尚书兼东阁大学士。〔魏〕忠贤大炽,矫旨责一燝误用〔熊〕廷弼,削官。

追夺诰命,勒令养马。崇祯改元,诏复官,遣官存问。八年卒。福王时,追谥文端。

季晦在福王时追谥文端,殆由牧斋之力。盖此时牧斋任礼部尚书故也。远公之至南京,不知有何企图,据牧斋诗旨,以张良伍员报韩复楚相期许,则远公之志在复明,为牧斋所特加接纳者之一,又可推知矣。

《顾与治书房留余小像自题四绝句》,其一云:

崚嶒瘦颊隐灯看,况复撑衣骨相寒。指示傍人浑不识,为他还著汉衣冠。

寅恪案:第二句有李广不封侯之叹,即己身在明清两代,终未能作宰相之意。末二句则谓己身已降顺清室,为世所笑骂,不知其在弘光以前,固为党社清流之魁首。感慨悔恨之意,溢于言表矣。

其二云:

苍颜白发是何人,试问陶家形影神。揽镜端详聊自喜,莫应此老会分身。

寅恪案:末二句自谓身虽降清,心思复明,殊有分身之妙术也。

其三云:

数卷函书倚净瓶,匡床兀坐白衣僧。骊山老母休相问,此是西天贝叶经。

寅恪案:牧斋表面虽屡称老归空门,实际后来曾有随护郑延平之举动。今故作反面之语,以逊辞自解,借之掩饰也。

其四云:

褪粉蛛丝网角巾,每烦棕拂拭煤尘。凌烟褒鄂知无分,留与书帷伴古人。

寅恪案:网巾乃明室所创,前此未有,故可以为朱明室之标帜,周吉甫晖《续金陵琐事》"万发皆齐"条云:

> 太祖一夕微行至神乐观,见一道士结网巾。问曰:"此何物耶?"对曰:"此网巾也,用以裹之头上,万发皆齐矣。"次日,有旨召神乐观结网巾道士,命为道官,仍取其网巾,遂为定式。

《小腆纪传》五二《画网巾先生传》(寅恪案:徐氏所记出戴名世撰《画网巾先生传》。见《戴南山先生全集》七)略云:

> 画网巾先生者,不知何许人。(寅恪案:《小腆纪传》三九《刘中藻传》云:"中藻子思沛,时羁浦城狱中,闻父死,曰:'父死节,子可不继先志乎!'亦死。或曰,思沛即画网巾先生也。"《小腆纪年附考》一六"顺治六年四月'我大清兵克福安,明鲁兵部尚书东阁大学士刘中藻死之'"条,亦载此事,但附考曰:"《福建续志》《福宁府志》俱云思沛即世所称画网巾先生,而《福安县志》谓思沛羁浦中狱中,闻中藻死,曰,父死节,予可不继先志乎!亦死。《浦城县志》亦云然。按画网巾先生死泰宁之杉津,自另是一人。"兹附录于此,以供参考。)服明衣冠,从二仆,匿迹光泽山寺中。守将吴镇掩捕之,送邵武,镇将池凤鸣讯之,不答。凤鸣伟其貌,为去其网巾,戒军中谨事之。先生既失网巾,盥栉毕谓二仆曰:"衣冠历代旧制,网巾则我太祖高皇帝创为之,即死,可忘明制乎?取笔墨来,为我画网巾额上。"画已,乃加冠。二仆亦交相画也。每晨起以为常。军中哗之,呼曰"画网巾"云。〔王之纲斩之,〕挺然受刃于泰宁之杉津。泰人聚观之,所画网巾,犹斑斑在额上也。

《小腆纪年附考》一七"顺治七年庚寅十二月丙申(十七日)明督师大学士临桂伯瞿式耜江广总督兵部尚书张同敞犹在桂林谕降不屈死之"条云:

〔张〕同敞手出白网巾于怀,曰:"服此以见先帝。"

钱曾牧斋《投笔集笺注(上)后秋兴之二》第六首"胡兵翻为倒戈愁"句,牧斋自注云:

营卒从诸酋长,皆袖网巾毡帽,未及倒戈而还。

等,可以为证。牧斋此诗前二句,亦同此旨。末二句自谓不能将兵如唐之段志玄、尉迟敬德,只能读书作文。此本是真实语,但其在弘光时,自请督师以御清兵则恐是河东君之怂恿劝勉,遂有是请耳。

《题画》云:

撼撼秋声卷白波,青山断处暮云多。沉沙折戟无消息,卧着千帆掠槛过。

寅恪案:遵王《注》本此诗列于《燕子矶归舟作》后一题,《归舟》诗有"薄寒筋力怯登楼"及"风物正于秋老尽,芦花枫叶省人愁"等句。涵芬楼本列于《燕子矶舟中作》后一题,《舟中》诗亦有"轻寒小病一孤舟"句。并参以此诗第一句"撼撼秋声"之语,足证牧斋赋此《题画(七绝)》必在九月。《全唐诗》第八函杜牧四《赤壁》诗云:

折戟沉沙铁未销,自将磨洗认前朝。东风不与周郎便,铜雀春深锁二乔。

前论魏白衣致书郑延平谓"海道甚易,南风三日可直抵京口"。牧斋待至九月,以气候风向之改变,知郑氏无乘南风来攻南都之可能,遂不觉感樊川诗旨,而赋此《题画(七绝)》也。

《有人拈聂大年灯花词戏和二首》,其一云:

荡子朝朝信,寒灯夜夜花。也知虚报喜,争忍剔双葩。

其二云:

灯花独夜多,寂寞怨青娥。一样银缸里,无花又若何。

寅恪案:此为忆河东君之作,不过借《和聂寿卿诗》为题耳。

《桥山》云:

万岁桥山莫永宁,守祧日月镇常经。青龙阁道蟠空曲,玄武钩陈卫杳冥。坠地号弓依寝庙,上陵带剑仰神灵。金舆石马依然在,蹴踏何人夙夜听。

寅恪案:此首为明太祖孝陵而作。末二句则希望郑延平率师来攻取南都也。

《鸡人》云:

鸡人唱晓未曾停,仓卒衣冠散聚萤。执热汉臣方借箸,畏炎胡骑已扬觳。(自注:"乙酉五月初一日召对,讲官奏曰:'马畏热,必不渡江。'余面叱之而退。")刺闱痛惜飞章罢,(自注:"余力请援扬,上深然之。已而抗疏请自出督兵。蒙温旨慰留而罢。")讲殿空烦侧坐听。肠断覆杯池畔水,年年流恨绕新亭。

寅恪案:此首为牧斋自述弘光元年乙酉时事,颇有史料价值。末二句盖伤福王及己身等之为俘虏而北行也。

《蕉园》云:

蕉园焚稿总凋零,况复中州野史亭。温室话言移汉树,长编月朔改唐冥。谀闻人自讹三豕,曲笔天应下六丁。东观西

> 清何处所,不知汗简为谁青。

寅恪案:此首乃深恶当日记载弘光时事野史之诬妄,复自伤己身无地可托以写此一段痛史也。噫! 牧斋在弘光以前本为清流魁首,自依附马、阮,迎降清兵以后,身败名裂,即使著书能道当日真相,亦不足取信于人。方之蔡邕,尤为可叹也。又同书同卷《金陵杂题绝句二十五首》之十三云:

> 人拟阳秋家汗青,天戈鬼斧付沉冥。赤龙重焰蕉园火,烧却元家野史亭。

此绝句亦自惜绛云楼被焚,其所辑之《明史稿本》全部不存,与《蕉园(七律)》可以互证,故附录之于《蕉园》诗后。

《小至夜月食纪事》(自注:"十一月十有六日。")云:

> 蟾蜍蚀月报黄昏,冬至阳生且莫论。飞上何曾为玉镜,落来哪得比金盆。朦胧自绕飞乌羽,昏黑谁招顾兔魂。画尽炉灰不成寐,(涵芬楼本"不成"作"人不"。)一星宿火养微温。

寅恪案:此首必有所指,今难确定,不敢多所附会。但检《小腆纪年附考》一九"〔顺治十四年丁酉四月〕明朱成功部将施举与我大清兵战于定海关败绩死之"条云:

> 时成功谋大举入长江,令举招抚松门一带渔船为乡导。举至定海关,遭风入港,遇水师,力战而死。

然则郑延平本拟于此年夏大举入长江,不幸遭风失败。牧斋当早知延平有是举,故往金陵以待之,迄至小至日,以气候之关系,知已无率舟师北来之希望,因有七、八两句之感叹欤? 俟考。

《至日作家书题二绝句》云:

至日裁书报孟光,封题冻笔蘸冰霜。栴檀灯下如相念,但读《楞严》莫断肠。

松火柴门红豆庄,稚孙娇女共扶床。金陵无物堪将寄,分与长干宝塔光。

寅恪案:此两首文情俱妙,不待多论。惟据第二首第二句,知稚孙即桂哥,亦与赵微仲妻随同河东君居于白茆港之红豆庄,而不随其父孙爱留寓城中宅内。然则牧斋聚集其所最爱之人于一处也(可参前论《丙申重九海上作四首》之四)。第二首末二句可参下一题《丁酉仲冬十有七日长至礼佛大报恩寺》。在牧斋之意,宝塔放光,即明室中兴之祥瑞,将来河东君亦当分此光宠,以其实有暗中擘划之功故也。

《和普照寺纯水僧房壁间诗韵,邀无可幼光二道人同作》云:

古殿灰沉朔吹浓,江梅寂历对金容。寒侵牛目冰间雪,老作龙鳞烧后松。夜永一灯朝露寝,更残独鬼哭霜钟。可怜漫壁横斜字,剩有三年碧血封。

寅恪案:无可即方以智,幼光即钱澄之(见《小腆纪传》二四《方以智传》及同书五五《钱秉镫传》并《吾炙集》"皖僧幼光"条)。

方、钱二人皆明室遗臣托迹方外者,此时俱在金陵,颇疑与郑延平率舟师攻南都之计划不能无关。牧斋共此二人作政治活动,自是意中事也。《纯水僧房壁间诗》之作者究为何人,未敢决言,但细绎牧斋诗辞旨,则此作者当是明室重臣而死国难者,岂瞿稼轩、黄石斋一辈人耶?俟考。

《水亭拨闷二首》,其一云:

不信言愁始欲愁,破窗风雪面淮流。往歌来哭悲鹡鸰,莫雨朝云乐爽鸠。揽镜每循宵苣发,(涵芬楼本"宵苣"下自注云:"先作朝剃。")拥衾常护夜飞头。黄衫红袖今余几,谁上城西旧酒楼。

其二云:

琐闱夕拜不知緣,热铁飞身一旦休。岂有闭唇能遁舌,更无穴颈可生头。市曹新鬼争颅额,长夜冤魂怨髑髅。狼藉革胶供一笑,君王不替偃师愁。

寅恪案:此二首辞旨奇诡,甚难通解。遵王《注》虽于字面略有诠释,亦不言其用意所在。但牧斋赋诗必有本事,兹姑妄加推测,以备一说,仍待博识君子之教正。鄙意此二诗皆为河东君而作。第一首谓河东君之能救己身免于黄毓祺案之牵累。第二首谓己身于明南都倾覆后随例北迁期间,河东君受奸通之诬谤,特为之辨明也。第一首第七句"黄衫红袖"一辞,应解作红袖中之黄衫。《有学集诗注》八《金陵杂题绝句二十五首》之十"女侠谁知寇白门"及"黄土盖棺心未死"二句,(全诗前已引。)盖谓白门已死,今所存之女侠,唯河东君一人足以当之。即与上引杜让水"帐内如花真侠客"句,同一辞旨。第八句兼用《汉书》九二《游侠传·萬章传》:"萬章,字子夏,长安人也。长安炽盛,街闾各有豪侠。章在城西新市,号曰城西萬子夏。"并《太平广记》四八五《许尧佐柳氏传》"会淄青诸将合乐酒楼"及"柳氏志防闲而不克"等语。此两出处遵王《注》均未引及。第二首第一句遵王虽用《后汉书·百官志》引卫宏《汉旧仪》曰"黄门郎属黄门令,日暮入对青琐门拜,名曰夕郎"以为释。鄙意牧斋既未曾任给事中,则遵王所解无著落。疑牧斋意谓弘光出走,乃诏王觉斯及己身留京迎降,唐代诏书其开端必有"门下"二字,即王摩诘所谓"夕奉天书拜琐闱"之"天书"(见《全唐诗》第二函王维四《酬郭给事》)。弘光诏殊不知其来由也。第二句遵王《注》云:

首《楞严经》:历思则能为飞热铁,从空雨下。《五灯会元》:世尊说大集经,有不赴者,四天门王飞热铁轮,追之令集。

甚是。盖谓清兵突至南都,逼迫己身等执以北行也。第七、第八两句遵王《注》引《列子·汤问篇》,周穆王怒偃师所造倡者以目招王之左右侍妾,遂欲杀偃师,偃师乃破散唱者以示王,皆革胶等假物所造之物语。牧斋意谓河东君受奸通之诬谤,实无其事,即《投笔集(上)后秋兴之三·小舟惜别》诗"人以苍蝇污白璧"句之旨也。

《投宿崇明寺僧院有感二首》,其一云:

秋卷风尘在眼前,莽苍回首重凄然。(涵芬楼本"莽苍"作"苍茫"。)居停席帽曾孙在,驿路氊车左担便。日薄冰山围大地,霜清木介蠹诸天。禅床投宿如残梦,半壁寒灯耿夜眠。

其二云:

禾黍陪京夕照边,驱车沾洒孝陵烟。周郊昔叹为牺地,蓟子今论铸狄年。纶邑一成人易老,华阳十费诰虚传。颇毛种种心千折,只博僧窗一宿眠。

寅恪案: 此二首疑是因崇祯十七年秋间,偕河东君同赴南都,就礼部尚书之任,途中曾投宿于崇明寺,遂追感前事而作也。前论钱柳二人同赴南都在七、八月间,故第一首一、二两句谓景物不殊,而时势顿改,殊不堪令人回首。第二联上句,谓南都倾覆,苟得生还者甚少。如己身及河东君,即遵王《注》引《酉阳杂俎》云:

王天运伐勃律还,忽风四起,雪花如翼,风吹小海水成冰柱,四万人一时冻死,唯蕃、汉各一人得还。

之蕃、汉二人也。下句谓此次岁暮独自还家,重经崇明寺,兵戈遍及西南,与前次过此时尚能苟且偷安者大异。第二首一、二两句谓此次在金陵谒拜孝陵,在南都倾覆之后,不胜兴亡之恨也。第一联上句遵王《注》已引《左传·昭公二十二年》"王子朝宾起有宠于景王"条以释之,但仅著诗句之出处,而未言牧斋用意所在。今以意揣之,牧斋盖谓马、阮之起用己身为礼部尚书,不过以其文采照耀一世之故,深愧不能如牺鸡之自断其尾,以免受祸害也。下句遵王无释,检王先谦《后汉书》七二下《方术传·蓟子训传》云:

> 时有百岁翁,自说童儿时,见子训卖药于会稽市,颜色不异于今。后人复于长安东霸城见之,与一老翁共摩挲铜人,相谓曰,适见铸此,已近五百岁矣。

牧斋意谓回首当日与河东君同赴南都就宗伯任时,已同隔世,殊有蓟子训在秦时目睹铸此铜人之感也。第二联上、下两句,遵王引《史记》及《松陵集》为释,甚是。牧斋意谓虽有复明之志,但已衰老,无能为力,虚受永历帝之令其联络东南伪帅遗民以谋中兴之使命也。

《金陵杂题绝句二十五首继乙未(丙申?)春留题之作》云:

(诗见下引。)

寅恪案:此题"乙未"二字当是"丙申"之伪。诸本皆同,恐为牧斋偶尔笔误也。此题廿五首,《板桥杂记》已采第一、第二、第四、第五、第七、第十、第十二等七题。皆是风怀之作,此固与余氏书体例符合。其涉及政治者,澹心自不敢移录,但亦有风怀之作曼翁未选者,则因事涉嫌疑,须为牧斋隐讳也。兹先择录此类三首论释之,后再略述其他诸诗。至《板桥杂记》所选之八首,皆不重录,以余氏书所选牧斋之诗为世人习读,且多能通解故也。

第三首云:

钏动花飞戒未赊,隔生犹护旧袈裟。青溪东畔如花女,枉赠亲身半臂纱。

第八首云:

临岐红泪溅征衣,不信平时交语稀。看取当风双蛱蝶,未曾相逐便分飞。(自注:"已上杂记旧游。")

第十一首(此诗前已引,因解释便利之故,特重录之)云:

水榭新诗赞戒香,横陈嚼蜡见清凉。五陵年少多情思,错比横刀浪子肠。(自注:"杜苍略和诗有'只断横刀浪子肠'之句。")

寅恪案:此三首皆与前论《秦淮水亭逢旧校书赋赠》诗有关。前引杜苍略和诗及此题第十一首自注,可以推知。假定此秦淮旧校书女道士净华与前所论果为卞玉京者,则惠香公案中,此三首诗亦是有关之重要作品也。

第六首云:

抖擞征衫趁马蹄,临行渍酒雨花西。于今墓草南枝句,长伴昭陵石马嘶。(自注:"乙酉北上,吊方希直先生墓诗云,孤臣一样南枝恨,墓草千年对孝陵。")

寅恪案:《牧斋诗集》顺治二年乙酉所作者,删汰殊甚。留此注中十四字,亦可视作摘句图也。"希直"为方孝孺字。夫牧斋迎降清兵,被执北行,与正学事大异。"一样南枝恨"之语,乃一别解。然姚逃虚谓成祖曰"若杀孝孺,天下读书种子绝矣"(见《明史》一四一《方孝孺传》)。牧斋在明清之际,确是"读书种子",

此则不可以方、钱人格高下论也。又牧斋自注中"乙酉北上"四字,涵芬楼本作"乙酉计偕北上"。遵王《注》本作"己酉北上"。两书之文,皆有增改。考牧斋为万历三十八年庚戌探花,己酉计偕北上,吊方希直诗若作于此年,则牧斋当时仅以举人北上应会试之资格,且此时明室表面上尚可称盛世,"孤臣"之语殊无着落。且通常由虞山北上之路,亦不经金陵。此两本之讹,自是讳饰之辞。若作"乙酉北上",则牧斋于南都倾覆,随例北迁,如《投笔集·后秋兴之十二·壬寅三月二十三日以后大临无时啜泣而作》,其第四首后四句云"忍看末运三辰促,苦恨孤臣一死迟。惆怅杜鹃非越鸟,南枝无复旧君思"之例,则甚符合。故特为改正。又考《五臣本文选》二九《古诗十九首》之一"胡马依北风,越鸟巢南枝"二句,注云:

> 善曰:"《韩诗外传》曰:'诗云,代马依北风,飞鸟栖故巢,皆不忘本之谓也。'"翰曰:"胡马出于北,越鸟来于南,依望北风,巢宿南枝,皆思旧国。"

牧斋之诗,即用此典。至有关成祖生母问题,近人多所考证,虽难确定,但成祖之母或是高丽籍。元代习俗,如《朝鲜实录》及叶子奇世杰《草木子·杂制篇》等所载者,蒙古宫廷贵族多以高丽女为媵侍。硕妃岂元代诸王之后宫耶?若《广阳杂记》及《蒙古源流》等书所载,则又辗转传讹,不足道也。又据李清《三垣笔记·附志二条》之一云:

> 予阅《南太常寺志》载懿文皇太子及秦晋二王均李妃生。成祖则硕妃生。讶之。时钱宗伯有博物称,亦不能决。后以弘光元旦谒孝陵,予与谦益曰:"此事与实录玉牒左,何征?但本《志》所载,东侧列妃嫔二十余,而西侧止硕妃,然否?曷不启寝殿验之?"及入视,果然。乃知李硕之言有

以也。

谈迁《国榷》一二"建文四年"条略云:

成祖文皇帝御讳棣。太祖高皇帝第四子也。母硕妃。玉牒云,高皇后第四子。盖史臣因帝自称嫡,沿之耳。今《南京太常寺志》,载孝陵祔享,硕妃穆位第一,可据也。

谈迁《枣林杂俎义集·肜管门》"孝慈高皇后无子"条略云:

孝陵享殿太祖高皇帝高皇后南向。左淑妃李氏次皇□妃□氏〔等〕俱东列。硕妃生成祖文皇帝,独西列。见《南京太常寺志》。孝陵阉人俱云,孝慈高皇后无子,具如《志》中。而王弇州先生最博核,其《别集·同姓诸王》表,〔与〕《吾学编》诸书俱同,抑未考《南太常〔寺〕志》耶?享殿配位,出自宸断,相传必有确据,故《志》之不少讳,而微与玉牒牴牾,诚不知其解。

然则牧斋久蓄此疑,不但取《太常志》文献为佐证,并亲与李清目睹之实物相证明,然后决定。可知牧斋作史,乃是信史,而非如宋辕文所谓"秽史"也(见第三章论朱鹤龄《与吴梅村书》)。

第十七首云:

卢前王后莫相疑,日下云间岂浪垂。江左文章流辈在,何曾道有蔡克儿。

第十八首云:

帝车南指岂人谋,河岳英灵气未休。昭代可应无大树,汝曹何苦作蚍蜉。(自注:"以上六首,杂论文史。")

寅恪案:此两首皆牧斋因当日有非议其文章者,感愤而作。夫牧斋为一世文雄,自有定评,亦不必多所论辩,所可注意者,第十七首末句"蔡克儿"之"克"字,实应作"克"字。牧斋沿《世说新语·轻诋篇》"王丞相轻蔡公"条之误。且"克"字为平声,"克"字为仄声。牧斋自是用"克"字方协声调。实由未检《晋书》六五《王道传》及七七《蔡谟传》所致。寅恪综览河东君之诗文,其关涉晋代典故者多用《晋书》,而不用《世说新语》,恐河东君读此诗时,不免窃笑也。

第二十三首云:

> 被发何人夜叫天,亡羊臧谷更堪怜。长髯衔口填黄土,肯施维摩结净缘。

寅恪案:此诗疑为牧斋过金陵陈名夏子掖臣故居而作。《清史列传》七九《贰臣传·陈名夏传》(参同书四《谭泰传》,同书五《宁完我传》,同书七八《张煊传》)略云:

> 陈名夏,江南溧阳人。明崇祯十六年进士,官翰林修撰,兼户兵二科都给事中。福王时,以名夏曾降附流贼李自成,定入从贼案。本朝顺治二年七月,名夏抵大名投诚,以保定巡抚王文奎疏荐,复原官。旋擢吏部左侍郎,兼翰林院侍读学士。三年丁父忧,命在官任事,私居持服,并敕部议赠恤。复陈情请终制。赐银五百两,暂假归葬,仍给俸赡在京家属。明年还朝。五年初,设六部尚书各一,即授名夏吏部尚书,寻加太子太保。八年,授弘文院大学士,晋少保,兼太子太保。九年,以党附吏部尚书公谭泰,议罪。解院任,给俸如故。发正黄旗下,与闲散人随朝。初,睿亲王多尔衮专擅威福,尚书公谭泰刚愎揽权,名夏既掌铨衡,徇私植党,揣摩执政意指,越格滥用匪人,以迎合固宠。及多尔衮事败,御史张煊劾奏名夏结党行私,铨选不公诸劣迹。下诸王部臣

鞫议。会上方巡狩,谭泰独袒名夏,定议,诸款皆赦前事,且多不实。煊坐诬论死。至是,谭泰以罪伏诛。命亲王大臣复按张煊所劾名夏罪状。名夏厉声强辨。及诘问词穷,涕泪交颐,自诉投诚有功,冀贷死。论曰,此辗转矫诈之小人也。罪实难逭。但朕有前旨,凡谭泰干连,概赦免。若复执名夏而罪之,是不信前旨也。因宥之,且谕令洁己奉公,勿以贪黩相尚。冀其自新,以副倚任。十年,复补秘书院大学士。时吏部尚书员缺,侍郎孙承泽请令名夏兼摄。上以侍郎推举大学士,有乖大体。责令回奏。复谕名夏曰,尔可无疑惧。越翼日,仍命署吏部尚书。上尝幸内院,阅会典及经史奏疏,必与诸臣讲求治理,兼训诸臣,以满汉一体,六部大臣不宜互结党与。诚谕名夏,益谆切焉。会有旨,令集议刑部,论任珍家居怨望,指奸谋陷诸罪应死状。名夏及大学士陈之遴、尚书金之俊等二十八人,与刑部九卿科道等两议。得旨责问,名夏更巧饰欺蒙。论死。复诏从宽典,改削官衔二级,罚俸一年,仍供原职。十一年,大学士宁完我列款劾奏名夏曰:名夏屡蒙皇上赦宥擢用,宜洗心易行,效忠我朝。不意蛊惑绅士,包藏祸心以倡乱。尝谓臣曰,要天下太平,只依我两事。臣问何事?名夏推帽摩其首云,留发,复衣冠,天下即太平。臣思为治之要,惟法度严明,则民心悦服。名夏必欲宽衣博带,其情叵测。臣与逐事辩论,不止千万言,灼见隐微。名夏礼臣虽恭,而恶臣甚深。此同官所共见共闻者也。今将结党奸宄事迹言之,名夏子掖臣居乡暴恶,士民怨恨,欲移居避之。江宁有入官园宅在城,各官集资三千两代为纳价,遂家焉。掖臣横行城中,说人情,纳贿赂。各官敢怒而不敢言。人人惧其威势。名夏明知故纵,科道官岂无一人闻之?不以一疏入告,其党众可见矣。臣等职掌票拟，一字轻重，关系公私，臣虑字有错误，公立一簿注姓，以防推诿，行之已久。一日，名夏不俟臣等到齐，自将公簿注姓，涂抹一百一十四字。为同官所阻，方止。窃思公簿何得私抹，不知作弊又在何件。本年二月，上命内大臣传出科道官结党谕旨。臣书稿底，交付内值。及票红发下，名夏抹去"挤异排孤"一语，改去"明季埋没局中，因而受祸。今方驰观域外，岂容成奸"四句，作两句泛语。其纠党奸究之情形，恐皇上看破，故欲以只手障天也。请敕下大臣确审具奏，法断施行。则奸党除，而治安可致矣。遂下廷臣会勘，名夏辩诸款皆虚，惟留发复衣冠，所言属实。完我复与大学士刘正宗共证名夏揽权市恩欺罔罪。谳成，论斩。上以名夏久任近密，改处绞，子掖臣，逮治杖戍。

《清史稿》二五一《陈名夏传》云：

陈名夏，字百史。江南溧阳人。明崇祯进士，官修撰，兼户兵二科都给事中。降李自成，福王时，入从贼案。顺治二年诣大名降。以保定巡抚王文奎荐，复原官。入谒睿亲王，请正大位。王曰："本朝自有家法，非尔所知也。"

《左传·哀公十五年》云：

卫孔圉取大子蒯聩之姊，生悝。孔氏之竖浑良夫，长而美。孔文子卒，通于内。大子在戚，孔姬使之焉。大子与之言曰："苟使我入获国，服冕乘轩，三死无与。"与之盟。为请于伯姬。

又《哀公十七年》略云：

十七年春，卫侯为虎幄于借圃。成。求令名者，而与之始食焉。大子请使良夫，良夫乘衷甸，两牡，紫衣狐裘。至，袒裘,不释剑而食。大子使牵以退,数之以三罪而杀之。

卫侯梦于北宫,见人登昆吾之观,被发北面而噪曰:"登此昆吾之虚。绵绵生之瓜。余为浑良夫。叫天无辜。"(杜注云:"本盟当免三死,而并数一时之事为三罪,杀之,故自谓无辜。")

牧斋诗第一句以浑良夫比百史,盖以其数次论死,虽暂得宽逭,终以自承曾言"留发复衣冠"事处绞。夫百史辩宁完我所诘各款皆虚,独于最无物证,可以脱免之有关复明制度之一款,则认为真实。是其志在复明,欲以此心告诸天下后世,殊可哀矣。牧斋诗第二句谓己身与百史虽皆志在复明,而终无成。所自信者,百史不如己身之能老归空门耳。

第二十四首云:

长干塔绕万枝灯,白玉毫光涌玉绳。铃铎分明传好语,道人谁是佛图澄。

寅恪案:此诗末二句遵王无注。检慧皎《高僧传初集》一〇晋邺中《竺佛图澄传》(可参《晋书》九五《佛图澄传》)云:

光初十一年,〔刘〕曜自率兵攻洛阳,〔石〕勒欲自往拒曜,内外僚佐无不必谏。勒以访澄,澄曰:"相轮铃音云:'秀支替戾冈,仆谷劬秃当。'此羯语也。秀支,军也。替戾冈,出也。仆谷,刘曜胡位也。劬秃当,捉也。此言军出捉得曜也。"时,徐光闻澄此旨,苦劝勒行。勒乃留长子石弘共澄以镇襄国,自率中军步骑,直诣洛城。两阵才交,曜军大溃,曜马没水中,石堪生擒之送勒。澄时以物涂掌观之,见有大众。众中缚一人,朱丝约其肘,因以告弘,当尔之时,正生擒曜也。

牧斋诗用此典之意,言清军主帅出战必败也。

第二十五首云:

> 采药虚无弱水东,飙轮仍傍第三峰。玉晨他日论班位,应次高辛展上公。(自注:"过句曲,望三峰作。")

寅恪案:此首为归家途中过句容所赋。末二句意谓此次在南都作复明活动,他日成功,当受封赏也。《有学集诗注》九《红豆集》中有关牧斋复明活动,而最饶兴趣者,莫如《六安黄夫人邓氏(七律)》一首,诗云:

> 铙歌鼓吹竞芳辰,娘子军前喜气新。(涵芬楼本作"鱼轩象服照青春,鼓吹喧阗壁垒新"。但后附校勘记同注本。)绣幰昔闻梁刺史,锦车今见汉夫人。(涵芬楼本"见"作"比"。)须眉男子元无几,(涵芬楼本"元"作"原"。)巾帼英雄自有真。(涵芬楼本"巾帼"作"粉黛"。)还待麻姑掰麟脯,共临东海看扬尘。(涵芬楼本"共临"作"笑看","看"作"再"。)

寅恪案:就今所见关于黄夫人邓氏或梅氏及黄鼎之资料,移录于下,恐仍未备,尚求当世君子教正。总之,牧斋诗末二句之旨,复明活动之意,溢于言表矣。

刘继庄献廷《广阳杂记》一(刘氏与牧斋有交谊,见《杨大瓢先生杂文稿·刘继庄传》)云:

> 霍山黄鼎,字玉耳。霍山诸生也。鼎革时起义,后降洪〔承畴〕经略,授以总兵,使居江南。其妻独不降,拥众数万,盘居山中,与官兵抗,屡为其败。总督马国柱谓鼎,独不能招汝妻使降乎?鼎曰:"不能也。然其子在此,使往,或有济乎?"国柱遂使其子招之。鼎妻曰:"大厦将倾,非一木所能

支,然志士不屈其志。吾必得总督来庐一面,约吾解众,喻令剃发。然吾仍居山中以遂吾志,不能若吾夫调居他处也。"其子覆命,国柱自来庐州,鼎妻率众出见,贯甲铁兜鍪,凛凛如伟丈夫,如总戎见制台礼。遂降,终不出山。黄鼎居江南久,后屡与郑氏通,郎总督时,事败,服毒死。

《痛史》第七种《弘光实录钞》一"〔崇祯十七年癸未六月〕乙亥湖广巡按御史黄澍召对劾马士英于上前"条黄澍《疏》"士英十可斩",其二云:

市棍黄鼎委署麻城,以有司之官,娶乡宦梅之焕之女。士英利其奸邪,互相表里。黄鼎私铸闯贼果毅将军银印,托言夺自贼手,飞报先帝。士英蒙厚赏,黄鼎加副将。麻城士民有"假印不去,真官不来"之谣。是谓欺君,可斩。

王葆心《蕲黄四十八砦纪事》二附《皖砦篇》略云:

〔顺治〕三年秋,〔明荆王朱〕常㳛旧部李时嘉等复掠太湖,总兵黄鼎平之。是年冬,扬州人明瑞昌王军师赵正据宿松夸池间,称明帅,屡挫大兵。安徽巡抚李栖凤遣兵备道夏继虞,总兵卜从善、黄鼎冷、允登,副将梁大用等合兵剿之。又霍山总兵黄鼎妻梅氏者,故麻城甘肃巡抚之焕女。鼎字玉耳,霍山诸生。始崇祯十六年五月,凤阳总督马士英遣鼎入麻城诸砦说周文江反正,即委鼎署麻城知县。闻之焕女英勇而有志节,饶父风。娶之。顺治初,鼎即纳款于洪承畴,授以总兵,使居南直。梅氏独抗节不降,拥众数万,踞英霍及庐凤山中,与总督马国柱所部兵抗,所部屡败。(寅恪案:下文同上引《广阳杂记》一"霍山黄鼎"条。兹不重录。)

《皖砦篇》附《案语》云:

此事见刘继庄《广阳杂记》。近日如《夕阳红泪录》等书,均载之。迹梅夫人壮烈之行,其夫应为愧死,故易书鼎妻为梅氏以予之。盖左忠贞侯良玉、沈阿翠游击将军云英后之一人也。诸书载此,均惜夫人不知谁氏。爰据《弘光实录钞》中黄澍"劾马士英十可斩"《疏》所称鼎娶麻城乡宦梅之焕女之语,证夫人为长公女。长公为明季边帅伟人,尤吾乡铮铮奇男子,宜夫人英壮有父风。其始终不屈,倦倦不忘宗国,志节皭然,与其夫始附权奸,终狡逞,求作降虏,仍不能免,诚所谓薰莸不同器者矣。惟霍山黄氏,今犹儒旧家风,夫人遗事必犹有传者,当再访摭之。

《牧斋初学集》七三《梅长公传》略云:

公讳之焕,字长公,一字彬父,黄之麻城人。万历癸卯,举于乡。甲辰举进士,选翰林院庶吉士。天启三年,擢都察院佥都御史巡抚南赣。丁母忧归里。今上即位,召还,以原官巡抚甘肃。乌程用阁讼攘相位,公在镇,攦手骂詈,数飞书中朝,别白是非。乌程深衔之,思中以危法。己巳冬,奴兵薄都城,公奉入援诏,即日启行。甘镇去都门七千里,师次邠州,奉诏还镇,已又趣入援,纡回往还,又数千里,师行半年始至。本兵希乌程指,劾公逗留,欲用嘉靖中杨守谦例杀公。上心知公材,怜其枉,部议力持之,乃命解官归里。久之,乌程当国,豪宗恶子,喉邑子上书告公,乌程从中下其事,中朝明知其满谰,忌公才能,借以柅公。公自是不复起矣。公听勘久之,叙甘镇前后功,加级荫一子。忌公者盈朝,卒不果用。辛巳八月十三日发病卒,享年六十七。

顾苓《金陵野钞》云:

〔弘光元年甲申四月,〕加六安州总兵官黄鼎太子太保。先是,贼狄应奎率众数千,自固始欲投兴平伯高杰降。杰遇害,走六安,杀贼将伪权将军路应樗,挈其印降鼎。鼎报闻,授应奎副总兵,赉银币。

《清史列传》七九《张缙彦传》云:

豫亲王多铎统师定河南江南,缙彦乃遁匿六安州商麻山中。三年二月,招抚江南大学士洪承畴檄总兵黄鼎入山招之,缙彦赴江宁纳款,赍缴总督印及解散各寨士民册。

王氏据《弘光实录钞》称黄鼎妻为梅之焕女,牧斋诗题则称为"邓氏",颇难决定。鄙意牧斋或者如其《列朝诗集》闰四《女郎羽素兰小传》称翁孺安为"羽氏"者相类,盖"邓尉"以梅花著称,(可参嘉庆修《一统志》七七《苏州府》"邓尉山"条所云:"汉邓尉隐此,故名。山多梅,花时如雪,香闻数里。"及《汉书》三五《荆燕吴传》。)文人故作狡狯,遂以"梅"为"邓"耶? 俟考。复据顾氏所言,鼎于南都未倾覆前曾任六安州总兵官,故牧斋可称之为"六安黄夫人"也。又梅长公于阁讼时忤温体仁,体仁复助其豪宗怃子嬺邑子告讦,欲加以重罪。其始末实同于牧斋与乌程之关系。由是言之,钱、梅之交谊并非偶然。推其所以讳改黄夫人之姓者,岂因黄夫人曾参加复明活动,恐长公家属为所牵累欤? 关于黄夫人事,据沈寐叟《曾植文集稿本·投笔集跋》云:

黄夫人见《广阳杂记》。余别有考。

子培先生曾官安徽,其作此考,自是可能。今询其家,遗稿中并无是篇,或已佚失耶?

牧斋《投笔集》之命名,自是取"班定远投笔从戎"之义。此集第一叠《金陵秋兴八首己亥七月初一日作》(可参《有学集诗注》一三《东涧集(中)秋日杂诗》末一首"旁行侧理纸,堆积秋兴编。发兴己亥秋,未卜断手年"等句),其以"金陵"二字标题,恐非偶然。又第七首第二句有"秋宵蜡炬井梧中"之语,用杜甫广德二年在严武幕中所作《宿府》之典(见仇兆鳌《杜诗详注》一四及卷首所附《杜工部年谱》"广德二年甲辰"及"永泰元年乙巳"条)。然则牧斋此际亦列名郑延平幕府中耶?但仍缺乏有力之证据,姑记之,以俟更考。第三叠《小舟夜渡惜别而作八首》,殆因此时延平之舟师虽败于金陵,然白茆港尚有郑氏将领所率之船舶,牧斋欲附之随行,后因郑氏白茆港之舟师,亦为清兵所击毁,故牧斋随行之志终不能遂,唯留此八首于通行本《有学集》中,以见其微旨,但以避忌讳,字句经改易甚多,殊不足为据。此叠八首,不独限于个人儿女离别之私情,亦关民族兴亡之大计。吾人至今读之,犹有余恸焉。(参《梅村家藏稿》二五"梁宫保壮猷纪"所云:"〔八月八〕日,中丞蒋公〔国柱〕亦至,乃以十三日于七丫出海。白茆港有贼伏舰百余,见之来邀,沙苇中斜出如箭。我长年捩柁向贼中流呼曰,斗来。〔梁〕公〔化凤〕与蒋公闻相持而近,知其遇贼。别部且战且前,已为我师举炮碎其四舟,杀五百人。"及《清史列传》五《蒋国柱传》略云:"〔顺治十六年〕八月疏言自江宁大捷之后,料贼必犯崇明,急令镇臣旋师,未渡,而贼艘大至。臣亲至七丫口相度形势,海面辽阔,距崇邑二十余里,遥见施翘河等处贼艘密布,即发各营兵船,出口拒贼于白茆。"并金鹤冲《牧斋先生年谱》"顺治十六年己亥"条所论。)《投笔集》诸诗摹拟少陵,入其堂奥,自不待言。且此集牧斋诸诗中颇多军国之关键,为其所身预者,与少陵之诗仅为得诸远道传闻及追忆故国平居者有异。故就此点而论,《投笔》一集实为明清之诗史,较杜陵尤胜一筹,乃三百年来之绝大著作也。

此集有遵王《注》本别行于世,但不能通解者尚多。(可参《有学集诗注》卷首序文所云:"余年来篝灯校雠,厘正鱼豕。间有伤时者,轶其三四首,至《秋兴十三和诗》,直可追踪少陵,而伤时滋甚,亦并轶之,盖其慎也"等语。)王应奎《海虞诗苑》四录钱曾《寒食行(并序)》云:

> 寒食夜忽梦牧翁执手谆谆,欢如平昔,觉而作此,以写余哀。
> (上略。)更端布席才函丈,絮语雄谈仍抵掌。空留疑义落人间,独持异本归天上。(自注:"梦中以诗笺疑句相询,公所引书,皆非余所知者,盖绛云秘笈,久为六丁下取,归之天上矣。")寂历闲房黯淡灯,前尘分别总无凭。(中略。)斜行小字丛残纸,笺注虫鱼愧诗史。未及侯芭为起坟,不负公门庶在此。(自注:"乙卯一月八日稿葬公于山庄,故发侯芭之叹。")

可见遵王当日注牧斋诗之难矣。寅恪今亦不能悉论,仅就其最有关系,且最饶兴趣者,诠释之于下。此集传本字句多有不同,惟择其善者从之,不复详加注明。

第一叠遵王《注》除第一首外,皆加删汰。即第一首亦仅注古典字面,而不注今典实指。例如"龙虎军"止引程大昌《雍录》,"羽林"止引《汉书·宣帝纪》为释,鄙意唐之"龙武新军"及汉之"羽林孤儿"谓郑延平之舟师,本出于唐王之卫军。如黄太冲宗羲《赐姓始末》所云:

> 隆武帝即位,〔成功〕年才二十一。入朝。上奇之,赐今姓名,俾统禁旅,以驸马体统行事。封忠孝伯。

即其证也。第五首第二联"箕尾廓清还斗极,鹑头送喜动天颜","箕尾"指北京所在之幽州。(《史记》二七《天官书》云:"尾箕幽州。"即杜诗"收京"之意也。见仇氏《杜诗详注》五《收京三首》之三。)"鹑头"即"鹑首",指湖北通明之军队,即《张苍水集》所附旧题全谢山祖望撰《张忠烈公年谱》"顺治十八年辛丑"条所谓"郧东郝〔永忠〕李〔来亨〕之兵"及注中所谓"十三家之军"者(可参倪璠《庾子山集》二《哀江南赋》"以鹑首而赐秦,天何为而此醉"之注。及《张苍水集》第二编《奇零草·送吴佩远职方南访行在兼会师郧阳》诗及同书所附赵㧑叔之谦撰《张忠烈公年谱》。并本文论牧斋《长干送松影上人楚游兼柬楚中郭尹诸公》诗)。第三首"长沙子弟肯相违"句之"长沙子弟",疑牵涉庾信《哀江南赋》"用无赖之子弟"一语而成。当指湖南复明之军队,如《小腆纪传》三三所载之洪淯鳌即是例证。其《传》略云:

> 洪淯鳌,字六生,晋江人。崇祯间拔贡生。谒隆武帝于闽,授衡州通判。督师何腾蛟奇之,请改知道州。闽亡。李赤心等十三镇以所部奉使称臣于粤,出道州,〔淯鳌偕郝永忠〕见永历帝,擢右佥都御史,监诸镇军,驻湖南。何腾蛟死,孙可望入滇,朝问阻绝,乃与十三镇退入西山,据楚之夷陵归州巴东均州,蜀之巫山、涪州等七州县,屯田固守。久之,得安龙驻跸信,间道上书言,十三镇公忠无二,今扼险据衡,窥晋、楚、蜀有衅,随时而动。议者多其功,诏加淯鳌兵部右侍郎,总督粤、滇、黔、晋、楚、豫军务。缅甸既覆,淯鳌犹偕诸镇崛强湖湘间。康熙三年王师定巴东。〔淯鳌〕遂被执。谕降,不从。临刑之日,神色不变,投尸巫峰三峡中。

牧斋此诗之意,谓湖南北诸军,若见南都收复,必翕然景从。惜当日详情,今不易考知耳。

第二叠《八月初二日闻警而作》一题之主旨,谓延平舟师虽败于金陵,仍应固守京口,不当便扬帆出海也。其意与《张苍水集》第四编《北征录》所云:

> 初意石头师即偶挫,未必遽登舟。即登舟,亦未必遽扬帆。

即扬帆,必退守镇江。

又云:

余遣一僧赍帛书,由间道访延平行营。书云,兵家胜负何常。今日所恃者民心耳。况上游诸郡邑俱为我守。若能益百艘相助,天下事尚可图也。倘遽舍之而去,如百万生灵何。讵意延平不但舍石头去,且舍铁瓮城行矣。

等语冥合。故牧斋诗第三首云:

龙河汉帜散沉晖,万岁楼边候火微。卷地楼船横海去,射天鸣镝夹江飞。挥戈不分旄头在,返旆其如马首违。啮指奔逃看鞞鞨,重收魂魄饱甘肥。

第四首云:

由来国手算全棋,数子抛残未足悲。小挫我当严警候,骤骄彼是灭亡时。中心莫为斜飞动,坚壁休论后起迟。换步移形须着眼,棋于误后转堪思。(寅恪案:此首可参前论牧斋《与稼轩书》。)

第五首云:

两戒关河万里山,京江天堑屹中间。金陵要奠南朝鼎,铁瓮须争北固关。应以缕丸临峻坂,肯将传舍抵屏颜。荷锄野老双含泪,愁见横江虎旅班。(原注:"长江天堑,为南北限,虏不能飞渡。")

第六首云:

吴侬看镜约梳头,野老壶浆洁早秋。小队谁教投刃去,胡兵翻为倒戈愁。(自注:"营卒从诸酋者,皆袖网巾毡帽。未及倒戈而还。")争言残羯同江鼠,(自注:"万历末年有北鼠渡江之异。近皆衔尾而北。")忍见遗黎逐海鸥。京口偏师初破竹,荡船木柹下苏州。

又此叠第八首末二句云:

最喜伏波能振旅,封侯印佩许双垂。(自注:"是役唯伏波殿后,全军而反。")

寅恪案:"伏波"指马信。《梅村家藏稿》二五《梁宫保壮猷纪》云:

伪提督五者,前营黄某,后营翁某,而左营马信,则我叛将也。(寅恪案:李天根《爝火录》二五"顺治十二年乙未"条云:"十一月辛巳朔,清镇守台州副将马信叛,降于张名振。"可供参证。)右营万里,中营甘辉。唯马信统水军于江,余皆连营西注。

可与牧斋自注相参证。

第三叠《八月初十日小舟夜渡惜别而作》乃专为河东君而作。虽前已多论及,然此文主旨实在河东君一生志事,故不避重复,仍全录之,且前所论此叠诸诗,尚有未加诠释者,亦可借此补论之也。

此叠第一首云:

负戴相携守故林,繙经问织意萧森。疏疏竹叶晴窗雨,落落梧桐小院阴。白露园林中夜泪,青灯梵呗六时心。怜君应是齐梁女,乐府偏能赋稿砧。

第二首云:

丹黄狼藉鬓丝斜,廿载间关历岁华。取次铁围同血(一作"穴")道,几曾银浦共仙槎。(寅恪案:"浦"疑当作"汉"。)

吹残别鹤三声角,进散栖乌半夜笳。错记(一作"忆")穷秋是春尽,漫天离恨搅杨花。

第三首云:

北斗垣墙暗赤晖,谁占朱鸟一星微。破除服珥装罗汉,(自注:"姚神武有先装五百罗汉之议,内子尽橐以资之,始成一军。")减养斋盐饷侬飞。娘子绣旗营垒倒,(自注:"张定西〔名振〕谓阮姑娘,吾当派汝捉刀侍柳夫人。阮喜而受命。舟山之役,中流矢而殒。惜哉!")将军铁槊鼓音违。(自注:"乙未八月神武血战死崇明城下。")须眉男子皆臣子,秦越何人视瘠肥。(自注:"夷陵文相国来书云云。"寅恪案:"文相国"指文安之。事迹见《明史》二七九及《小腆纪传》三〇本传等。)

第四首云:

闺阁心悬海宇棋,每于方罫系欢悲。乍传南国长驱日,正是西窗对局时。漏点稀忧兵势老,灯花落笑子声迟。訏期共覆金山谱,桴鼓亲提慰我思。

第五首云:

水击风抟山外山,前期语尽一杯间。五更噩梦飞金镜,千叠愁心锁玉关。人以苍蝇污白璧,天将市虎试朱颜。衣朱曳绮留都女,羞杀当年翟茀班。

第六首云:

归心共折大刀头,别泪阑干誓九秋。皮骨久判犹贳死,(原注:《丁亥岁有和东坡西台韵诗》。)容颜减尽但余愁。摩天肯悔双黄鹄,贴水翻输两白鸥。更有闲情搅肠肚,为余轮指算神(一作"并")州。

第七首云:

此行期奏济河功,架海梯山抵掌中。自许挥戈回晚日,相将把酒贺春风。墙头梅蕊疏窗白,瓮面葡萄玉盏红。一割忍忘归隐约,少阳原是钓鱼翁。

第八首云:

临分执手语逶迤,白水旌心视此陂。一别正思红豆子,双栖终向碧梧枝。盘周四角言难罄,局定中心誓不移。趣觐两宫应慰劳,纱灯影里泪先垂。

寅恪案:此叠第二首末二句之"错忆"或"错记"两字皆可通。但鄙意恐"记"字原是"认"字之讹。若如此改,文气更通贯。"杨"即"柳",乃河东君之本姓。"离恨搅杨花"五字殊妙。第三首见前论姚志倬事,并可参沈寐叟《投笔集跋》,可不多赘。第六首"摩天肯悔双黄鹄,贴水翻输两白鸥"一联。上句"双黄鹄"除遵王《注》引杜诗外,疑牧斋更用《汉书》八四《翟方进传》附义传载童谣:

反乎覆,陂当复。谁云者,两黄鹄。

之语,暗指明朝当复兴也。下句与第八叠第六首"鸢飞贴水羡眠鸥"句,同用《后汉书·列传》一四《马援传》。盖谓当此龙拏虎掣、争赌乾坤之时,已身与河东君尚难如鸥鸟之安稳也。此诗末句"并州"或"神州"虽俱可通,鄙意以作"并州"者为佳。《晋书》六二《刘琨传》略云:

刘琨,字越石,中山魏昌人。永嘉元年为并州刺史。时,东嬴公腾自晋阳镇邺,并土饥荒,百姓随腾南下,余户不满二万,寇贼纵横,道路断塞。琨募得千余人,转斗至晋阳。愍帝即位,拜大将军,都督并州诸军事。西都不守,元帝称制江左,琨乃令长史温峤劝进。于是河朔征镇夷夏一百八十人连名上表。(可参《世说新语(上)言语篇》"刘琨虽隔阂寇戎,志存本朝"条。)

盖以张苍水比刘越石也。当郑延平败于金陵城下,苍水尚经略安徽一带。考《张苍水集》四《北征录》略云:

> 延平大军围石头城者已半月。初,不闻发一镞射城中,而镇守润江督师,亦未尝出兵取旁邑。如句容、丹阳实南畿咽喉地,尚未扼塞,故苏常援虏得长驱入石头。无何石头师挫,时余在宁国受新都降。报至,遽反芜城。已七月廿九日矣。

可以为证。第七首末二句"一割"及"少阳",遵王《注》已引《后汉书列传三十七·班超传》及《分类补注李太白诗》一一《赠潘侍御论少阳》诗为释。但鄙意牧斋"少阳"二字,更兼用《李太白诗》一二《赠钱征君少阳(五律)》并注(可参《全唐诗》第三函李白一一)所云:

> 秉烛唯须饮,投竿也未迟。如逢渭水(一作"川")猎,犹可帝王师。(原注:"齐贤曰,少阳年八十余,故方之太公。")

等语。综合两句观之,牧斋意谓此行虽勉效铅刀之一割,未忘偕隐之约,并暗寓终可为明之宰辅也。第八首言此时虽暂别,后必归于桂王也。"碧梧枝"不独用杜诗"凤凰栖老碧梧枝"之原义,亦暗指永历帝父常瀛,崇祯十六年衡州陷,走广西梧州,及顺治二年薨于苍梧,并顺治三年丁魁楚、瞿式耜等迎永历帝于梧等事(见《明史》一二〇《桂端王常瀛传》及《小腆纪传·永历帝纪上》等)。即第五叠第八首"丹桂月舒新结子,苍梧云护旧封枝"

之意。"两宫"者,指桂王生母马太后及永历后王氏也。(见《小腆纪传·后妃传·永历马太后传》及《王皇后传》等。)

复次,叶调生廷琯《吹网录》四"陈夫人年谱"条略云:

> 瞿忠宣公之孙昌文,尝为其母撰《年谱》一帙。盖其尊人伯升(原注:"吴晓钲钊森曰,复社姓氏录作伯声。")欲纾家难,勉为韬晦顺时,而鼎革之际,家门多故,实赖陈夫人内外支持。故私撰此《谱》,以表母德,而纪世变。其中颇多忠宣轶事。十余年前从常熟许伯缄丈廷诰处见其摘钞本。缄翁云,原本为海虞某氏所藏,极为秘密。惜尔时未向缄翁借录。近从许氏后人问之,则并摘钞本不可得见矣。《谱》中所载,略忆一二事。一为钱宗伯与瞿氏联姻,实出宗伯之母顾夫人意。云瞿某为汝事去官,须联之以敦世好(见前引《初学集》七四《先太淑人述》)。后行聘时,柳姬欲瞿回礼与正室陈夫人同,而瞿仅等之孺贻生母。柳因蓄怒,至乙酉后,宗伯已纳款,忠宣方在桂林拒命,柳遂唆钱请离婚。其余逸事尚多,惜不甚记矣。

寅恪案:钱、瞿联姻事,第四章引顾太夫人语已论及。牧斋以两人辈分悬殊,故托母命为解。其实稼轩亦同意者也。同章末论绛云楼落成,引牧斋《与稼轩书》,亦足见稼轩深重河东君之为人。至当日礼法、嫡庶分别之关系,复于第四章茸城结缡节详论之,今不赘述。若乙酉明南都陷落,河东君劝牧斋殉国,顾云美《河东君传》中特举沈明抡为人证,自属可信。岂有反劝牧斋与稼轩离婚之事。且乙酉后数年,钱、瞿之关系,虽远隔岭海仍往来甚密,备见钱、瞿《集》中。河东君与其女赵微仲妻遗嘱,有"我死之后,汝事兄嫂,如事父母"之语(见《河东君殉家难事实》),孙爱复"德而哀之,为用匹礼,与尚书公并殡某所"(见

《蘼芜纪闻》引徐芳《柳夫人传》）。凡此诸端皆足证河东君无唆使牧斋令其子与稼轩女离婚之事。郿意昌文之作其母陈夫人《年谱》，殆欲表示瞿、钱两家虽为姻戚，实不共谋之微旨，借以脱免清室法网之严酷耶？附记于此，以俟更考。

第四叠《中秋夜江村无月而作八首》，皆牧斋往松江后，追忆而作也。金鹤冲《钱牧斋先生年谱》云：

〔顺治十六年己亥八月〕初四日，国姓遣蔡政往见马进宝，而先生亦于初十日后往松江晤蔡、马。十一日后，国姓攻崇明城，而马遣中军官同蔡政至崇明，劝其退师，以待奏请，再议抚事。此时先生或偕蔡政往崇明，亦未可知。

寅恪案：金鹤冲谓牧斋曾往松江晤马进宝，其说可信，但谓牧斋亦往崇明则无实据。此叠第二首"浩荡张骞汉（一作"海"）上槎"句，自出杜氏"奉使虚随八月槎"之语，可用"海"字，但第三叠第二首"几曾银浦共仙（一作"云"）槎"句，则当用《博物志》及《荆楚岁时记》之典，各不相同也。此叠第三首末两句并自注云：

只应老似张丞相，扪摸残骸笑瓠肥。（自注："余身素瘦削，今年腰围忽肥。客有张丞相之谑。"）

本文第三章论释牧斋肤黑而身非肥壮。今忽以张丞相自比者，盖用《史记》九六《张丞相传》（遵王《注》已引，不重录）。牧斋语似谐谑，实则以宰相自命也。此叠第八首末二句"莫道去家犹未远，朝来衣带已垂垂"，第四章《论东山酬和集》二河东君《次韵牧斋二月十二日春分横山晚归作》诗中"已怜腰缓足三旬"已详释论，读者可取参阅，不多赘也。第五叠《中秋十九日暂回村庄而作八首》，观第一首"石城又报重围合，少为愁肠缓急砧"二句似牧斋得闻张苍水重围金陵而有是作，其实皆非真况,然其意亦可哀矣。

第六叠《九月初二日泛舟吴门而作八首》。牧斋忽于此时至吴门必有所为,但不能详知其内容。鄙意其第三首"跃马挥戈竟何意,相逢应笑食言肥"及第八首"要勒浯溪须老手,腰间砚削为君垂"等句,岂马逢知此际亦在苏州耶?俟考。

第九叠《庚子十月望日八首》第八首末二句云:"种柳合围同望幸,残条秃鬓总交垂。"遵王引元遗山《为邓人作》诗为释,其实第一手材料乃《晋书》九八《桓温传》及《庾子山集》一《枯树赋》等。此为常用之典,不必赘论。唯"望幸"二字出《元氏长庆集》二四《连昌宫词》"老翁此意深望幸"之语,自指己身与河东君。但鄙意"残条"之"残"与"长"字,吴音同读,因而致讹。若以"残条"指河东君,则与虎丘石上诗无异。故"残"字应作"长",否则"秃鬓"虽与己身切当,而"残条"未免唐突河东君也。第十叠《辛丑二月初四日夜宴述古堂,酒罢而作》与《有学集》一一《红豆三集》《辛丑二月四日宿述古堂,张灯夜饮,酒罢而作》题目正同。

检《清史稿》五《世祖本纪二》略云:

〔顺治〕十八年春正月壬子,上不豫。丁巳,崩于养心殿。

及《痛史》第二种《哭庙纪》略云:

〔顺治十八年〕二月初一日,章皇上宾哀诏至姑苏。

可知此两题共十二首,乃牧斋闻清世祖崩逝之讯,心中喜悦之情可想而知。故寓遵王宅,张灯夜饮,以表其欢悦之意。但检《牧斋尺牍(中)与遵王三十通》之十六云:

明日有事于邑中,便欲过述古,了宿昔之约,但四海遏密,哀痛之余,食不下咽,只以器食共饭,勿费内厨,所深嘱也。

此札当作于顺治十八年辛丑二月初三日,即述古堂夜宴前一日。牧斋所言乃故作掩饰之语,与其内心适相反也。观《投笔集》及《有学集》之题及诗,可以证明矣。但金氏《牧斋年谱》以此札列于康熙元年壬寅条,谓"正月五日先生自拂水山庄《与遵王书》云〔云〕"。又谓"按永历帝为北兵所得,今已逾月,先生盖知之矣"。金氏所以如此断定者,乃因《有学集》一二《东涧集(上)》第二题为《一月五日山庄作》,第三题为《六日述古堂文宴作》之故。检《小腆纪年》二〇"顺治十八年辛丑"条云:

〔十二月〕戊申(初三日),缅酋执明桂王以献于王师。

同书同卷"康熙元年壬寅"条云:

三月丙戌(十三日),吴三桂以明桂王由榔还云南。
四月戊午(十五日),明桂王由榔殂于云南。

《投笔集(下)后秋兴》第十二叠题为《壬寅三月二十三日以后大临无时,啜泣而作》,第十三叠题为《自壬寅七月至癸卯五月,讹言繁兴,鼠忧泣血,感恸而作,犹冀其言之或诬也》。且第十二叠后一题为壬寅三月二十九日所作《吟罢自题长句拨闷二首》之二末两句为"赋罢无衣方卒哭,百篇号踊未云多"。足证牧斋于康熙元年三月以后,方获知永历帝被执及崩逝之事。金氏以札中之"四海遏密"及诗题"大临无时"混淆胡汉,恐不可信。又,第九叠诗八首关涉董鄂妃姊妹者甚多,兹不详引,读者可参张孟劬采田编次《列朝后妃传稿》并注。

第十一叠题云《辛丑岁逼除作。时自红豆江村徙居半野堂绛云余烬处》。检《张苍水集》第一编"顺治十八年辛丑"《上延平王书》云:

殿下东都之役,岂诚谓外岛足以创业开基,不过欲安插文武将吏家室,使无内顾之忧。庶得专意恢剿。但自古未有以辎重眷属置之外夷,而后经营中原者,所以识者危之。或者谓女真亦起于沙漠,我何不可起于岛屿?不知女真原生长穷荒,入中土如适乐郊,悦以犯难,人忘其死。若以中国师徒委之波涛漂渺之中,拘之风土狂獉之地,真乃入于幽谷。其间感离恨别,思归苦穷,种种情怀,皆足以堕士气而损军威,况欲其用命于矢石,改业于櫌锄,何可得也!故当兴师之始,兵情将意,先多疑畏。兹历暑徂寒,弹丸之城攻围未下,是无他,人和乖而地利失宜也。语云:"与众同欲者罔不兴,与众异欲者罔不败。"诚哉是言也。今虏酋短折,孤雏新立,所云主少国疑者,此其时矣。满党分权,离畔叠告,所云将骄兵懦者,又其时矣。且灾异非常,征科繁急,所云天怒人怨者,又其时矣。兼之虏势已居强弩之末,畏澥如虎,不得已而迁徙沿海,为坚壁清野之计。致万姓弃田园,焚庐舍,宵啼路处,蠢蠢思动,望王师何异饥渴。我若稍为激发,此并起亡秦之候也。惜乎殿下东征,各汛守兵,力绵难恃。然且东避西移,不从伪令,则民情亦大可见矣。殿下诚能因将士之思归,乘士民之思乱,回旗北指,百万雄师可得,百什名城可下矣,又何必与红夷较雌雄于海外哉?况大明之倚重殿下者,以殿下之能雪耻复仇也。区区台湾,何预于神州赤县?而暴师半载,使壮士涂肝脑于火轮,宿将碎肢体于沙碛,生既非智,死亦非忠,亦大可惜矣。况普天之下,止思明一块干净土,四澥所属望,万代所瞻仰者,何啻桐江一丝系汉九鼎?故虏之虎视,匪朝伊夕,而今守御单弱,兼闻红夷构虏乞师,万一乘虚窥伺,胜败未可知也。夫思明者,根柢也。台湾者,枝叶也。无思明,是无根柢矣,安能有枝叶乎?此时进退失据,噬脐何及?古人云:"宁进一寸死,毋退一尺生。"使殿下奄有台湾,亦不免为退步,孰若早返思明,别图所以进步哉?昔年长江之役,虽败犹荣,已足流芳百世。若卷土重来,岂直汾阳、临淮不足专美,即钱镠、窦融,亦不足并驾矣。倘寻徐福之行踪,思卢敖之故迹,纵偷安一时,必贻讥千古。即观史载陈宜中、张世杰两人褒贬,可为明鉴。九仞一篑,殿下宁不自爱乎?夫虬髯一剧,只是传奇滥说,岂真有扶馀足王乎?若箕子之居朝鲜,又非可以语于今日也。

寅恪案:郑氏之取台湾,乃失当日复明运动诸遗民之心,而壮清廷及汉奸之气者,不独苍水如此,即徐暗公辈亦如此。牧斋以为延平既以台湾为根据地,则更无恢复中原之希望,所以辛丑逼除,遂自白茆港移居城内旧宅也。然河东君仍留居芙蓉庄,直至牧斋将死前始入城者,殆以为明室复兴尚有希望,海上交通犹有可能,较之牧斋之心灰意冷大有区别。钱柳二人之性格不同,即此一端,足以窥见矣。

第十三叠后附《癸卯中夏六日重题长句二首》,其第一首有"逢人每道君休矣,顾影还呼汝谓何"一联,意谓时人尽知牧斋以为明室复兴实已绝望,而河东君尚不如是之颓唐。"影"即"影怜"之谓。斯乃《投笔》一集之总结,愈觉可哀也。

关于郑延平之将克复南都而又失败之问题,颇甚复杂,兹略引旧记以证明之。

魏默深源《圣武记》八《国初江南靖海记》(可参《小腆纪年附考》一九"〔顺治十六年七月〕壬午二十三日明朱成功败绩于江宁崇明伯甘辉等死之成功退入于海瓜洲镇江皆复归于我大清"条)略云:

〔顺治〕十四年,明桂王遣使自云南航海进封成功延平郡王,招讨大将军。成功分所部为七十二镇,设六官理事假永明号,便宜封拜。闻王师三路攻永历于云贵,乃大举内犯江南,以图牵制。十六年六月,由崇明入江,时苏松提督驻松江,江宁提督驻福山,分守要害,圌山及谭家洲皆设大炮,金、焦二山皆铁锁横江。煌言屡却不前,令人泅水断铁索,遂乘风潮,以十七舟径进,沿江木城俱溃,破瓜洲,获提督管效忠围镇江,五路叠垒而阵。周麾传炮,声沸江水。攻北固山,士卒皆下马死战,官兵退入城,成功军逐之而入,遂陷镇江,属邑皆下。部将甘辉请取扬州,断山东之师。据京口,断两浙之漕,严扼咽喉,号召各郡,南畿可不战自困。成功不听。七月直薄金陵,谒孝陵,而煌言别领所部由芜湖进取徽宁诸路。时,江宁重兵移征云贵,大半西上,城内守备空虚。松江提督马进宝(原注:"改名逢知。")不赴援,阴通于寇,拥兵观望。成功移檄远近。(寅恪案:《张苍水集》第一编载"己亥代延平王作海师恢复镇江一路檄"可供参考。)太平、宁国、池州、徽州、广德、无为、和州等四府三州二十四县,望风纳款。维扬、常、苏旦夕待变。东南大震,军报阻绝。世祖幸南苑集六师议亲征。两江总督郎廷佐佯使人通款,以缓其攻。成功信之,按兵仪凤门外,依山为营,连亘数里。巡抚蒋国柱,崇明总兵梁化凤皆赴援。化凤登高望敌,见敌营不整,樵苏四出,军士浮后湖而嬉,乃率劲骑五百,夜出神策门,先捣白土山,破其一营,以作士气。次日,大出师由仪凤、钟阜二门以三路攻其前,而骑兵绕出山后夹攻。成功令甘辉守营,而自出江上调舟师。诸营见山上麾盖不动,不敢退。又未奉号令,不暇相救,遂大溃。甘辉被执死。化凤复遣兵烧海艘五百余,成功遂以余舰扬帆出海,攻崇明不下。冬十月还岛。而煌言遇我征贵州凯旋兵浮江下,亦战败走徽宁山中,出钱塘入海。

延平王户官杨英《从征实录》"永历十三年己亥"条略云:

〔五月〕十九日,移泊吴淞港口,差监纪刘澄密书通报伪提督马进宝合兵征讨,以前有反正之意,至是未决,欲进围京都时举行,故密遣通之。未报。

〔七月〕十一日,伏□□塘报一名,称南京总督管效忠自镇江败回□(日?),将防城器棋料理,并差往苏松等处讨援兵,并带急燕都奏请救援。称松江提督马进宝阴约归,现在攻围南都,危如累卵,乞发大兵南□(下)救援扑灭,免致燎原滔天云云。藩得报,喜曰:"似此南都必降矣,重赏之。"是日,藩札凤仪门。密书与马提督知防。

十七日,各提督统领进见。甘辉前曰:"大师久屯城下,师老无功,恐援虏日至,多费一番功夫。请速攻拔,别图进取。"藩谕之曰:"自古攻城掠邑,杀伤必多,所以未即攻者,欲待援虏齐集,必朴(扑)一战,邀而杀之。管效忠必知我手段,不降亦走矣。况属邑节次归附,孤城绝援,不降何待。且铳炮未便。又松江马提督□约未至,以故援(缓)攻。诸将暂磨励以待,各备攻棋,候一二日,令到即行。"诸将回营。〔十八日〕遣监督高绵祖,礼部都事蔡政前往苏州松江。往见伪抚院马提督,约日起兵打都城,并令常镇道冯监军拨大官座二只,多设仪仗帐,戴(载)高、蔡二使前往苏松会师。

二十一日,再遣礼都事蔡政往松江见马进宝,并安插陈忠靖□(宣)毅前镇陈泽等护眷船,授以机□。先时祖等见进宝,以家眷在燕都未决,回报。至是再遣谕之曰:"见马提督,先以婉言开陈,须不刚不柔,务极得体,要之先事

□（为）妙。若至攻破南都日方会□为晚也。"

二十二午,虏就凤仪门抬炮与前锋镇对击。

二十三〔日〕,藩见大势已溃,遂抽下□（船）。

二十八日,派程班师,驾出长江。

〔八月〕初四日,师泊吴淞港,遣礼都事蔡政往见马进宝。进京议和事机宜,俱授蔡政知之,亦无书往来。

初八日,舟师至崇明港。

初十日,传令登岸札营攻崇明县城。

十一日辰时,开炮至午时西北角城崩下数尺,河沟填满,藩亲督催促登城,守将梁华（化）凤死敌不退。

藩见城坚难攻,传令班回。是日晚,适马提督差中军官同都事蔡政至营,言马提督□（因?）闻大师攻围崇明,特遣中军前来说和。称欲奏请讲和,仍又加兵袭破城邑,教我将何题奏,贵差将何面君？不如舍去崇明,暂回海岛,候旨成否之间,再作良图,亦未为晚。藩谕之曰："尔酋等大张示谕,谓我水陆全军覆没,国姓亦没阵中,清朝无角逐英雄之患。吾故打开崇明,安顿兵眷,再进长驱,尔主其亦知之否？我今挣（才）施数铳,其城已倒及半,明日安炮再攻,立如平地。既尔主来说,姑且缓攻,留与尔主好题请说话也。"令人同看营中兵器船只整备。叹曰："京都覆没,岂有是耶？"

藩令搬营在船。

十二日,遣蔡政同马提督中军再回吴淞,往京议和。

十二月,藩驾注（驻）思明州。蔡政自京回,京报和议不成。

逮系马进宝入京。

《清史列传》五《郎廷佐传》(参《碑传集》六二引《盛京通志·郎廷佐传》)云：

是年(顺治十六年己亥)二月,廷佐因巡阅江海,密陈海防机宜,言海贼郑成功拥众屯聚海岛,将侵犯江南,而江省各汛兵数无多,且水师舟楫未备,请调发邻省劲兵防御。疏下部议,以邻省亦需兵防守,寝其事。五月,海贼陷镇江,袭据瓜州,遂犯江宁。时,城中守御单弱,会副都统噶楚哈等从贵州凯旋,率兵沿江而下,廷佐与驻防总管喀喀穆邀入城,共议击贼。

同书同卷《梁化凤传》(可参《梅村家藏稿》二五《梁宫保壮猷纪》)略云:

梁化凤,陕西长安人。顺治三年武进士。十二年升浙江宁波副将。海寇张名振犯崇明之平洋沙,总督马国柱委化凤署苏松总兵事,至则遣都司谈忠出战,名振复高桥,化凤亲驰援剿击,败其众。(寅恪案:《清史稿》二〇三《疆臣年表》一"江南江西总督"栏"顺治十一年甲午"载:"马国柱九月丁未休。十月马鸣佩总督江南江西。""顺治十三年丙申"载:"马鸣佩闰五月己酉病免。"表面观之,似"马国柱"为"马鸣佩"之误。但《清史稿》五《世祖本纪》二略云:"顺治十一年四月壬申,官军击故明将张名振于崇明,败之。"《清史列传》五《马国柱传》云:"十一年正月,海贼张名振屡犯崇明。"然则《梁化凤传》之"十二年"应作"十一年"无疑也。)十六年七月,成功以大舰陷镇江瓜州,直犯江宁,南北中梗。化凤率所部三千人,疾抵江宁。贼大败奔北,江南遂通。成功败,遁入海。化凤遣将防崇明,贼果薄城下,适化凤兵自江宁回,声势相应,括民舟出白茆港,绝流迅击,贼复大败。

《清史列传》八〇《马逢知传》略云:

〔顺治〕十三年,迁苏松常镇提督。十六年,海寇郑成功犯江宁,连陷州县,梁化凤击退之。九月,部臣劾逢知失陷城池,当镇江失守,拥兵不救,贼遁,又不追剿,应革世职,并现任官,撤取回旗。得旨,马逢知免革职,着解任。先是户科给事中孙光祀密纠逢知当贼犯江宁时,竟不赴援,及贼攻崇明,为官兵所败,反代其请降,巧行缓兵之计。镇海大将军刘之源,江南总督郎廷佐,苏松巡按马腾升,先后疏报伪兵部黄征明乃数年会缉未获之海逆,今经缉获解京。其侄黄安自海中遣谍陈谨夤缘行贿,计脱征明,并贻书逢知,传递关节。礼科给事中成肇毅亦疏陈逢知通海情形昭著。请即逮治,并令抚按严究党羽。十七年六月,命廷臣会鞫,以逢知交通海贼,拟并诛其子。八月,上以未得逢知叛逆实事,命刑部侍郎尼满往江南,同之源、廷佐确审,寻合疏陈奏逢知于我军在沙埔港获海贼柳卯,即声言卯系投诚,赏银给食,托言令往招抚,纵之使还。又,海贼郑成功曾遣伪官刘澄说逢知改衣冠领兵往降。逢知虽声言欲杀刘澄,反馈以银两。又遣人以扇遗成功,并示以投诚之本。又私留奉旨发回之蔡正,不即斥逐,并将蔡正之发剃短,以便潜往。且遣人护送出境。是逢知当日从贼情事虽未显著,然当贼犯江南时,托言招抚,而阴相比附,不诛贼党,而交通书信,兼以潜谋往来,已为确据。疏入,仍命议政王贝勒大臣核议。寻论罪如律,逢知伏诛。

《梅村家藏稿》二五《梁宫保壮猷纪》云:

江宁告急之使,马皆有汗。同时大将之拥兵者,按甲犹豫,据分地为解。

《小腆纪年附考》一九"顺治十六年五月癸酉(十三日)明延平王

朱成功,兵部左侍郎张煌言,复会师大举北上以援滇"条云:

> 成功欲顺风取瓜州,煌言曰:"崇明为江海门户,有悬洲可守,先定之以为老营,脱有疏虞,进退可据。"冯澄世亦言取之便。成功曰:"崇明城小而坚,取之必淹日月。今先取瓜州,破其门户,截其粮道,腹心溃,则支体随之,崇明可不攻而破也。"乃遣监纪刘澄,密通我江南提督马进宝,而请煌言以所部兵为前军乡导。己卯(十九日)经江阴,舟楫蔽江而上。

据上引资料,知成功之不能取江宁,其关键实在马逢知两方观望,马氏之意以为延平若成功,声威功绩必远出其上。若不成功,己身亦可邀得清廷之宽免。此乃从来汉奸骑墙之故技。实不知建州入关,其利用汉人甚为巧妙。若可利用之处已毕,则斩杀以立威也。

又,黄秋岳濬《花随人圣庵摭忆》略云:

> 缪小山〔荃孙〕《云自在堪笔记》所述康熙时诸汉臣相评相轧事至详,而未言所本。后乃知小山所本,为李榕村〔光地〕日记。《榕村日记》无刊行者,清史馆有抄本,缪所录中,有一段极饶意义者,为李光地与施琅语,纵谈及海上顺治十六年攻南京事。李("李"当作"予",下同)云:"当时若海寇不围城池,扬帆直上,天下岌岌乎殆哉!"施笑曰:"直前,是矣。请问君何往?从何处而前?"予无以应。移时又促之,云:"从何处往前?"李曰:"或从江淮,或趋山东,奈何?"施曰:"此便大坏。何〔以〕言之,直前,纵一路无阻,即抵京师,本朝兵势尚强,决一死斗。兵家用所长,不用所短。海寇之陆战,其所短者,计所有不过万人。能以不习陆战之万人,而敌精于陆战之数十万人乎?不过一霎时,便可

无噍类矣。"李爽然自失,曰:"然则奈何?"施曰:"不顾南京,直取荆襄,以其声威,扬帆直过,决无与敌者。彼闭城不出,吾置之不论。彼若通款,与一空札羁縻之。遇小船则毁之,遇大船则带之。有领兵降者,以我兵分配彼兵,散与各将而用之。得了荆襄,呼召滇粤三逆藩,与之连结,摇动江以南,以挠官军,则祸甚于今日矣。"施所见如此,真是枭雄。

寅恪案:马进宝是时正在观望。若延平克南京,则反清。若不能,则佐清。延平既不能克南京,必急撤退。不然者,将被封锁于长江口内,全军覆没矣。施琅之论,未必切合当日情势及了解延平心理也。至《清史补编》八《郑成功载记》记载此役,其史料真伪夹杂,文体不伦,未可依据,故不引用。

复检《清史稿》二六七《黄梧传》(可参《清史列传·黄梧传》)略云:

黄梧,字君宣,福建平和人。初,为郑成功总兵,守海澄。顺治十三年,梧斩成功将华栋等,以海澄降。大将军郑亲王世子济度以闻,封海澄公。十四年,总督李率泰疏请益梧兵合四千人,驻漳州。梧牒李率泰荐委署都督施琅智勇忠诚,熟谙沿海事状,假以事权,必能剪除海孽。又言成功全借内地接济木植、丝绵、油麻、钉铁、柴米。土宄阴为转输,赍粮养寇。请严禁。并条列灭贼五策,复请速诛成功父芝龙。率泰先后上闻,琅得擢用,芝龙亦诛。寻命严海禁,绝接济,移兵分驻海滨,阻成功兵登岸,增战舰,习水战,皆梧议也。

《小腆纪年附考》二〇"顺治十八年十二月明延平王朱成功取台湾"条略云:

成功以台湾平,谓诸将曰:"此膏腴之土,可寓兵于农。"既闻迁界令下,成功叹曰:"使吾徇诸将意,不自断东征,得一块土,英雄无用武之地矣。沿海幅员上下数万里,田庐邱墓无主,寡妇孤儿望哭天末,惟吾之故。以今当移我残民,开辟东土,养精畜锐,闭境息兵,待天下之清未晚也。"乃招漳泉惠潮流民,以辟污莱。制法律,定职官,兴学校,起池馆,待故明宗室遗老之来归者。台湾之人是以大和。

然则延平急于速战速决之计既不能行,内地接济复被断绝,则不得不别取波涛远隔、土地膏腴之台湾以为根据地。且叛将黄梧拥兵海澄,若迟延过久则颇有引清兵攻厦门之可能。观《黄梧传》"〔顺治〕十四年,总督李率泰疏请益梧兵合四千人,驻漳州",并《小腆纪年附考》二〇〔顺治十七年〕五月甲子(初十日),我大清兵攻厦门,明延平王朱成功御却之",及同书同卷"我大清康熙二年癸卯冬十月王师取金门厦门"条,即是其证。故延平帅舟师速退,亦用兵谨慎之道。其主旨虽与张苍水辈别有不同,未可尽非也。

寅恪论述牧斋参预郑延平攻取南都之计划,又欲出白茆港逃遁出海,而不能实行之事既竟,读者必怀一疑问,即牧斋何以终能脱免清廷之杀害。《痛史》第五种《研堂见闻杂记》云:

> 海氛既退,凡在戎行诸臣,以失律败者,各遣缇骑捕之,以银铛锁去,如缚羊豕,而间连染于列邑缙绅,举室俘囚,游魂旦暮。

又云:

> 乙亥,海师至京口,金坛诸缙绅有阴为款者,事既定,同袍讦发,遂罗织绅衿数十人。抚臣请于朝,亦同发勘臣就讯,既抵,五毒备至,后骈斩,妻子发上阳。

据此可知当日缙绅因己亥之役受牵累者殊不少。牧斋何以终能脱免一点,实难有确切之解答。但后检诸书,似有痕迹可寻,惜尚是推测之辞,不敢视为定论。俟他日更发见有关史料再详述之。

《清史列传》七九《梁清标传》略云:

> 梁清标,直隶正定人。明崇祯十六年进士,官庶吉士。顺治元年投诚,仍原官。寻授编修,累迁侍讲学士。十三年四月迁兵部尚书。十六年,海贼郑成功由镇江犯江宁,给事中杨雍建疏言(寅恪案:杨氏事迹可参同书《陆本传》)海氛告警,宵旰焦劳,枢臣职掌军机,于地形之要害,防兵之多寡,剿抚之得失,战守之缓急,不发一谋,不建一策,仅随事具覆,依样葫芦,不曰今应再行申饬,则曰臣部难以悬拟。既不能尽心经画,决策于机先,又不能返躬引咎,规效于事后,请天语严饬,以儆尸素。诏兵部回奏。时尚书伊图,奉使云南。清标同侍郎额赫里、刘达、李棠馥疏辩。得旨,此回奏,巧言饰辩,殊不合理,著再回奏。于是自引咎下吏部察议,三侍郎皆降二级,清标降三级,各留任。十七年二月,京察自陈。谕曰:"梁清标凡事委卸,不肯担任劳怨,本当议处,姑从宽免。"其痛自警省,竭力振作。五月上以岁旱,令部院诸臣条奏时务,清标与李棠馥疏言,奸民捏造通贼谋叛,蠹设贪官,借端取货,生事邀功,著确指其人。于是复奏,借通贼谋叛名,鱼肉平民,则有桐城知县叶贵祖,常熟知县周敏等。为给事中汪之洙、巡按何元化所劾。(寅恪案:《江南通志》一〇六《职官志》"巡抚监察御史"栏载:"何可化,直隶人,进士,顺治十七年任。"清进士题名碑载:"何可化,顺治三年第三甲,直隶大宁都都水卫。""何元化"当为何可化之讹。)其未经劾奏者不知凡几。故请旨饬禁,惩前以毖

后。疏下部知之。

同书九《施琅传》略云：

〔康熙〕二十年七月，内阁学士李光地奏，郑锦已死，子克塽幼，部下争权，征之必克，因荐琅素习海上情形。上遂授琅福建水师提督加太子太保。谕之曰，海寇一日不靖，则民生一日不宁。尔当相机进取，以副委任。二十一年七月彗星见，诏臣工指陈时务。户部尚书梁清标（寅恪案：梁清标康熙十一年调户部尚书）谓天下太平，凡事不宜开端，当以安静为主。上因命暂停征剿台湾。

乾隆修《江南通志》一〇七《职官志》"常熟知县"栏载：

周敏，武康人。拔贡。顺治十五年任。

张燮，大兴人。拔贡。顺治十七年任。

寅恪案：前论黄毓祺案，已详及真定梁氏与牧斋之密切关系。今观《清史列传》所言，清标身任兵部尚书，其对己亥战役之态度如此冷淡，虽云满尚书伊图奉使云南，当日汉人无权（可参前引龚芝麓《疏》）不敢特有主张，但其不为清廷尽心经画以防御郑氏，与二十余年后之反对进攻台湾，疑是同一心理。至《传》中所指常熟知县周敏，借通贼谋叛、鱼肉平民之事，恐是乘机为牧斋辈解脱于郑延平失败之后，清廷大肆搜捕之时也。

又《牧斋尺牍（下）致周县尊》云：

治某抱病江乡，朝夕从渔夫樵叟，歌咏德音，虽复屏迹索居，未尝不神驰钤阁也。顷者，□□□狂悖无状，老父母以覆载洪恩，付之不较。第此人欺主枉上，罪在不赦。若不重治，并及其共事者，何以惩创奸宄，使魑魅寒心？又口称有两宦书帖，其中不无假冒。某乡居不知城邑之事，若有不得已相闻,必有手书印记。并祈老父母留心查核,勿为黎丘之鬼所眩,此尤所祷祀而求者也。

又《致□□□》略云:

恒云握别,遂逾星纪。尘泥迥绝,寒暄邈然。相知北来,备道盛雅。注存无已,煦育有加。窃念益草木残生,桑榆暮齿,灰心世故,息念空门。固未尝争名争利,攘臂于市朝;亦未尝有党有仇,厕迹于坛坫,有何怨府?犯彼凶锋。所赖金石格言,岩廊竑论。片语解呶,单词止沸。此则养国家之元气,作善类之长城。四海具瞻,千秋作则者也。

颇疑牧斋所谓"周县尊"即周敏。而信中所言两宦书帖,其中之一当为告污牧斋之物证。至《致□□□》一札,因信中有"恒云"二字故认为即致梁清标者。"犯彼凶锋"之"彼"当指周敏。"金石格言,岩廊竑论"似指清标顺治十七年五月所上之疏。若所揣测者不误,则此等材料或可作为牧斋之免祸与梁清标有关之旁证。

复次,当日在朝有梁清标主持兵部,凡在外疆臣武将皆不得不为牧斋回护。周敏之不能久任常熟知县,其理由或在此也。又牧斋集中颇多与郎廷佐、梁化凤等相关之文字,兹节录涉及己亥之役者于下。《牧斋外集》九《奉贺郎制府序》略云:

每念节镇之地,襟江带海,潢池弄兵,海岛窃发。单车小艇,巡行水陆,宵征露宿,涉鲸波而冲飓浪,所至搜讨军实,申明斥堠,布置要害。冲波跋浪之士,靡不骨腾肉飞。裹粮求敌。德威宣布,军声烜赫。于是海人蜑户,连艘投诚。鲸鲵猰貐,闻风远遁。萑苻解散,菰芦宴如,则公之成劳也。

同书同卷《梁提督累荫八世序》略云:

自古国家保定疆圉,乂安寰宇,必有精忠一德,熊罴不二心之臣,为之宣猷傃力,经营告成。其在今日,则大官保梁公是也。公以鞭霆挈电之风略,拔山贯日之忠勇,奋迹武闱,守御山右。旋调崇川,总领水师。未几,海氛大作,蹂躏瓜步,摇撼南服。公出奇奋击,雷劈电奔,斧螗锋猬,江水为赤。已而复窥崇川,公随飞援追剿,海波始靖,而东南获有安壤。余江村老民,借公广厦万间之庇,安枕菰芦,高眠晚食,方自愧无以报公,而又念旧待罪太史氏,勒燕然之铭,香旂常之续,皆旧史所有事也。于诸君之请,遂不辞而为之序。亦使后世之史馆尚论武略者,于斯文有考焉。

同书二四《海宴亭颂序》略云:

今都督长安梁公,山西出将,冀北空群。惟此东南,惠徽节钺。顷者海波荡潏,江表震惊。舰塞长江,风乘万里。惟公奋其老谋,遏彼乱略。遂使鲐文之老,安井臼于熏风;负剑之童,息戈铤于丽日。既庇鸿庥于上将,应铭伟伐于通都。地卜虎丘,亭名海宴。万古千秋,拥胜概于长洲之苑;黄童白叟,腾颂声于阛阓之城。益也托庇遗民,欣逢盛举。磨盾草檄,良有愧于壮夫;勒石考文,敢自后于野史。

此外牧斋尚有为梁化凤之父孟玉所作之《诰封都督梁公墓志铭》(见《牧斋外集》一六)等,及与郎梁诸人之书札(见《牧斋尺牍》),兹不暇多引。要之,牧斋此类文字虽为谄媚之辞,但使江南属吏见之,亦可以为护身符也。

附：钱氏家难

关于牧斋八十生日，除前论"丁老行"，谓丁继之于干戈扰攘之际，特来虞山祝寿，殊为难得外。牧斋尚有《红豆诗十首》，皆关涉其己身及河东君并永历帝者，故与颇饶兴趣之牧斋《辞寿札》及《归玄恭寿序》各一篇，录之于下。至钱曾《红豆和诗十首》并其他涉及牧斋八十生日之文字尚多，不能尽录，读者可自参阅也。

《有学集诗注》一一《红豆三集·红豆树二十年复花，九月贱降时，结子一颗，河东君遣童探枝得之，老夫欲不夸为己瑞，其可得乎？重赋十绝句，示遵王》（寅恪案：此题前第六题为《遵王赋胎仙阁看红豆花诗，吟叹之余，走笔属和八首》，故云"重赋"。其诗后附有钱曾《红豆树二十年不花，今年夏五，忽放数枝牧，翁先生折供胎仙阁，邀予同赏，饮以仙酒，酒酣，命赋诗，援笔作断句八首一题》更乞同人和之）云：

> 院落秋风正飒然，一枝红豆报鲜妍。夏梨弱枣寻常果，此物真堪荐寿筵。
>
> 春深红豆数花开，结子经秋只一枚。王母仙桃余七颗，争教曼倩不偷来。
>
> 二十年来绽一枝，人间都道子生迟。可应沧海扬尘日，还记仙家下种时。
>
> 秋来一颗寄相思，叶落深宫正此时。舞辍歌移人既醉，停觞自唱右丞词。
>
> 朱曦衔来赤日光，苞从鹑火度离方。寝园应并朱樱献，玉座休悲道路长。
>
> 千葩万蕊叶风凋，一捻猩红点树梢。应是天家浓雨露，万年

枝上不曾销。

齐阁燃灯佛日开,丹霞绛雪压枝催。便将红豆兴云供,坐看南荒地脉回。

炎徼黄图自讨论,日南花果重南金。书生穷眼疑卢橘,不信相如赋上林。

旭日平临七宝阑,一枝的皪殷流丹。上林重记虞渊簿,莫作南方草木看。

红药阑干覆草莱,金盘火齐抱枝开。故应五百年前树,曾裹侬家锦绣来。

《有学集》三九《与族弟君鸿求免庆寿诗文书》略云:

夫有颂必有骂,有祝必有咒,此相待而成也。有因颂而招骂,有因祝而招咒,此相因而假也。今吾抚前鞭后,重自循省,求其可颂者而无也。少窃虚誉,长尘华贯,荣进败名,艰危苟免。无一事可及生人,无一言可书册府。濒死不死,偷生得生。绛县之吏不记其年,杏坛之杖久悬其胫。此天地间之不祥人,雄虺之所蜇遗,鸱鸮之所接席者也。子如不忍于骂我也,则如勿颂。子如不忍于咒我也,则如勿祝。以不骂为颂,颂莫祎焉。以无咒为祝,祝莫长焉。

《牧斋尺牍(中)与君鸿》云:

村居荒僻,翻经礼佛,居然退院老僧。与吾弟经年不相闻问,不谓吾弟记忆有此长物也。日月逾迈,忽复八旬,敕断亲友,勿以一字诗文枉贺。大抵贺寿诗文,只有两字尽之,一曰骂,二曰咒。本无可贺而贺,此骂也。老人靠天翁随便过活,而祝之曰长年,曰不死,此咒也。业已遍谢四方,岂可自老弟破例耶?若盛意,则心铭之矣。来诗佳甚,漫题数语,勿怪佛头抛粪也。诗笺已领,不烦再加缮写也。谢谢!

（寅恪案：此札与前札，辞寿之旨虽同，而详略有异。颇疑此札乃复其族弟之私函，前札则属于致亲朋之公启。故此札乃前札之蓝本也。）

《归庄集》三《某先生八十寿序》略云：

先生之文云，绛县之老，自忘其年。杏坛之杖，久悬其胫。据所用《论语》之事，先生盖自骂为贼矣。吾以为贼之名不必讳。李英公尝自言少为无赖贼，稍长为难当贼，为佳贼，后卒为大将，佐太宗平定天下，画像凌烟阁。且史臣之辞，不论国之正僭、人之贤否，与我敌，即为贼。是故曹魏之朝，以诸葛亮为贼。拓跋之臣，以檀道济为贼。入主出奴，无一定谓。然则贼之名何足讳，吾唯恐先生之不能为贼也。先生自骂为贼，吾不辨先生之非贼，又唯恐先生之非贼，此岂非以骂为颂乎？先生近著有《太公事考》一篇，（寅恪案：《有学集》四五《书史记齐太公世家后》末云："今秋脚病，蹒跚顾影，明年八十，耻随世俗举觞称寿，聊书此以发一笑，而并以自励焉。"玄恭所言，即指此文。）举史传所称而参互之，知其八十而从文王，垂百岁而封营丘。先生之寓意可知。庄既以先生之自戏者戏先生，亦以先生之自期者期先生而已，他更无容置一辞也。先生如以庄之言果诅也，果骂也，跪之阶下而责数之，罚饮墨汁一斗，亦唯命。如以为似诅而实祝，似骂而实颂也，进之堂前，赐之卮酒，亦唯命。以先生拒人之为寿文也，故虽以文为献，而不用寻常寿序之辞云。

寅恪案：河东君于牧斋生日，特令童探枝得红豆一颗以为寿，盖寓红豆相思之意，殊非寻常寿礼可比。河东君之聪明能得牧斋之欢心，于此可见一端矣。又陈琰《艺苑丛话》九"钱牧斋字受之"条云：

> 柳于后园划地成寿字形，以菜子播其间，旁栽以麦。暮春时候，钱登楼一望，为之狂喜，几坠而颠。

此虽是暮春时事，与牧斋生日无关。但河东君之巧思以求悦于牧斋，亦一旁证也。遂并附记于此。兹更择录后来诸家关于芙蓉庄即红豆庄之诗文三则于下，借见河东君以红豆为牧斋寿一举及牧斋红豆诗之流播久远，殊非偶然也。

《柳南随笔》五"芙蓉庄"条云：

> 芙蓉庄在吾邑小东门外，去县治三十里，顾氏别业也。某尚书为宪副台卿公外孙，故其地后归尚书。庄有红豆树，又名红豆庄。树大合抱，数十年一花，其色白。结实如皂荚，子赤如樱桃。顺治辛丑，是花盛开，邑中名士咸赋诗纪事。至康熙癸酉再花，结实数斗，村人竞取之。时庄已久毁，惟树存野田中耳。今树亦半枯，每岁发一枝，讫无定向，闻之土人，所向之处，稻辄歉收，亦可怪也。唐诗红豆生南国。又云红豆啄余鹦鹉粒。未知即此种否，俟再考之。

顾备九镇《虞东文录》八《芙蓉庄红豆树歌》云：

> 田园就芜三径荒，秋风破我芙蓉庄。庄中红豆久枯绝，村人犹记花时节。花时至今七十年，我生已晚空流传。一宵纤芽发故处，孙枝勃窣两三树。此树移来自海南，曲江（自注："族祖讳耿光。"）手植世泽覃。钱家尚书我自出，庾信曾居宋玉宅。红豆花开及寿时，尚书夸诞赋新诗。我尝读诗感胸臆，鸠占中间仅一息。今得神明复旧观，古根不蚀精神完。（下略。）

孙子潇原湘《天真阁集》一九《芙蓉庄看红豆花诗序》云：

> 吾乡芙蓉庄红豆树,自顺治辛丑花开后,至今百六十又四年矣。乾隆时树已枯,乡人将伐为薪,发根而蛇见,遂不敢伐。阅数年复荣,今又幢幢如盖矣。今年忽发花满树,玉蕊檀心,中挺一茎,独如丹砂,茎之本转绿,即豆荚也。辛烈类丁香,清露晨流,香彻数里,见日则合矣。王生巨川邀余往观,为乞一枝而归。叶亦可把玩,玲珑不齐。王生言,至秋冬时,丹黄如枫也。道光四年五月记。

复次,红豆虽生南国,其开花之距离与气候有关。寅恪昔年教学桂林良丰广西大学,宿舍适在红豆树下。其开花之距离为七年,而所结之实,较第一章所言摘诸常熟红豆庄者略小。今此虞山白茆港钱氏故园中之红豆犹存旧箧,虽不足为植物分类学之标本,亦可视为文学上之珍品也。

寅恪论述牧斋八十生日事既竟,请附论牧斋晚年卧病时一段饶有兴趣之记载于下。

恬裕斋瞿氏藏牧斋楷书苏眉山书《金刚经跋》横幅墨迹,其文后半节云:

> 病榻婆娑,繙经禅退,杜门谢客已久。奈文魔诗债不肯舍我,友生故旧四方请告者络绎何!今且休矣,执笔如握石,看书如障绡,穷年老朽,如幻泡然,未知能圆满此愿否?后人克继我志者,悉为潢池完好,以此跋为左券云。
>
> 海印弟子八十一翁蒙叟钱谦益拜书

又后《跋》云:

> 老眼模糊不耐看,繙经尽日坐蒲团。东君已漏春消息,犹觉摊书十指寒。
>
> 立春日早诵《金刚经》一卷,适河东君以枣汤饷余,坐谈镇日。检赵文敏金汁书蝇头小楷《楞严经》示余。余两眼如蒙雾,一字见

不,(寅恪案:"见不"当作"不见"。)腕中如有鬼,字多舛谬,诧筋力之衰也。口占一绝,并志跋后。甲辰立春日蒙叟题。

寅恪案:依郑氏《近世中西日历表》,康熙三年甲辰立春为正月初八日。若有差误,亦不超过两三日。考牧斋卒于甲辰五月廿四日,其作此绝句时已距死期不远。河东君本居白茆港之红豆庄,正月初八日其在常熟城内钱氏旧宅者,或因与牧斋共度除夕,或由牧斋病势已剧留住侍疾,不再返白茆港,皆未能确定。但据此两《跋》及诗句,可以推知牧斋垂死时犹困于"文魔诗债"有如是者,殊为可叹。又观其与河东君情感笃挚,至死不变,恐牧斋逝世后,若无遵王等之压迫,河东君亦有身殉之可能也。

关于钱柳之死及钱氏家难本末,本章首已详引顾苓《河东君传》,今不重录。《虞阳说苑甲编》有《河东君殉家难事实》一书,所载韩世琦、安世鼎等(韩氏见乾隆修《江南通志》一〇五《职官志》"江苏巡抚"栏。安氏见同书一〇六《职官志》"苏松常兵备道"栏)当时公文颇备,不能尽录,但择其最有关者,稍加解释。兹除《河东君遗嘱》并其女及婿之《两揭》外,略附述当日为河东君伸冤诸人之文字,亦足见公道正义之所在也。至同时人及后来吟咏钱柳之诗殊多,以其无甚关涉,除黄梨洲、龚芝麓等数首外,其余概从省略。

黄太冲《思旧录》"钱谦益"条云:

甲辰余至,值公病革。一见即云以丧葬事相托。余未之答,公言顾盐台求文三篇,润笔千金。亦尝使人代草,不合我意,固知非兄不可。余欲稍迟,公不可。即导余入书室,反锁于外。三文,一《顾云华封翁墓志》,一《云华诗序》,一《庄子注序》。余急欲出外,二鼓而毕。公使人将余草誊作大字,枕上视之,叩首而谢。余将行,公特招余枕边云:"惟兄知吾意,殁后文字,不托他人。"寻呼孙贻(寅恪案:牧斋子孙爱,字孺贻。梨洲混为"孙贻")与闻斯言。其后孙贻别求于龚孝升,使余得免于是非,幸也。

《柳南续笔》三"卖文"条略云:

东涧先生晚年贫甚,专以卖文为活。甲辰夏卧病,自知不起,而丧葬事未有所出,颇以为身后虑。适醚使顾某求文三篇,润笔千金。先生喜甚,急倩予外曾祖陈公金如代为之,然文成而先生不善也。会余姚黄太冲来访,先生即以三文属之。越数日而先生逝矣。(寅恪案:《牧斋尺牍中》载《与陈金如札十九通》。其中颇多托代撰文之辞。又光绪修《常昭合志稿》三一《陈灿传》附式传云:"陈式,字金如。副贡生。行己谨敕,文笔温丽"等语,皆可供参证。)

《江左三大家诗钞》三卷末载卢纮《跋》云:

吴江顾君茂伦赵君山子有《三大家诗钞》之辑。刻既成,乃以弁言来命。忆纮于虞山,相遇最晚。壬寅岁以驻节海虞,始得近趋函丈。初见欢若生平,勤勤慰勉。不二年,且奄逝矣。易箦之前二日,贻手书,以后事见嘱,是不可谓不知己也。康熙七年岁次戊申春季楚蕲受业卢纮顿首撰。

民国修《湖北通志》一五二《卢纮传》略云:

卢纮,字元度,一字澹岩。蕲州人。顺治乙丑进士。屡迁苏松参议,长芦盐运使。尝修《蕲州志》,钱谦益甚称之。著有《四照堂文集》三十五卷,《乐府》二卷。

《牧斋尺牍》一《致卢澹岩四通》,其一略云:

老公祖以迁固雄文,发轫蕲志。谨承台命,聊掇秃管,以弁简端。承分清俸,本不敢承。久病缠绵,资生参术,借手嘉惠,以偿药券。

其二略云:

顷蒙翰教,谨于尊府君志中,添入合葬一段,以文体冗长,但撮略序次,不能如梅村志文之详赡也。腆贶郑重,不敢重违台意,敢再拜登受。(寅恪案:《有学集补・卢府君家传》及《卢氏二烈妇传》并《牧斋外集》八《四照堂文集序》等,皆牧斋为卢氏一门所作之文也。)

其三云:

昨者推士民之意,勒碑颂德。恨拙笔无文,不足以发扬万一,殊自愧也。(寅恪案:颂德碑乃歌功颂德之文。牧斋作此碑文必有润笔。此润笔之资,虽非澹岩直接付出,但必乡人受卢氏之指示而为者,其数目当亦不少。然则此亦澹严间接之厚贶也。)

其四云:

重荷翰贶,礼当叩谢。辱委《蕲志序》,须数日内力疾载笔。(寅恪案:据其内容,此札应列第一通之前。)

寅恪案:牧斋卖文为活之事,前已于第五章黄毓祺案节论及之。今观梨洲、东淑、澹岩关于牧斋垂死时之记载,益可知其家无余资,贫病交迫之实况矣。至若牧斋《致卢澹岩札》,尤足见其晚年之穷困,非卖文不能维持生计及支付医药之费。总之,此虽为牧斋家庭经济问题,但亦河东君致死主因,故不惮烦琐为之饶舌也。

《柳夫人遗嘱》云:

汝父死后,先是某某并无起头,竟来面前大骂。某某还道我有银,差遵王来逼迫。遵王、某某,皆是汝父极亲切之人,竟是如此诈我。钱天章犯罪,是我劝汝父一力救出,今反先串张国贤,骗去官银官契,献与某某。当时原云诸事消释,谁知又逼汝兄之田,献与某某。赖我银子,反开虚账来逼我命,无一人念及汝父者。家人尽皆捉去,汝年纪幼小,不知吾之苦处。手无三两,立索三千金,逼得汝与官人进退无门,可痛可恨也。我想汝兄妹二人,必然性命不保。我来汝家二十五年,从不曾受人之气,今竟当面凌辱。我不得不死,但我死之后,汝事兄嫂,如事父母。我之冤仇,汝当同哥哥出头露面,拜求汝父相知。我诉阴司,汝父决不轻放一人。垂绝书示小姐。

威逼姓名,未敢原稿直书,姑阙之。

《孝女揭》云:

揭为婪赃杀命,奇陷屠门,势抗县宪,威胁大吏。母泣冤沉,女号公碟事。窃父母与舅姑一也。不能为孝妇者,窃愿为孝女。生事与死事一也。不得报恩于生前者,窃愿报仇于死后。如今日活杀吾母柳氏一案,操戈而杀母者,兽族谦光与兽侄孙曾也。主谋而令其杀者谁,呼其名,无不疾首痛心。称其爵,无不胆战股栗。叙其恶,无不发竖眦裂。在今血控,不敢显触其凶锋。嗣后登闻,誓必直陈其恶款。止就二兽之罪案,涕泣而历陈之。我母柳氏,系本朝秘书院学士我父牧斋公之侧室,本朝唐令兄孺贻之庶母也。母归我父九载,方生氏。母命不辰,止有一女。我父不忍嫁氏,因赘翰林院赵月潭公之第三子为婿。依依膝下者,四历寒暑。每以不得侍奉舅姑为疚。不料父年八十有三,染病益笃。

氏助兄嫂日侍汤药,身不克代,乃于五月二十有四日,一旦考终。呜呼痛哉!方思与兄共守苫块,以尽半子之谊,以终哀戚之期,而后托吾母于嫡兄,从吾夫以归养。岂期族难陡作,贵贱交炽。昔之受厚恩于吾父者,今日忽挺戈而入室。昔之求拯救于吾父者,今日忽背噬而甘心。昔之呼高上于堂下,执弟子于门墙者,今日忽揭竿树帜,耽耽而逐逐,如钱谦光、钱曾,其手倡斩丧者也。谦光系行劣徒夫,不齿姻族,曾则为销奏之黜衿也。(寅恪案:奏销事可参孟心史森《明清史论著集刊(上)奏销案》一文。)于分为曾侄孙,于谊为受业门人。其饮斯食斯,举书学字,得以名列胶庠,家称封殖者,伊谁之力,而一旦背义灭伦至此。噫!异矣!其挟命而酷炙,则曰某。其狐假而虎逼,则曰某。其附会而婪烹,则曰某。始焉逼我杯皿,以九爵进未已也。少焉扦钉膏腴六百亩矣。少焉俘获僮仆十数辈矣。痛毁之余,不敢爱及干戈,而恶等反视为弱肉,益肆鸱张。复于六月二十八日,大声疾呼曰:"我奉族贵命,立索柳氏银三千两。有则生,无则死。毋短毫厘,毋迟瞬息,毋代资饰。"忽而登幕,忽而入室,忽而渐卧,直逼吾母无地自容,登楼吭血,嘱咐煌煌。嗟乎!以吾父归田之后,卖文为活,茕茕女子,蓄积几何,而有此现帑三千,以供狼兽之婪逼哉?族枭权仆密布环纠,擦拳磨掌,秽身肆詈。斯时吾母即不死,不可得也。即不速死,亦不可得也。因遂披麻就缢,解经投缳。威逼之声未绝于阃外,而呼吸之气已绝于闺中。呜呼痛哉!比之斧锧为尤甚,较之鼎镬为尤惨者也。五内崩裂,痛声彻外,恶始抱头窜鼠,弃帽微行,追之不及,奔告捕衙门验缢解经,随告本县验伤暂殓。复控粮道,仰系审解。兄随刊布血情,近陈都邑,远达京师。巨恶情虚虑播,哀浼戚绅,吐赃服罪,尽收梓刻。至今揭板原赃，现贮居间，岂其阳为求息，阴肆把持？赫赫当权，谁能抗令？虽有执法之神明，莫制负隅之魑魅。仅将兽光薄杖，兽曾薄拟。嗟乎！以立逼立毙之人命，与六百两六百亩之真赃，而止以薄惩定案，岂所以上报王章，下慰冤魂哉？兄因一控盐宪，再控抚宪，俱批苏常道亲审招牌。恶复夤谍贿县，任意抗违。贿差杨安，不解不审。视宪词为儿戏，贱母命为草菅，棺骸惨暴，案狱浮沉，五罪五刑，有此不论不议之律乎？恶虑命确赃真，到底难逃重辟，乃遂幻造流言，凿空飞驾，始焉杀吾母一人之命也，今且杀吾父兄阖门之命及其子孙也。狼谋叵测，一至是哉！在兄孺贻赋性柔孱，或迫于权重。在夫赵管，弱龄缌婿，或阻于严亲。而氏也仰事惟母，母也俯育惟氏，母既不惜一死以报父，氏亦何惜一死以报母。从此身命俱损，舅姑莫养，行即触阶哭宪，旋复击鼓叩阍，誓不与杀母之贼共戴一天。嗟乎！帷车袖剑，有白日报父之赵娥，抉目掩皮，有道旁殉弟之聂姊。事状罄竹难书，止就六月廿六日至廿八日。谓区区女子遂无尺寸之刃哉？敢揭之以告通国，伏乞当道满汉大人，各郡缙绅先生鼎持公道，斧碟元凶，慰死救生，合门幸甚！康熙三年七月嫡女钱氏谨揭。

公婿赵管《揭》云：

谨陈逼死实迹事，痛岳父于五月二十四日去世，蓦遭凶恶钱曾、钱谦光等构衅谋害，恣意择之，逼写田房，扼阱僮仆，凌虐岳母绝命时，三日夜内事言之。岳母柳氏有籴米纳官银两，向贮仓厅张国贤收管。钱曾、钱谦光探知，廿六日擒国贤妻并男张义至半野堂，官刑私拷，招称仓厅上有白银六百两。钱曾即遣家人陆奎先索去银杯九只，此廿六日午后也。

黄昏后,复令陆奎押张义到仓厅取前银。义将蒲包裹木匣,付陆奎手持去。曾又突至孝幕中,岳母以曾为受恩岳父之人,伏地哀泣。曾犹谈笑自若。其时恐吓之语,不可尽述。廿七日曾遣奎来传言。其话比前尤甚。是日,逼去家财及叶茂、陈茂、周和。僮仆辈尽皆股栗散去。黄昏时,曾复唤徐瑞来传述云:"要我主持,须先将香炉古玩价高者送我。"廿八日,谦光先来向管云:"汝与岳母说云,速速料理贵人,否则祸即到矣。"言毕竟出。顷之曾来,直入孝幕,坐灵床前,大呼曰:"止隔明日一日矣。"各贵诸奴俱已齐集,即来吵闹,不得开丧。复至书房内,大张声势。管惧其威焰,不敢置可否。坐逼良久,曾方出门,而谦光又踵至矣。云:"汝家事大坏,遵王现在坊桥上,须请遵王来,方可商量。"适曾亦令奎来。谦光随令请至。二人一唱一和,皆云:"我奉族贵令,必要银三千两,如少一厘,不下事。"命管传言。岳母惊骇不能答。二人复传内王进福妻出去,所言皆人所不能出之口者。复命一催促几次。许之田房。谦光云:"芙蓉庄已差十六人发四舟去搬矣。谁要汝田?"曾复力恳一时无措。二人云:"三千两原有几分分的,断少不得。"随分付要吃荤点心。吃过,复唤王进福妻传话,大声叱咤:"今日必等回报,然后去得。"岳母云:"稍静片刻,容我开账。"携笔纸登楼。二人在外大叱管云:"初一日先要打汝夫妻出门。还不速速催促。"被逼不过,只得入户,见楼紧闭,踢开时,岳母已缢死矣。管急趋出,二人弃帽逃窜。赶至坊桥,二人拼命逃奔,躲匿族贵家中,不能追获。此实情实事也。乘丧威逼,固非一人,投缳之时,惟此二贼。悉载岳母遗嘱中。另录刊布。先此略述一二,以俟伸雪云。

寅恪案:《河东君遗嘱》前已节引,以其与赵管夫妇两《揭》,同为钱氏家难主要文件,故全录三文,并略加以论述。遗嘱中所谓"某某",即钱朝鼎。由遗嘱后其女所附"威逼姓名,未敢原稿直书,姑阙之"及其揭中所云:"主谋而令其杀者谁?呼其名,无不疾首痛心。称其爵,无不胆战股栗。叙其恶,无不发竖眦裂。在今血控,不敢显触其凶锋。嗣后登闻,誓必直陈其恶款"等语,可知此人当日在常熟之势力为何如矣。

原任苏州府常熟县知县瞿四达《揭》略云:

揭为贪绅屠族逼命,义切同仇,冒死直陈事。今夏五〔牧翁钱〕夫子亡后匝月,遽有逼死柳夫人之变。及问致死者谁?则贪恶俗绅钱朝鼎也。请陈其实。朝鼎为浙臬司,婪张安茂厚赂,内有银杯两只,工镌细文"茂"字于杯脚。天败落四达之手。先年具揭首告,朝鼎挽腹亲,王曰,俞解其事。此大证佐也。为科臣柯讳耸张讳惟赤交章通劾,故虽窜升副宪,并未到任,旋奉严旨。何尝一日真都宪哉?今犹朱标都察院封条告示,封芙蓉庄房屋。其逼死柳夫人实案一。朝鼎居官狼籍,如湖州司李龚廷历情极刎颈,若浼钱夫人舍身挽救,得豁重罪,乃反诬以受赂。当夫子疾笃卧床,即遣狼仆虎坐中堂,朝暮逼索,致含愤气绝。随逼柳婿赵生员含泪立虚契,夺田四百亩。其逼死柳夫人实案二。夫子生前分授柳家人张国贤,以知数久,家颇温。夫子亡未及二七,朝鼎遽拿国贤于灵柩前,杖八十,夹两棍,逼献银四百六十两,米二百石。柳母子痛哭求情,面加斥辱,秽媟不堪。其逼死柳夫人实案三。凡此三案,法应按律治罪,追赃充饷,朝鼎其何辞?乃仅治虎翼之罪,卸祸钱谦光、钱曾二人,欲草草了此大狱。夫谦光等行同狗彘,死有余辜。虽肆诸市朝,岂足令堂堂宫保烈烈幽魂,瞑目地下哉?

光绪修《常昭合志稿》二六《耆旧门·钱朝鼎传》略云：

> 钱朝鼎，字禹九，号黍谷。顺治丁亥进士。授刑部主事，历员外郎中，升广东提学道。端士习，正文风，为天下学政最。转浙江按察使，誓于神曰，归橐名一钱，立殒死。超擢副都御史，忌者托词稽留钦案，露章参之。丁内艰，服阕，补鸿胪卿，迁大理少卿。

寅恪案：瞿四达此揭所言钱朝鼎豪霸恶迹，即就以解任已久之封条封闭芙蓉庄一事，可为明证。至牧斋之殒命，亦因朝鼎遣仆登堂，朝暮逼索所致。然则朝鼎不但逼死河东君，亦逼死牧斋矣。朝鼎在乡何以有如此权势，恐与四达《揭》中所云："朝鼎挽腹亲，王曰，俞解其事"等语有关。"腹亲"二字，疑为"福晋"之别译。即满文"王妃"之义。以当日情事言之，汉人必不能与满洲亲王发生关系。疑四达所指之王，乃尚可喜。据道光修《广东通志》四三《职官表》三四载：

> 钱朝鼎，顺治十年任广东提学道。
> 张纯熙，顺治十三年任广东提学道。

《清史列传》七八《尚可喜传》略云：

> 尚可喜，辽东人。崇祯初，可喜为广鹿岛副将。据广鹿，遣部校卢可用、金玉奎赴我朝纳款，时天聪七年十二月也。崇德元年封智顺王。七年，锦州下，赐所俘及降户。可喜奏请以部众归隶汉军。于是隶镶蓝旗。八年，随郑亲王济尔哈郎征明。顺治元年四月，随睿亲王多尔衮入山海关，击败流贼李自成。六年五月，改封平南王，赐金册金印。统将士征广东。携家驻守。十三年，赐敕记功，岁增藩俸千两。是时粤地皆隶版图。〔康熙〕四年谕曰，近闻广东人民为王属下

兵丁扰害，失其生理。此皆将领不体王意，或倚为王亲戚，以小民易欺，唯图利己，恣行不法之故。自今务严加约束，以副委任。

可知朝鼎任广东提学道之时，在可喜"统将士征广东，携家驻守"之期间。岂朝鼎为平南王之亲戚，故习于"唯图利己，恣行不法"耶？俟考。

《虞阳说苑乙编·后虞书》云：

瞿知县四达比较钱粮，即过销单，必加夹打，云以惩后。

又云：

瞿知县杀诸生冯舒于狱。邑中各项钱粮，惟舒独知其弊。诸生黄启耀等，合词上瞿贪状。瞿以贿饰。疑词出舒手。故杀之。

今若揆以《常昭合志稿》所载朝鼎事迹，则为能"端士习，正文风"、"归橐不名一钱"及"执法持正"之人。而《后虞书》则谓瞿四达乃一贪酷之县官。由是观之，明清间之史料，是非恩怨难于判定，此又一例也。

《家难事实》附各台《谳词》"督粮道卢，为伐丧杀命等事批"云：

钱谦光以宦门宗裔，甘作无良，乘丧挟威，逼柳氏投缳，命尽顷刻，诚变出意外也。尤可怪者，钱曾素以文受知太史，宜有知己之感，奈何亦为谦光附和耶？审讯犹哓哓申辨，如诈赃一百廿两，银杯九只。据张国贤供称，陆奎经收分受，则光等之婪赃杀命，律有明条，该县徇情玩纵，大乖谳法。但人命重情，必经地方官审究真确，方可转报。仰常熟县再将有名人犯各证严加讯究，并分赃确数，致死根由，依律定拟入招解道，以凭转解抚院正法，移明学道革黜。事关重案，该县务须大破情面，赃罪合律，毋得徇纵，复烦驳结，速速缴。康熙三年又六月十九日。

寅恪案：《有学集补·卢府君家传》云：

〔绂康熙元年〕壬寅奉命督粮苏松，建节海虞。

可知"督粮道卢"，即上引《江左三大家诗钞跋》之作者卢绂，亦即上引《孝女揭》中"复控粮道，仰系审解"之"粮道"。澹岩《跋》云："易箦之前二日贻手书，以后事见嘱。"可知牧斋早已预料其身死之后，必有家难。（此点可参上引瞿四达《揭》文"当夫子疾笃卧床，〔朝鼎〕即遣狼仆虎坐中堂，朝暮逼索，致含愤气绝"等语及寅恪所论。）故以后事托卢氏。今观澹岩批语，左袒河东君，而痛责钱谦光、钱曾等，可谓不负其师之托，而《河东君遗嘱》（详见上引）云：

我之冤仇，汝当同哥哥出头露面，拜求汝父相知。

据此，澹岩乃河东君垂绝时，心中所认为牧斋相知之一无疑。斯又可证澹岩《跋》中"不可谓不知己"之语诚非虚构矣。又各台《谳词》"盐院顾，为乘丧抄逼，活杀惨命事批"云：

钱宦弃世，曾几何日，而族人遽相逼迫，致其庶室投缳殒躯，风俗乖张，莫此为甚，仰苏松道严究解报。

寅恪案：此"盐院顾"，当即上引梨洲《思旧录》中之"顾盐台"及《柳南续笔》之中"鹾使顾某"，亦即求牧斋作三篇文之人。此人既欲借牧斋之文以自重，其批语亦左袒河东君，殊不足异。但其人与牧斋似无深交，非如澹岩受业于牧斋者之比。故其批词亦不及澹岩之严厉也。

复次，观上引钱氏家难三文，当日河东君被迫死之情状，已甚了然。唯其所谓"三千金"或"银三千两"者,与《虞阳说苑甲编》冯默庵舒撰《虞山妖乱志》中所言钱曾父裔肃有关。默庵之文(可参同编据梧子撰《笔梦》末两段所载及《河东君殉家难事实》顾苓归庄《致钱遵王》两札)略云:

> 钱裔肃者,故侍御岱孙,宪副时俊子也。岱罢官归,家富于财,声伎冠一邑。裔肃亦中顺天乙卯举人。诸孙中肃资独饶。有女伎连璧者,故幸于侍御,生一女矣,而被出。肃悦之,召归,藏玉芝堂中三年,而家人不得知,与生一子,名祖彭,为县庠生,其事始彰。万历丁巳,侍御举乡饮,将登宾筵,一邑哗然。监生顾大韶出檄文讨其居乡不法事,怨家有欲乘此甘心者,〔钱〕尚书〔谦益〕素不乐侍御,口语亦藉藉。钱〔裔肃〕乃大惧,遽出连璧。已而侍御死,宪副亦殁。诸兄弟皆綦裔肃,有为飞书告邑令杨鼎熙,言连璧事者,杨以谂尚书。尚书答曰,此帷箔中事,疑信相参。书似出匿名,盍姑藏弃之,当亦盛德事耶?有钱斗者,尚书族子也。素倾险好利。裔肃以尚书相昵,故亦亲之。遂交构其间,须三千金赇尚书。裔肃诺。斗又邀其家人赍银至家。斗居城北,其邻有徐锡策者,称好事。调得裔肃赇赇事,遂讼言告人。银未入尚书家,而迹已昭著不可掩。裔肃族人时杰者,又白之于巡按御史。尚书亦唯唯,无所可否。于是其事鼎沸。时杰得贿,几与尚书等。裔肃始以其事委尚书,出重贿,要万全。已而尚书不甚为力,故怨之。裔肃诸弟又日以宪副故妓人纳之尚书,裔肃不得已亦献焉。凡什器之贵重者,钱斗辈指名索取,以为尚书欢。是时抚吴为张公国维。尚书辛丑所取士也。以故府县风靡,无不严重尚书者。裔肃所费既不赀,当事者姑以他事褫革,而置奸祖妾不问。邑人自此仄目尚书矣。

然则《河东君遗嘱》所谓"手无三两,立索三千金",《孝女揭》所谓"奉族贵命,立索柳氏银三千两。有则生,无则死",及赵管《揭》所谓"必要银三千两,如少一厘,不下事"等语中之"三千金",疑即此文裔肃赆尚书之"三千金"。而遵王向微仲索取之"香炉古玩价高者",恐即指钱斗向钱裔肃"指名索取,以为尚书欢"之贵重什器也。如此解释,是否合理,仍俟更考。

又《虞阳说苑甲编·过墟志感》一书,虽为伪讬,但其中用语,可与《孝女揭》相参校者,如称钱曾为"兽曾"之类是也。至刘寡妇以其家资全付与其婿钱生者,殆常熟风俗,妇人苟无亲生之子,例以家资付其女及婿。此所以钱朝鼎、钱曾等由是怀疑河东君以牧斋资财,尽付赵管夫妇,因而逼索特甚,致使"进退无门",且叱管云,"初一日先要打汝夫妻出门"。故《过墟志感》虽为伪讬之书,于当时常熟风俗,仍有参考价值也。

复次,遵王与牧斋之关系,除光绪修《常昭合志稿》三二及同治修《苏州府志》一〇〇本传外,章式之钰《钱遵王读书敏求记校证》补辑类记所载《钱曾传》,颇为详尽,兹不备引,读者可自取参阅。唯忆昔年寅恪旅居北京,与土观堂国维先生同游厂甸,见书摊上列有章氏此书。先生持之笑谓寅恪曰:"这位先生(指章式之)是用功的,但此书可以不做。"时市人扰攘,未及详询,究不知观堂先生之意何在?特附记于此,以资谈助。

又《家难事实》载严武伯熊《负心杀命钱曾公案》文云:

窃闻恩莫深于知己,而钱财为下。罪莫大于负心,而杀命尤惨。牧斋钱公主海内诗文之柄五十余年,同里后学砚席侍侧者,熊与钱曾均受教益。今公甫逝,骨肉未寒,反颜肆噬,逼打家人徐瑞写身炙诈银三十六两。今月廿八日复诬传族势赫奕,同钱天章虎临丧次,立逼柳夫人惨缢。亘古异变,宇宙奇闻。熊追感师恩,鸣鼓讨贼。先此布告,行即上控下诉,少效豫让吞炭之意。

王渔洋《感旧集》一二"严熊"条,卢见曾《补传》云:

熊字武伯,江南常熟人。有《雪鸿集》。

《小传(下)》附宋琬《安雅堂集·武伯诗序》(可参陈寿祺《郎潜纪闻》八"虞山钱宗伯下世"条)云:

钱牧斋先生常顾余于湖上,语及当代人物。先生曰:"吾虞有严生武伯者,纵横跌宕,其才未易当也。"后与武伯定交吴门,先生已撤琴瑟再闰矣。武伯身长八尺,眉宇轩轩,骤见之,或以为燕赵间侠客壮士也。酒酣以往,为言先生下世后,其族人某,妄意室中之藏,纠合无赖,嚣于先生爱妾之室,所谓河东君者,诟厉万端,迫令自杀。武伯不胜其愤,鸣鼓草檄,以声其罪。其人大惭,无所容。聆其言,坐客无不发上指者。呜呼!何其壮哉!又一日饮酒,漏三鼓,武伯出先生文一篇示余,相与辨论,往复不中意,武伯须髯尽张如猬毛,欲掷铁灯檠于地者再,厥明酒醒,相视而笑曰:"夜来真大醉也。"虽狂者之态固然乎?而其护师门如干城,不以生死易心,良足多也。

龚鼎孳《定山堂集》四二康熙丙午迄庚戌《存笥稿·严武伯千里命驾,且为虞山先生义愤,有古人之风,于其归,占此送之(七绝)五首》云:

清秋纨扇障西风,红豆新词映烛红。扣策羊昙何限泪,一时沾洒月明中。

死生胶漆义谁陈,挂剑风期白首新。却笑关弓巢卵事,当时原有受恩人。

河东才调擅风流,赌茗拈花是唱酬。一著到头全不错,瓣香齐拜绛云楼。

高平门第冠乌衣,珠玉争看彩笔飞。曾读隐侯雌霓赋,至今三叹赏音稀。

君家严父似严光,一卧溪山岁月长。头白故交零落尽,几时重拜德公床。

寅恪案:牧斋与严氏一家四代均有交谊,前已言及。晚岁与武伯尤为笃挚。观上列材料并《有学集》三七《严宜人文氏哀辞并序》(此序前已引),同书四八《题严武伯诗卷》及《再与严子论诗语》等篇,可知武伯之"为虞山先生义愤",固非偶然。但武伯之"纵横跌荡""眉宇轩轩,如燕赵间侠客壮士"自是别具风格之人。故其与钱曾辈受恩于牧斋者同,而所以报之者迥异也。

《河东君殉家难事实》一书中尚有严熊《致钱求赤书》一通云:

> 往年牧翁身后,家难丛集,破巢毁卵,伤心惨目,孺贻世翁长厚素著,饮恨未申,至不能安居,薄游燕邸。弟客春在北,每见名贤硕彦,罔不怜念之者。岂归未逾月,仁兄首发大难,出揭噬脐,必欲斩绝牧斋先生之后,意何为耶?况仁兄此揭不过为索逋而起,手书历历,要挟在前,难免通国耳目。呜呼!索逋如此,万一事更有大于索逋者,仁兄又将何以处之乎?

光绪修《常昭合志稿》二六《钱裔僖传》附族人上安传略云:

> 族人上安,原名孙爱,字孺贻。顺时曾孙。性孤介。顺治丙戌举于乡。父殁,蒙家难,必伸其意而后已。谒选除永城令。始至,人以为贵公子,不谙吏事。升大理评事,遂归,闭户不见一人,即子孙罕见之。

同书三二《钱孙保传》云：

> 钱孙保，字求赤。谦贞子，赵士春婿也。

《清史列传》七九《贰臣传（乙）龚鼎孳传》略云：

> 康熙元年谕部以侍郎补用。明年起都察院左都御史。三年迁刑部尚书。五年转兵部。八年转礼部。十二年八月以疾致仕，九月卒。

据上列之材料，可知严武伯至北京，乃在康熙五年丙午后，龚氏任职京师之际。而此时牧斋之从侄孙保，曾再发起向孙爱索逋之事。牧斋身后，其家况之悲惨如此，可哀也已！又曹秋岳溶《静惕堂集》四四《严武伯钱遵王至二首》，其二云：

> 浮云劫火动相妨，红豆当年倚恨长。容我一瓻鸳水北，往来吹送白苹香。

岂由于秋岳之调解，后来武伯、遵王复言归于好耶？俟考。据康熙四年正月廿七日总督郎宪牌及同年同月廿九日理刑审语，（俱见《河东君殉家难事实》。）知此案悬搁"五月有余"及郎廷佐追问，始草草了事，而所加罪者，惟陆奎、杨安等不足道之人及细微之款项，而钱曾等取去之六百金及勒索三千金，逼死河东君一事，则含糊不究。可知其中必有禹九之权势及遵王之"钱神又能使鬼通天"，（见《家难事实》归庄《致钱遵王书》，并可参同书李习之涪《致钱棐谷大宪咸亭御史书》及《贻钱御史第二书》，棐谷即朝鼎，事迹见上引《常昭合志稿》二六，咸亭即延宅，事迹见同书同卷。）故可以不了了之也。当日清廷地方汉奸豪霸之欺凌平民，即此一端，可想见矣。

复次，河东君缢死之所，实在荣木楼，即旧日黄陶庵授读孙爱之处（可参陆翼王辑《黄陶庵先生集》一六《和陶诗·和饮酒二十首序》所云"辛巳杪冬客海虞荣木楼",及陈树德辑《黄陶庵年谱》"崇祯十四年辛巳"条所云"先生三十七岁,馆虞山"等语)。徐芳《柳夫人小传》等所谓"自取缕帛结项,死尚书侧",则齐东野人之语,不可信也。至若俞蛟《梦厂杂著》《齐东妄言》九《柳如是传》等所言昭文县署之事,其为妄谬,则更不足道矣。

《归庄集》八《祭钱牧斋先生文》云:

先生通籍五十余年,而立朝无几时,信蛾眉之见嫉,亦时会之不逢。抱济世之略,而纤毫不得展,怀无涯之志,而不能一日快其心胸。其性迂才拙,心壮头童。先生喜其同志,每商略慷慨,谈宴从容。剖肠如雪,吐气成虹。感时追往,忽复泪下淋浪,发竖髼松。窥先生之意,亦悔中道之委蛇,思欲以晚盖。何天之待先生之酷,竟使之赍志以终。人谁不死,先生既享耄耋矣。呜呼!我独悲其遇之穷。先生素不喜道学,故居家多恣意,不满于舆论,而尤取怨于同宗。小子之初拜夫灵筵也,颇闻将废匍匐之谊,而有意于兴戎。哀孝子之在疚,方丧事之纵纵。虽报施之常,人情所同。顾大不伐丧,春秋之义。虐茕独者,箕子所恫!闻其人固高明之士,必能怵于名义,而涣然冰释,逝者亦可自慰于幽宫。虞山崔崔,尚湖沨沨。去先生之恒干,飙举于云中。哀文章之沦丧,孰能继其高踪?悲小子之失师,将遂底于惛憃。自先生之遘疾,冬春再挂夫孤篷。入夏而苦贱患,就医于练水之东。尝驰问疾之使,报以吉而无凶。方和高咏以自慰(可参《有学集》一二《东涧诗集(上)赠归玄恭八十二韵戏效玄恭体》及同书一三《东涧诗集(下)病榻消寒杂咏四十六首序》),岂谓遂符两楹之梦,忽崩千丈之松。呜呼!手足不及启,含敛不及视,小子抱痛于无穷。跪陈词而荐酒,不知涕之何从。尚飨!

《南雷诗历》二《八哀诗》之五《钱宗伯牧斋》云：

> 四海宗盟五十年，心期末后与谁传。凭裀引烛烧残话，嘱笔完文抵债钱。（自注："问疾时事。宗伯临殁，以三文润笔抵丧葬之费，皆余代草。"）红豆俄飘迷月路，美人欲绝指筝弦。（自注："皆身后事。"）平生知己谁人是，（自注："应三四句。"）能不为公一泫然。（自注："应五六句。"）

《定山堂诗集》一四康熙壬寅迄丙午《存笥稿·挽河东夫人五律二首》。其一云：

> 惊定重挥涕，兰萎恰此辰。甘为赍志事，应愧受恩人。石火他生劫，莲花悟后身。九原相见日，悲喜话綦巾。

其二云：

> 岂少完人传，如君论定稀。朱颜原独立，白首果同归。绝脰心方见，齐牢宠不非。可怜共命鸟，犹逐绛云飞。

寅恪案：当时名流与牧斋素有交谊者，除黄、龚、归三人外，如吴梅村者，必有追挽钱柳之作，但今不见于吴氏集中。世传《梅村家藏稿》必非最初原稿，乃后来所删削者，由此亦可断言矣。

钱泳《履园丛话》二四"东涧老人墓"条云：

> 虞山钱受翁，才名满天下，而所欠惟一死，遂至骂名千载。乃不及柳夫人削发投缳，忠于受翁也。嘉庆二十年间，钱塘陈云伯〔文述〕为常熟令，访得柳夫人墓在拂水岩下，为清理立石，而受翁之冢即在其西偏，竟无人为之表者。第闻受翁之后已绝，墓亦荒废。余为集刻苏文忠书曰"东涧老人墓"五字碣，立于墓前。观者莫不笑之。记查初白有诗云，"生不并时怜我晚，死无他恨惜公迟"（见《敬业堂集》一六《拂水山庄三首》之三）。君子之泽，五世而斩。信哉！

翁同龢《瓶庐诗稿》八《东涧老人墓》云:

> 秋水堂安在,荒凉有墓田。孤坟我如是,(自注:"墓与河东君邻。")独树古君迁。(自注:"梻一,尚是旧物。")题碣谁摹宋,(自注:"碑字集坡书。")居人尚姓钱。争来问遗事,欲说转凄然。

邓文如之诚君《骨董全编·骨董琐记》七"钱蒙叟墓"条云:

> 常熟宝岩西三里许,曰刘神滨。再西三里,曰虎滨。两滨适中曰界河沿,又曰花园滨,钱牧斋墓在焉。有碣题"东涧老人墓"五字,集东坡书,字径五六寸。嘉庆中族裔所立,本宗久绝矣。河东君墓即在左近。其拂水山庄,今为海藏寺。距剑门不远,有古柏一,银杏二,尚存。

寅恪案:此俱钱柳死后,有关考证之材料,故并录之。草此稿竟,合掌说偈曰:

> 刺刺不休,沾沾自喜。忽庄忽谐,亦文亦史。述事言情,悯生悲死。繁琐冗长,见笑君子。失明膑足,尚未聋哑。得成此书,乃天所假。卧榻沉思,然脂暝写。痛哭古人,留赠来者。